大魚讀品
BIG FISH BOOKS

让日常阅读成为砍向我们内心冰封大海的斧头。

[瑞典] 弗雷德里克·巴克曼 著

宁蒙 译

一个叫欧维的男人

四川文艺出版社

献给妮达。永远都是为了让你开怀大笑。

永远。

1

一个叫欧维的男人
买了个不是电脑的电脑

　　欧维五十九岁，开萨博。看到不顺眼的人，他会像见了贼一样指指点点，食指宛如警用手电——他就是这种人。他站在一家商店的柜台前——就是那种开日本车的人卖白色连接线的店。欧维瞪着店员看了半天，才冲他挥舞起一个中等大小的纸盒。

　　"啊哈！这玩意儿是不是就是那个'挨拍的'？"欧维饶有兴致地问。

　　店员是个BMI指数个位数的年轻人，看上去有些慌张。他显然是在极力克制从欧维手里飞夺纸盒的冲动。

　　"是的，没错。iPad。你最好还是别拿在手里晃了，不然……"

　　欧维瞄着纸盒，就像这是世上最可疑的纸盒。就像纸盒骑着辆小电驴、穿条运动裤，才喊了欧维一声"哥们儿"就想要向他兜售一块手表似的。

　　"啊哈！那么说这是台电脑喽？"

　　店员点头，但迟疑了一下，又飞快摇起头来。

"算是……也不是，那啥，它就是个iPad。有人管它叫平板，也有人叫它上网本。各有各的叫法……"

欧维看着店员，就像店员刚刚那番话说反了似的。

"啊哈！"

店员一脸困惑地点点头。

"是……呀。"

欧维又摇晃起纸盒来。

"那这玩意儿好不好，这个？"

店员挠挠头皮。

"好。这个……你的意思是？"

欧维叹了口气，开始放慢语速，一字一顿，仿佛这场谈话的困难在于店员重听。

"好……不……好？这台电脑好不好？"

店员挠挠下巴。

"那啥……好……这个非常好……但还得看你想要什么样的电脑了。"

欧维冲他瞪大眼。

"我要一台电脑！一台普通的电脑！"

两个男人沉默了一会儿。店员清了清嗓子。

"哦，那啥，这其实并不是一台普通的电脑。你大概是想要……"

店员卡了壳，显然他是想找个能跟眼前这个男人扯上关系的词。然后他又清清嗓子说："……一台笔记本？"

欧维一个劲儿摇头，并且凶巴巴地探身到柜台上。

"不要，我他妈的不要那个。我要一台电脑！"

店员点头表示理解。

"笔记本也是电脑。"

欧维没好气地瞪着他，激动地用警用手电指着柜台。

"这我当然知道！"

店员点头。

"好吧……"

又是沉默。跟发生在两个突然发觉自己忘带手枪的枪手之间的那种沉默也没太大差别。欧维瞪着纸盒看了好一会儿，就像他在等它发表什么声明。

"键盘藏哪儿了？"他嘟囔道。

店员在柜台边缘蹭了蹭手掌，紧张地把重心从一只脚挪到另一只脚。年轻店员意识到自己要比预期多费好多工夫的时候一般都会这么做。

"对，那啥，它本来就没有键盘。"

欧维扬起眉毛。

"啊哈！这个肯定得另买吧？又他妈的得坑好多钱！"

店员又蹭了蹭手掌。

"不是……其实……是这样：这台电脑没有键盘，一切都是在屏幕上控制的。"

欧维疲惫地摇摇头，就像他刚刚目睹店员把玻璃柜的外侧舔了一遍。

"但我总得有个键盘呀。这你该明白吧？"

店员深深叹了口气，持续的时间至少可以从一数到十。

"好吧，我明白。但这样的话，我想你要的就不是这台电脑了。我想你要的应该是一台MacBook。"

欧维的表情透露出他可能并没有完全信服。

"一台MacBook？"

店员充满期待地点点头，就像刚经历了一场销售生涯中的重大突破一样。

"对。"

欧维狐疑地皱起眉头。

"是不是大家都在谈论的那个该死的阅读器？"

这次店员叹气的时间足够朗诵一篇史诗。

"不是。MacBook就是……就是……笔记本。带键盘的。"

"啊哈！"欧维脱口而出。

店员点头，蹭手掌。

"嗯。"

欧维环顾一下商店，又晃了晃手里的纸盒。

"那它们好不好？"

店员冲着柜台低下头，看上去他正努力克制挠破自己脸颊的冲动。然后他又突然露出充满正能量的微笑，豁然开朗起来。"对了，让我看看我的同事是不是已经搞定他的客户了，我好让他过来给你演示一下！"

欧维看了看腕表，摇摇头。

"有些人，除了杵在这儿等一整天，还有别的事要做，你知道的！"

店员飞快地点点头，然后消失在柜台后。过了一会儿，他跟一个同事一起回来。同事看起来很高兴，就像那些入行不久的人常表现出来的那样。

"你好！我能帮你什么忙吗？"

欧维挑衅地把警用手电撂在柜台上。

"我要一台电脑！"

同事不再那么高兴。他给之前那个店员使了个眼色，暗示他"你会有报应的"。

"好的。一台电脑，对吧。那我们就先从我们的便携式电脑部开始吧。"同事无精打采地说，并向欧维转过身。

欧维瞪着他。

"跟你说！我知道什么是笔记本！你不用跟我说什么便携式！"

同事无助地点点头。他背后，之前那个店员嘟囔道："我受不了了，吃午饭去了。"

"午饭？如今人的脑子里也就这么点破事。"欧维哼了一声。

"什么？"同事说着又转过身来。

"午——饭！"欧维一字一顿地说。

2

（三周之前）
一个叫欧维的男人在小区巡逻

早晨六点差五分，此刻欧维与猫咪第一次相遇。猫咪马上对欧维满怀恶意。很大程度上，这种感情是相互的。

欧维像往常一样早起了十分钟。他无法理解那些睡过头还责怪"闹钟没有响"的人。欧维一辈子都没上过一个闹钟。六点差一刻，他准时醒来，然后直接起床。

他启动咖啡机，沏上两人份，刚好是他和太太在这个排屋小区内居住将近四十年间每天早晨一起喝的量。一杯一勺，外加一勺养壶。不多也不少。已经没人能如此正经地煮咖啡了。正如现在已经没人能动笔写字一样。因为这个年代不是电脑就是意式浓缩。人们连字都不会写，咖啡都不会煮，这算什么社会？啊？欧维琢磨着。

咖啡煮着时，他穿上蓝色裤子和蓝色外套，踩上木屐，手往兜里一插，这是时刻准备着为一无是处的周遭世界感到失望的中年人常做的动作，然后他就起身出门到小区里巡逻去了。他每天早晨都要转上一圈。

他迈步经过那些坐落在寂静与黑暗中的排屋门口。早就料到了。这个小区里，不到点儿是不会有人愿意提早出门的，这个欧维心里有数。如今，这片住的不是自由职业者就是别的什么游手好闲的人。

猫咪一脸漠然地杵在房子之间的过道上。话说这猫也没个猫模样。它只有半截尾巴、一只耳朵，身上的毛还东少一块西缺一块的，就像被谁一把一把揪过似的。其实很难算是一只完整的猫科动物，欧维想。

他向前跺了两下脚。猫咪站起身。欧维站住。两位这么互相打量片刻，就像夜晚乡村酒吧里两个暗中较劲的打手。欧维寻思着要不要朝它砸个木屐什么的。猫咪一脸晦气，心想没有木屐给他抽回去。

"去！"欧维突然大喝一声，猫咪吓一大"跳"。

它后退一步。眼睛紧盯着这个五十九岁的男人和他的木屐。然后它转过身轻轻一跃，缓步离开。欧维心里最清楚，他敢打赌这家伙先翻了个白眼。

"妖孽。"他想着，瞄了一眼腕表。六点零二分。时间飞逝，可不能让任何猫科动物耽误了整个巡逻。本来都好好的。

于是他沿着房子之间的过道朝停车场走去，就像他每天早晨做的一样。他在标明"社区内禁止车辆通行"的标牌前站住，狠狠地踹了一脚固定警示牌的底座。并不是因为它歪了什么的，但检查一下总没坏处。欧维就是那种靠踹两脚来检查东西的人。

接着他走进停车场，踱步经过一个又一个车库，检查确认晚上有没有人擅闯，或有没有什么破坏分子前来纵火。之前小区里从来没有发生过这种事，但反正欧维的巡逻也从来没有间断过哪怕一次。他检查了自己车库的门把手，里面停着他的萨博。上下三次，每天早晨都这样。

之后他到访客停车场绕了一圈，那儿最多只允许停满二十四个小时，他从外套口袋里掏出小本儿仔细记下所有车牌号，跟前一天记过的车牌号核对了一遍。哪回要是同样的车牌号在欧维的笔记本上连着出现两天，他就照老规矩回家给交管局打电话要来车主的个人信息，然后打电话通知肇事者，说对方是个没用无脑的畜生，连瑞典语标牌都看不懂。其实并不是因为欧维有多在乎访客停车位里停着谁的车。当然不是。而是因为这是原则。标牌上写着二十四小时就得服从。因为要是大家都整天想停哪儿就停哪儿会怎么样？肯定就乱套了，这个欧维当然明白——那就满地都是车了。

但是今天访客停车场里没有不守规矩的车辆，于是欧维收起笔记本像往常一样拐进垃圾房。这其实也不是他想管的事，他本来一开始就高调反对那些开着吉普车新搬来的社区委员提出的狗屁方案：垃圾必须分类。但既然现在已经决定了要分类，那就得有人来检查落实。也并不是有谁给欧维派了任务，但如果像欧维这样的人都不自觉自愿地挑起这副担子，这社会得乱成什么样子。这个欧维是知道的——那就满地都是垃圾了。

他轻踹了一脚垃圾箱。咒骂一声，并从玻璃回收箱中拣出一个玻璃瓶来，边念叨着什么"没用的东西"，边拧下瓶子上的金属瓶盖。把玻璃瓶扔回玻璃回收箱里，然后把金属瓶盖扔进金属回收箱。

当年欧维还是社区委员会会长的时候，他曾大力提倡在垃圾房里安装摄像头来监控，确保无人倾倒"非法垃圾"。建议被否决让欧维非常气恼。大部分邻居都觉得这么做让人"不大舒服"，另外这么多录像带整理起来相当棘手。尽管欧维再三申明"脚正不怕鞋子歪，身正不怕影子斜"。

两年后，当时委员会已经撤了欧维的职（欧维后来自称这是一起"政变"），这个问题重被提起。显然市面上出现了一种新型摄像头，由移动感应装置自动开启并直接将图像上传互联网。新的委员会会长给小区里的每个人都发了一封洋洋洒洒的信，对上述摄像装置做了详尽的解释。有了这个摄像头，不但可以监控垃圾房，还能捎上停车场、防偷盗、防流氓。另外影像资料二十四小时后自动删除，不至于"侵犯居民隐私权"。要安装摄像头必须委员们全票通过，但还是有一个委员投了反对票。

欧维明确表示信不过互联网。他把互联网念作"互联网儿"，还故意把"网"字加重了念，尽管他的夫人一再提醒他"互联"才是关键。会长很快意识到，要想让互联网看着欧维倒垃圾，除非先送他进棺材。摄像头还是没有装成。挺好，欧维想。每天巡个逻不是更好吗？这样大家就知道谁都干了啥、操的什么心。是个人就明白这道理。

完成垃圾房的检视之后，他锁上门，正如每个早晨一样，猛推三下以做检查。然后他转过身，发现一辆自行车靠墙停在自行车棚之外。尽管就在它头顶上一目了然地竖着一块"禁止停放自行车"的标牌。自行车旁，别的邻居已经贴了一张愤怒的纸条，手写着："这里不是自行车棚！看清标牌！"欧维咬牙念了声"白痴"，打开自行车棚的栅栏，抬起那辆自行车，按着队形对齐摆好，锁上栅栏，猛推三下。

然后他撕掉墙上那张愤怒的小纸条。他很想提议委员会在这堵墙上竖块"禁止贴条"的牌子。如今的人显然自以为可以到处转悠着满大街贴愤怒的小纸条。这堵墙他妈的又不是什么布告栏。

然后欧维沿着房子之间的小过道回到自己的家门口，朝水泥地弯下腰，使劲闻了闻拼缝处。尿，一股尿味。他带着这样的判断进屋，锁上房门，喝起咖啡来。

喝完咖啡，他打电话注销了电话号码并退掉了之前订阅的报纸，修好小洗手间的水龙头，给厨房里的院门把手换上新的螺丝，给厨房的操作台打上油，重新调整了阁楼的储物箱，摆齐储藏室里的工具并为萨博的冬胎更换了摆放的位置。然后他站在那儿。

生活变成现在这样情非得已。这是欧维仅有的感受。

现在是十一月，周二午后，四点整。他熄灭了所有的灯，关掉暖气和咖啡机，又给厨房的操作台上了遍油，尽管宜家号称他们的厨房操作台不需要上油。在这个家里，厨房操作台每半年上一遍油，不管需不需要。不管自助仓库里那个穿黄色Polo衫、脸画得像脸谱似的小姑娘怎么说。

他站在带半开间阁楼、复式排屋的客厅里，透过窗户向外张望。斜对门儿那个四十来岁胡子拉碴的公子哥儿慢跑着经过。他叫安德斯。欧维知道他是新搬来的，最多也就在这儿住了五年。他已经想方设法钻进了社区委员会的领导班子。这条毒蛇，他当自己买了这条街。肯定是离了婚搬过来的，死乞白赖地多付了一大笔钱。典型的浑蛋，跑到这儿来哄抬老实人的房产税。搞得这里像是什么高档小区。他也是个开奥迪的，欧维见过。猜都猜到了。自由职业者和其他白痴，都是开奥迪的，还能有什么好脑筋！

欧维把手往深蓝色裤子的口袋里一插，愤懑地轻踹了一脚踢脚线。排屋对欧维夫妇来说有些大，这个他得承认。但房款已付清，一分钱房贷都不剩。他敢保证这就要比那个公子哥儿了不起。如今到处都是贷款，地球人都知道是怎么回事。但欧维已经付清了房贷，自食其力。上班。一辈子从来没有请过一天病假。一个萝卜一个坑。承担一份责任。现在已经没人这么做了，承担责任。现在只有电脑、顾问和晚上逛窑子白天兜售租赁黑合同的政界大亨。避税天堂和股票投资组合。没人想工作，全国挤满了整天只想吃午饭的人。

"悠着点儿不好吗？"昨天上班的时候他们对欧维说。他们解释说目前"劳动力过剩"，他们要"逐步把老一代都淘汰掉"。三分之一个世纪就在同一个工作岗位上，他们是这么说欧维的。操蛋的"一代"。因为如今人人三十一岁，穿过分紧身的裤子，喝不惯正常咖啡，而且没人愿意承担责任。到处都是大把大把留着小胡子的人整天换工作、换女人、换车子。到处都是，眼睛都不带眨的。

欧维瞪着窗外，公子哥儿在跑步。也不是跑步惹恼了欧维，根本不是。欧维才不管人家跑不跑步呢。他只是不明白人们为什么要把它那么当回事儿。那一脸操蛋的微笑跟在外头治疗肺气肿似的。他走得还挺快，或者说跑得还挺慢，这就是所谓慢跑了。四十岁的男人就是这样向全世界宣布他干不了什么好事的。但非得穿得像个十二岁的罗马尼亚运动员才能做到这一点吗？真的有必要吗？不就是漫无目的地横冲直撞三刻钟，有必要搞得像瑞典冬奥会国家队队员吗？

公子哥儿还有个女朋友，比他小十岁。欧维叫她金发霉女。整天穿着跟扳手一样高的高跟儿鞋，在小区里晃悠得像只喝高了的大熊猫，脸画得跟脸谱似的，戴一副硕大的太阳镜，大得你都不知道该管它叫眼镜呢还是叫头盔。另外，她还有一只手提包大小的宠物，也不拴着，四处撒欢撒尿，还总尿在欧维家门口的地砖上。她只当欧维没留意，欧维可留意着呢。

这儿的生活根本不该是这个样子。

"悠着点儿不好吗？"他的同事昨天说。现在欧维站在自己刚上了油的厨房操作台前。周二是不该有这样的闲情逸致的。

他透过窗户望着对面一模一样的房子。显然最近那里搬来一户有孩子的人家。外国人，欧维知道的。他不知道他们开的什么车。反正希望不是奥迪，或者更糟——日本车。

欧维自顾点点头，就像他刚说出了什么憋了很久的话。抬头看看客厅的天花板。今天他要在上面装个钩子。可不是随便什么钩子。要是换个满嘴代码、穿烂大街的中性针织衫的IT顾问准会装个普通的蹩脚钩子。但欧维的钩子一定要像岩石一样坚固。他想着钩子得结实，到把这破房子拆掉的时候，钩子应该是那个屹立到最后的构件。

几天后将会有个纨绔的房产商站在这儿，戴着婴儿脑袋大小的领结，张嘴就是"改建潜力"和"空间利用率"，他肯定会对欧维发表很多意见，那个浑蛋，但对欧维的钩子只字不提。这是必须做到的。

客厅的地板上放着欧维的小"实用"箱。房子里的东西就是这么归类的。所有欧维太太买的物品都可以贴"好看"或者"可爱"的标签。而所有欧维买的东西都很实用。那些有功用的东西，他把它们分放在两个不同的盒子里，一大一小两个"实用"箱。这是小的那个。里边是螺丝、钉子和扳手之类的玩意儿。人们对实用已经没什么概念了。现在大家只收蹩脚货。家里二十多双鞋却不知道鞋拔子为何物。屋子里塞满微波炉和平板电视，但就算被人用匕首指着也说不出混凝土墙该用什么样的膨胀螺栓。

在欧维的"实用"箱里有一整个匣子都是混凝土专用膨胀螺栓。他站在那儿瞪着它们就像瞪着一堆象棋棋子。他不喜欢急急忙忙地挑选混凝土螺栓。怎么也得花点时间。选螺栓是个过程，每个螺栓都有自己的使用范围。人们对具有普遍性的功能主义已经失去了应有的尊重，如今一切都必须时髦，必须数字化，但欧维还是一步一个脚印。

"悠着点儿多好。"他们上班的时候说。周一早上他走进办公室，他们说没在周五通知他是不想"打扰他的周末"。"现在你可爽了，可以休息了。"他们说。他们怎么会理解周二早上醒来发现自己已经百无一用是什么感受？整天不是互联网就是意式浓缩，他们怎么会理解什么叫作承担一份责任？

欧维看看天花板，眯起眼。他下定决心，钩子一定要在正中央。

正当他沉浸在这个最重要的时刻，一阵刺耳的长长声响无情地把他打断。那声音要说是有个大个呆瓜在倒一辆挂拖斗的日本车时撞上了欧维家整面外墙也未必不可能。

3

一个叫欧维的男人拉着拖斗倒车

欧维掀开窗前的绿色碎花窗帘——多年来，妻子一直念叨着说要换掉。他看到一个矮个儿黑发的女人，显然是外国人，三十来岁。她站在那儿暴跳如雷地冲一个年龄相仿的金发瘦高个儿盲流比画着手势，那人卡在一辆小得过分的日本车里，车后挂一拖斗，正剐蹭着欧维家的排屋外墙。

盲流装模作样地打些小手势，想让那个女人明白事情没有看上去那么简单。而女人用不怎么小的手势想要回应，很可能问题就出在这个瘦高个儿白痴身上。

"这到底……"欧维隔着窗玻璃还没把话喊完，拖斗的一个轮子已经碾进了他的花坛。

他扔下"实用"箱，攥紧拳头。几秒钟后，他的大门"嗖"的一声开了，就像怕欧维破门而出自动打开似的。

"你们到底在搞什么名堂？"欧维冲着黑发女人吼。

"是呀，我也想知道！"她吼着回答。

欧维愣了几秒钟。他瞪着她。她也瞪着他。

"社区内禁止车辆通行！你看不懂瑞典语标牌呀？"

那个小个子外国女人朝他迈了一步，直到这时，欧维才注意到，她要不是怀孕已久，就是被欧维归为少数极端肥胖症患者的那类人。

"又不是我在开车！"

欧维默默瞪了她几秒钟。然后他朝那个盲流转过身，那人刚从日本车里挤出身来，双手愧疚地举在空中。他穿着针织衫，小身板很缺钙的样子。

"你又是谁？"欧维问。

"是我开的车。"盲流兴高采烈地点头。

他怎么也得有两米高。欧维总是本能地对所有一米八五以上的人心存怀疑。经验告诉他，长成这样，血液很难抵达大脑。

"哦？真有这么回事？看起来不像呀！"目测比他矮半米的黑发孕妇边冲盲流吼着，边用双手手心拍着他的胳膊。

"这又是谁？"欧维瞪着他问。

"这是我太太。"盲流礼貌地点头。

"还不知道能维持多久呢。"她愤愤地说，大肚皮上下颤动。

"没看起来那么容易……"盲流想发言，却立即被她打断。

"我说向右！而你还是接着向左倒车！你根本没听！你从来不听！"

然后她滔滔不绝地讲了半分钟，据欧维猜测，她讲的应该是脏话词汇发达的阿拉伯语。

金发盲流只是冲她点头，面带无法形容的和谐笑容。就是这种笑容让老实人想抽和尚嘴巴，欧维心想。

"嘿，算了吧。只不过是个小意外，我们能解决！"她终于歇火后，他嬉皮笑脸地对欧维说。

然后他满不在乎地从口袋里取出一个圆盒，搓了手球那么大一团唇烟塞进嘴唇。看上去就像他想在欧维背上来一巴掌。

欧维瞪了盲流一眼，好似盲流刚蹲下在欧维的汽车引擎盖上拉了泡屎。

"解决？你都钻我花坛里了。"

盲流看了看拖斗的轮子。

"这也不能算花坛吧？"他一脸无所谓地笑着，用舌尖调整了一下唇烟的位置。

"这就是花——坛！"欧维一口咬定。

盲流点点头，低头看看地，抬头看看欧维，就像欧维在跟他开玩笑似的。

"别逗了，这不是只有土吗？"

欧维的额头纠结起来，眉头皱得更紧。

"这——是——花——坛！"

盲流疑惑地猛抓头皮，唇烟碎屑钻进了凌乱的刘海。

"但这不是寸草不生吗……"

"我的事你管不着，就是别碰我的花坛！"

盲流飞快地点点头，现在他显然着了慌，不想再进一步惹恼眼前这个陌生人。于是他转身面对自己的太太，仿佛期待她的救援。她看上去完全没那个意思。盲流又看向欧维。

"孕妇，你知道的。荷尔蒙作祟……"盲流试着咧嘴。

　　孕妇没有咧嘴，欧维也没有。她交叉着双臂，欧维双手叉着腰。盲流显然不知道该拿他的大拳头怎么办，于是他略带羞涩地把它们在身侧来回地甩，就像它们是布片缝的，可以随风飘荡。

　　"我再试试，这就去。"他最后说，再次冲欧维一脸无辜地笑笑。

　　欧维瞪着他的眼神可一点儿都不无辜。

　　"社区内禁止车辆通行，挂着牌呢。"

　　盲流倒退一步，一个劲点头。小跑几步，再次把自己特大号的身躯挤进那辆特小号的日本车里。"老天爷。"欧维和那个疲惫的孕妇异口同声地念叨道。这倒让欧维减轻了些许对她的恶意。

　　盲流朝前开了几米，欧维清楚地看见他没有把拖斗摆正。紧接着盲流又开始倒车，撞上了欧维的信箱，拖斗的边缘把绿色的铁皮整个掀起一块来，打了个对折。

　　"别……哎……"欧维长嘘一口气，冲上前一把扯开车门。

　　盲流再次愧疚地举起双手。

　　"我的错！我的错！对不起，后视镜里看不见信箱，你知道的。带着拖斗开车太难了，从来不知道该往哪儿打方向……"

　　欧维狠狠地在车顶上捶了一拳，吓得盲流身体一弹，脑门子撞上了车门框。欧维把脸紧贴过去，话传到盲流的耳管之前都来不及接触空气。

　　"你给我出来！"

　　"什么？"

　　"我说你给我出来！"

　　盲流略带惊恐地看看欧维，但似乎又不敢开口问为什么。只好钻出车来老老实实地站在一边，像个被罚站的小学生。欧维朝着排屋之间自行车棚和停车场的方向，指了指。

"去，找个不挡道的地方站好。"

盲流困惑地点点头。

"老天爷。找个截了肢的白内障患者来倒这个拖斗车都能比你强。"欧维一边坐进车里一边嘟囔道。

怎么能不会倒带拖斗的车呢？他心想，先搞清左右再反着拧能有多难？这帮人到底怎么活下去？

还是自动挡，当然啦，他心想。不用猜就知道。这些蠢蛋恨不得压根儿别开自己的车，欧维一边想着一边挂上前进挡开始向前开。如今的车最好都能自己上路，跟机器人似的。现在的人都不需要学侧方移位，这都搞不懂能拿驾照吗？啊？欧维才不信呢。欧维甚至高度怀疑连这都搞不懂的人是不是该给他选举权。

他向前开车直到拖斗摆直，然后他像所有即将带着拖斗倒车的文明人一样，挂上了倒车挡。日本车立马无耻地咆哮起来。欧维愤懑地在车座上四下张望。

"这是怎么……你干什么，吵什么呢？"他边冲仪表盘喊，边拍着方向盘。

"我说你给我停下来！"他怒气冲冲地对不停闪烁着的红灯吼。

就在此刻，盲流出现在车身一侧，小心翼翼地敲敲车窗。欧维摇下窗，没好气地看看他。

"只不过是倒车雷达在响。"盲流点头。

"这我当然知道！"欧维嘘声道。

盲流清清嗓子。

"这车有点特别，我是想，要是你需要的话，我可以跟你解释一下使用规则或者……"

欧维哼了一声。

"我又不是白痴！"

盲流使劲点头。

"不是不是，当然不是。"

欧维瞪着仪表盘。

"现在它在干吗？"

盲流热情地点头。

"它在测算电瓶还剩多少电。你知道的，从电动机切换到汽油发动机之前都要测一下的。你知道的……这是辆油电混合的……"

欧维没有搭腔。他只是摇上了车窗。盲流半张着嘴站在车外。欧维先瞄一眼左侧后视镜，又看一眼右侧后视镜。然后他开始倒车，日本车还在惊恐地尖叫，拖斗精准地停在他的房子和盲流与孕妇的房子之间。

他下车把钥匙扔给盲流。

"倒车雷达加停车辅助系统加摄像头什么的一大堆。需要这些个东西来倒车的人，照我说，一开始就不应该挂着拖斗嘛。"

盲流只是嬉皮笑脸地点头。

"谢谢帮忙。"他喊，仿佛欧维接连羞辱他十分钟那事没发生过似的。

"还倒车，换了我都不许你倒带。"欧维边回答，边经过他身边。

孕妇仍在一边袖手旁观，但看上去已经没那么生气了。

"谢谢！"她呼了一嗓子。欧维经过的时候，她挂着一脸扭曲的微笑，欧维觉得她是在使劲忍着不笑。

她有一双欧维见过的最大的棕色眼睛。

"在这个社区里，我们是不在住宅区范围内开车的，这个规矩你们怎么都得接受。"他说道。

她的表情看上去就像听出他把"接受"念成了"接嗖"但没有指出来似的。欧维哼一声，急转身朝自己家走去。

在房子和他的独立储藏室之间，他停下脚步。就像他这样年龄的男人经常做的那样，他使劲皱起鼻子，整个上半身跟着同时蜷缩起来。接着他屈膝，把整张脸凑到铺路石上，不管需不需要，他总是每两年把这些铺路石换一次。他又闻了闻，自顾自点头，起身。

黑发孕妇和盲流看着他。

"尿！这儿到处都是尿！"欧维怒道。

他冲铺路石比画了一下。

"哦……好吧……"黑发女人说。

"不好！这他妈的一点儿都不好！"欧维回答。

然后他走进自己的房子，关上房门。

他在门厅里的凳子上坐下，一直坐到他可以冷静地干点别的。"要命的女人。"他心想，连杵在眼前的标牌都看不懂，她和她那一大家子来这儿到底干什么？社区内禁止车辆通行，地球人都知道。

　　欧维站起身，脱下蓝色外套挂到衣架上，挂在他太太那一片外套的海洋中，又冲着紧闭的窗户念叨了一句"白痴"，以防万一。然后他站到客厅中央，抬头望着天花板。

　　他不知道自己在那儿站了多久。他沉浸在自己的脑海中，就像在迷雾中飘浮。他从来不是做白日梦的人，但最近他的脑子里就像有什么东西纠结了起来。他越来越难以集中注意力，这他一点儿都不喜欢。

　　门铃响起时，他就像从温暖的梦乡中惊醒一般。他用力揉揉眼睛，环顾四周，仿佛生怕被人窥见似的。

　　门铃又响了一声。欧维转过身瞪着门，就好像它干了什么难以启齿的勾当。他朝门厅走了两步，发现自己的身体僵硬得像干石膏。他不知道是地板还是自己在嘎吱作响。

　　"又怎么了？"还没等门开，他就先问，就像门得先回答问题似的。

　　"又怎么了？"他猛一拉门，喊道，用力之猛，刮得门前一个三岁小女孩惊恐地向后一仰，一屁股坐在了地上。

　　她身边站着个七岁的女孩，看上去完全被吓坏了。两个女孩全是黑发，眨着欧维见过的最大的棕色眼睛。

　　"啊？"欧维说。

　　七岁女孩一脸战战兢兢。她伸手递上一个塑料盒。欧维勉为其难地接在手里，热乎乎的。

　　"饭！"三岁女孩一边乐呵呵地喊，一边飞快地站起身。

　　"藏红花，还有鸡肉。"七岁女孩点头，显然更谨慎地看着他。

欧维疑惑地打量着她们。

"你们是在卖吃的？"

这话看上去惹恼了七岁女孩。

"我们住在这儿！"

欧维沉默了几秒钟，然后点点头。就像他有可能会把这个前提作为一种解释一样。

"啊哈。"

三岁女孩甩着连体衣偏长的袖子，满意地点点头。

"妈妈说你很'恶'！"

欧维一脸茫然地望着这个口齿不清的小不倒翁。

"什么？"

"妈妈说你看上去肚子很饿，所以我们得给你晚饭吃。"七岁女孩怒气冲冲地纠正。"我们走，娜萨宁。"她边说边紧紧拉住三岁女孩的手，狠狠瞪了欧维一眼转身就走。

欧维从门缝里探出头，目送她们离开。女孩们跑进家门的时候，他看到那个黑发孕妇站在那儿冲他笑。孕妇还挥了挥手。欧维关上房门。

他又站在门厅里，瞪着手里装着藏红花鸡肉饭的盒子，就像瞪着一盒硝化甘油。然后他走进厨房把盒子放进冰箱。并不是因为他习惯了吃陌生的外国小孩留在楼梯口的食物，而是，欧维家没人浪费粮食。这是原则。

他走进客厅，把手插进口袋，抬头望着天花板。在那儿站了好一会儿，他寻思着哪种混凝土膨胀螺栓最合适，直站到两眼眯缝得疼。他低下头，有些困惑地看了一眼自己变了形的腕表，又看看窗外，突然意识到天色已晚，他无可奈何地摇摇头。

天黑以后是不能钻洞的，这谁都知道。那样的话，他还得点上所有的灯，这样就不知道这些灯什么时候才熄灭了。他可不愿意便宜了电力公司。想让电费再跑上那么几千克朗，门都没有。

欧维收拾起"实用"箱，搬到楼上的大厅里。从小厅的暖气片后拿出阁楼的钥匙。回大厅伸手够阁楼的门板，放下悬梯。爬上阁楼把"实用"箱放回厨房椅背后，那些厨房椅是他太太逼他扛上去的，因为她说它们太吵。它们根本不吵，欧维知道，这只是太太想买新椅子的借口。仿佛这就是生活的本质，买厨房椅去饭店吃饭就能生生不息了。

他下楼来，把阁楼的钥匙放回小厅的暖气片后。"悠着点儿。"他们对欧维说，一群三十岁出头捣鼓电脑不喝普通咖啡的公子哥儿。一个没人会倒拖斗车的社会，就是这么一帮人居然跟他说不需要他了。这合适吗？

欧维回到楼下的客厅，打开电视。并不是因为现在有什么想看的节目，但他又不愿意孤零零地瞪着白墙像个白痴似的发一晚上呆。他从冰箱里拿出外国食品来，直接用叉子在塑料盒里吃。

他五十九岁。现在是周二晚上，他退订了所有报纸杂志，熄灭了所有的灯。

明天得装上那个钩子。

4

一个叫欧维的男人不交三克朗增值税

欧维朝她递上鲜花，两枝。也不知道为什么会是两枝。但总得有个数。这是原则问题，欧维向她解释。因此是两枝。

"家里没有你简直乱了套。"欧维喃喃道，然后轻踹了几下结冻的泥土。

他的太太没有回答。

"今晚会下雪。"欧维说。

新闻里说不会，但就像欧维常说的那样，它说不会发生的事就一定会发生。所以他这样对她说。她没有回答。欧维把手插进蓝色裤子的口袋里，轻轻点头。

"你不在家，一个人整天在这房子里转悠一点儿都不自然。我就想说这些。这日子没法过了。"

她连这话都没有接茬。

他点点头，又踹了一脚泥土。他无法理解那些说自己想要退休的人。怎么能整天盼着自己成为多余的人？作为社会的负担四处游荡，什么人会有这样的梦想？回家只能等死。或者更糟糕：等他们来接你去那些不能自理的人住的地方。欧维都不敢再往下想。上个厕所都得别人插手。欧维的太太从前总是逗他说，要是来那么一场葬礼，他是她认识的人中唯一宁可躺在棺材里都不愿意被人推着去参加的那个。也不是完全没有道理。可能吧。

对了，那只猫崽子今天早上又来了，几乎就坐在他们家门口。要是还能管它叫猫的话。

欧维在差一刻到六点的时候起床，给他的太太和自己沏上咖啡，四处检查暖气片，确认太太没有悄悄把它们又打开。它们当然都和昨天完全一样，但他还是把它们的旋钮又调低了一挡。以防万一。客厅里，仅剩六个挂钩没挂她的衣服，他从其中一个钩子上取下自己的外套，出门巡逻。记录车牌号，检查车库门。他注意到天开始凉了起来。快到把蓝色秋季外套换成蓝色冬季外套的时候了。

他总是知道什么时候会下雪，因为一到时候，他的太太就会开始念叨要把卧室暖一暖。疯了，每年这时候欧维都一口咬定。电力公司老板休想因为季节更替的一点儿小事就坐享其成。暖个五摄氏度，一年就得多花几千克朗，这个欧维算得出来。所以每年冬天他都会从阁楼上取下那台他在跳蚤市场上用一台老式留声机换来的柴油发电机，然后接上以清仓价三十九克朗买来的暖风机。用发电机启动之后，暖风机能在欧维安装了小电池后吹上半个小时，这样欧维的太太就能在躺下睡觉前让靠自己这边的床暖和上几摄氏度。不过欧维还是叫她不要太浪费，柴油也不是白给的。太太就像往常一样，点头表示欧维说的有道理。然后整个冬天，她都会趁他不注意，偷偷把暖气片打开。每年都是这样。

欧维又踹踹泥土。他考虑着要不要把猫咪的事告诉她。他巡逻回来的时候，它又出现在那里。欧维瞪着它，它瞪着欧维。欧维指着它大喝一声"走开"，声音之大，就像一枚疯狂的塑胶球在房子之间回荡。猫又瞪了一会儿欧维，不紧不慢地站起身，仿佛在表示它不是因为欧维的威吓走开的，而是因为有更好玩的事等着，然后就这样消失在储藏室的拐角处。

欧维决定什么都不对她说。他估计她只会因为他把它赶走而生气。要是换她做主，家里早就塞满各种有毛没毛的流浪汉了。

他穿着蓝色的西装，白衬衫的扣子一直扣到顶。她从前总是对他说，如果不戴领带，可以开着最上面一颗扣子，每次欧维都回答说他"又不是什么该死的希腊躺椅推销员"，然后照样扣上最后一颗扣子。他手腕上戴的那块变了形的腕表，是他父亲十九岁那年从祖父那里继承下来的，欧维满十六岁后没几天，父亲就把腕表给了他。

欧维的太太喜欢这件蓝西装，总说他这么穿看上去很帅。而欧维自己，像每个明智的人一样，认为只有公子哥儿才每天穿西装。但早上他决定，今天可以是个例外。他甚至穿上了那双出客穿的黑色皮鞋，还很负责任地上了适量的鞋油。

出门前，从大厅的挂钩上取秋季外套时，他最后回头若有所思地看了一眼太太的那堆外套，思考着为什么个子这么小的人会有这么多冬季大衣。"几乎可以期待一下穿过这堆衣服就能进入纳尼亚了。"欧维太太的某个女朋友曾经开玩笑说。欧维到现在还不知道她到底是什么意思，反正大衣多到吓死人就是了。

　　出门的时候，小区里还没有人起床。他走到停车场，用钥匙打开车库门。他其实有个遥控器，但从来不明白这有什么好处，本来每个老实人就都可以亲手打开车库门。他也用钥匙打开萨博的车门。这车多年来一直很好使，没有理由把车换掉。他坐进驾驶座，把电台的频道旋钮朝前拧半圈，再朝后拧半圈，调整所有的后视镜。每次坐上萨博都要这么来一圈，就像有什么破坏分子每天按时闯进来恶意调过后视镜和电台调频。

　　他开车穿过停车场的时候，遇到了隔壁那个外国孕妇。她牵着三岁女孩的手，那个高个子金发盲流走在她身边。看见欧维后，他们三个人一起兴高采烈地冲他挥手。欧维没回礼。他首先想到停车教育一下那个女人，这个小区里没有谁家的小孩会在停车场周围跑来跑去，这儿又不是公共游乐场。但他想了想，觉得自己没那个时间。

　　于是他开到排屋外的大路上，经过一排又一排和自己的房子长得一模一样的房子。欧维和太太搬来的时候，这里只有六幢房子。现在房子数以百计。曾经，这里只有树林，但现在到处都是房子。肯定都是贷款买的。现在的人会的就是这个。信用卡消费，开电动车，换个电灯泡都得雇人。安装简易地板和电子壁炉，日复一日，年复一年。没人分得清普通混凝土膨胀螺栓和当头一棒之间的区别，这就是当今的社会。

　　他花了十四分钟开到购物中心的鲜花店。欧维牢牢卡着限速，哪怕是限速五十的区域，那些初来乍到、领带飘飘的傻×总是开到九字打头。他们在自己的房子周围竖起"儿童嬉戏"的警示牌，铺上要命的限速带，但一旦开到别人的地盘立马不当一回事。最近十年，每次经过这里，欧维就要对太太这么说。"而且总是越来越糟糕。"以防她之前几次碰巧没听见，他总是要加上一句。

今天他还没开出两公里远，后面就有一辆黑色的奔驰顶到了只剩一个胳膊肘的距离。欧维用刹车灯闪了他三次。奔驰愤怒地用亮瞎眼的远光灯回应。欧维冲着后视镜哼了一声，就好像一旦有人自作主张决定无视限速标志，他就有义务挡在路中央加以阻拦。欧维没有移动，奔驰又闪了一下远光灯。欧维减速，奔驰摁喇叭。欧维再减速，奔驰把喇叭摁得更响。欧维把速度减到二十，靠近坡顶的时候，奔驰轰隆一声超了过去。车里四十岁左右、扎着领带、耳朵上挂着白色塑料线的男人透过车窗冲欧维竖起中指。欧维用一个所有五十九岁有教养的男人都会做的动作回应：缓缓地用食指点点太阳穴。奔驰里的男人破口大骂，车窗内侧溅满了唾沫，然后一脚油门冲出了视野。

两分钟后，欧维遇到红灯停下。奔驰停在前方队伍的最后一个。欧维用远光灯闪他。他看见那个男人缩了一下脖子，白色塑料线掉下来落到仪表盘上。欧维满意地点头。

信号灯转绿，队伍却没有动。欧维摁喇叭，没有动静。欧维摇头。前面一定有个女司机，或者在修路，要不就是有辆奥迪。三十秒过去还是没有动静，欧维挂上空挡，开门走出还转着发动机的萨博。他双手叉腰站在路中央朝队伍前方张望，有点像钢铁侠遭遇堵车会怒气冲冲双手叉腰站到路中央的样子。

奔驰男狂摁喇叭。"傻×。"欧维心想。就在此刻，队伍挪动起来。欧维前面的车已经开动，后面的车——一辆大众——开始摁喇叭。车里的司机不耐烦地朝欧维挥手，欧维回头瞪了一眼，悠悠地坐回萨博里，关上车门。"这是着的什么急。"他大声对着后视镜说，然后上路。

下一个红灯，他又停在了奔驰后面。又堵上了。欧维看看手表，向左转上了另一条路。其实，去购物中心，这条路更长，但是红灯少一些。并不是因为欧维小心眼，但懂事的人都知道，车开动的时候比转着发动机堵着省油。就像欧维太太常说的那样："要是有什么值得写进欧维的讣告，那就是'无论如何，此人还算省油'。"

欧维由西向东到达购物中心。整个停车场只有两个空位，他一眼就看出来了。他不明白这样一个工作日那么多人来购物中心干吗？显然如今人们都没什么正事可干。

欧维的太太曾经一靠近这样一个停车场就开始叹气，欧维总是想停在商场入口处。"就像要参加一场比赛，看谁抢到最好的位置。"每当他一圈又一圈地转，冲着每辆占了地儿的外国车咒骂的时候，她都会这么说。经常得转上六七圈才能找到一个好位置，要是最后欧维不得不放弃而停在二十米开外，这一天他都没好气。他的太太从来就不理解，不过她也不是很清楚什么叫原则问题。

本来今天欧维也想转上两圈，察看一下地形。但就在这时，他又看见那辆奔驰由南向北开过来。那个扎领带、耳朵上挂塑料线的男人，原来是要来这儿。欧维一秒钟都没有犹豫，一脚油门挤进了十字路口。奔驰急刹车，猛按一下喇叭跟了上来。决斗正式开始。

停车场入口处的指示牌指向右侧，但奔驰显然也看到了那两个空车位，试图从左侧超过欧维。然而欧维闪电般一拧方向盘堵住了去路。两个男人开始在柏油路上较起劲来。

从后视镜里，欧维看见一辆小丰田从大路上拐到他们身后，跟着指示牌沿停车场缓缓朝右拐了个大弯。欧维用余光跟着它，同时朝反方向猛冲，奔驰紧随其后。他当然可以抢下两个空位中更靠近商场入口的那个，然后大方地把另一个让给奔驰。可这又算哪门子胜利？

相反欧维在第一个停车位来了个急刹车，然后纹丝不动。奔驰鸣喇叭，欧维还是不动。奔驰继续鸣喇叭。那辆小丰田远远地从右侧向下驶来。奔驰这时才看出欧维的邪恶计划，但为时已晚。他不停地摁喇叭，并试图挤过萨博，但无机可乘。欧维已经挥手让丰田转进另一个空位了。等它完全停好，欧维才稳稳地拐进跟前的车位。

奔驰侧面玻璃上的口水粘得太厚，欧维都看不见里面那家伙的脸。欧维雄赳赳、气昂昂地下车，活像个获胜的古罗马角斗士，然后他瞥了一眼丰田。

"我去。"他突然没好气地嘟囔一声。

"哟！"金发盲流一边兴高采烈地吆喝，一边挤出前座。

欧维只是摇摇头。

"嘿！"外国孕妇从丰田的另一侧出来，手里抱着三岁女孩。

欧维过意不去地目送奔驰离开。

"谢谢占位！多亏你了。"盲流微笑。

欧维不吱声。

"你叫什么名字？"三岁女孩脱口而出。

"欧维。"欧维说。

"我叫娜萨宁。"她快乐地说。

欧维冲她点点头。

"我叫帕特……"盲流话才出口，欧维已经转身准备离开。

"谢谢你给我们占停车位！"外国孕妇在背后喊。

欧维从她的嗓音中听出一丝欢笑。这他可不喜欢，于是只嘀咕了一句"没事"，头也不回地径直穿过转门走进购物中心。他在第一个过道口左转，之后回了好几次头，生怕邻居一家会跟来似的，但他们右转之后就不见了。

欧维若有所思地站在食品店前，瞪着本周特价广告牌。也不是因为欧维想在这家食品店买什么火腿，但做做价格调研总没错，他想。要是说这世上真有什么欧维不喜欢的事，那就得算是受骗上当了。太太总是开玩笑说，对欧维来说，世界上最可恶的四个字就是"电池另配"。她说这话的时候几乎所有人都会笑，但通常欧维不会。

他沿着食品店继续向前走，来到花店。在那儿理所当然会有一场"争吵"，欧维太太一定会用这个词。但欧维总会辩解说那其实只是"讨论"。欧维取出一张优惠券来，上面写着"两支五十"。既然只需要买一支，他对柜员一通摆事实讲道理，要只付二十五。因为五十的一半是二十五。那个手机贴片片、脑子粘了口香糖的柜员当然不同意。她反复强调一支三十九，优惠券只有买两支的时候才能用。店长不得不登场。然后欧维花了三刻钟才让店长幡然醒悟，原来欧维是对的。

其实，老实说店长还是在自己手掌心里嘀嚷了一句，听起来像"老浑蛋"，然后在柜员机上狠狠地打上二十五克朗，就好像这都是柜员机的错。其实欧维心里多多少少也是这么想的。他知道这帮商贩葫芦里卖的什么药，砍上一刀是一刀，但在欧维这儿可没门。他可是说一不二的人。

欧维在收银台前取出信用卡。店长不屑地冲一块写着"五十克朗以下刷卡消费，加增值税三克朗"的牌子点点头。于是就有了这样的结果。

就这样，欧维拿着两支花站在太太面前。这是原则问题。

"让我付三克朗，他就做——梦——去吧。"欧维低头盯着脚下的碎石说。

欧维的太太总是责怪欧维到处与人起争执，但欧维才他妈的没工夫争执呢。他只是实事求是。欧维想知道，他这种生活态度难道就那么不合理吗？他可不这么想。

他抬头看看她。

"昨天我答应来却没来，你一定生气了吧。"他喃喃道。

她不作声。

"整个小区都快变成疯人院了。"他替自己辩解。

"一团糟。如今还得亲自出去替他们倒拖斗车，连挂个钩子的工夫都没有。"他继续争辩。

他清清嗓子。

"天黑就不能挂钩子了，你明白的。这样就不知道灯什么时候灭了。电表就这么一直跑，可不行。"

"家里没有你，简直乱了套。"

她没有回答。欧维用手指拨弄着花瓣。

"你不在家，一个人整天在这房子里转悠一点儿都不自然。

我就想说这些。这日子没法过了。"

她连这话都没有接茬。

他点点头，递上鲜花好让她看见。

"粉红色，你喜欢的。温室栽培。店里的人管它叫'常年花'，我他妈的才不信呢。这么冷的天，它们显然会被冻死，店里的人也承认了，不过他们这么说只是为了推销更多垃圾给你。"

他看上去就像在等待她的认可。

"他们还有藏红花炒饭。"他低声说。

"我说的是新邻居——外国人。吃藏红花炒饭过日子，不知道这有什么好处。吃土豆烧肉不好吗？"

又是沉默。

他默不作声地站在那儿转着手指上的婚戒，仿佛在寻找新的话题。引导谈话方向这活儿对他来说还是太痛苦。这本来就是她的专职之一。他负责回答。现在这种新情况，他们俩都还得适应。最后欧维蹲下身，把上周插在那儿的旧花又挖出来，小心翼翼地塞进塑料袋。插上新花前翻动了一下冻僵的泥土。

"电费又涨了。"他站起身后告诉她。

然后他只是双手插兜站在那儿看着她，最后他小心地把手搭在那块大石头上，温柔地从这端轻抚到另一端，仿佛轻抚着她的肌肤。

"我想你。"他低声说。

六个月前，她去世了。但欧维还是每天两次走遍所有房间，摸摸暖气片，看她有没有悄悄把它们打开。

5

一个叫欧维的男人

　　欧维知道她的朋友都不理解她为什么会嫁给他，他也没什么好争辩的。

　　人们说他刻薄。他们或许是对的，他也不知道，从来没仔细思考过这件事。人们还说他"不善交际"，欧维猜想这是说他不怎么喜欢和人打交道，这个他承认。大多数情况下，人这玩意儿都不怎么靠谱。

　　欧维不怎么喜欢磨嘴皮子。他知道如今这可算得上是了不得的人格缺陷。现在的人得能和闯入一臂距离之内的任何怪人叨叨任何事情，就是为了表示友好。欧维不知道怎么才能做到。或许这和他的成长环境有关。或许他这代人还没有准备好面对这样一个光说不练的世界。如今的人往新装修的房子门口一站，就开始拍胸脯，就好像房子是他们自己造的一样，哪怕他们其实连个螺丝刀都没举过。他们也不试着假装一下，还拿来吹嘘。显然自己动手铺实木地板、装修厕所或者换冬胎这种事已经没有什么价值可言了。能脚踏实地地做事已经不值一提了。平白无故就能掏钱想买啥买啥，这有什么价值？这样的人又有什么价值？

　　欧维很明白为什么她的朋友都不理解她每天早晨醒来后愿意和他共度一天。他自己都不理解为什么。他为她搭了个书架，然后她用一页一页写满感情的书把它填满。欧维理解那些他看得见摸得着的东西。混凝土和水泥，玻璃和钢，工具——可以计算出来的东西。他理解直角和清晰的产品说明，可以画到纸上的东西。他是个非黑即白的男人。

　　她是色彩，他的全部色彩。

　　第一次遇见她之前，他唯一热爱的东西是数字。除此之外，他对童年几乎没有任何记忆。没人欺负他，他也不欺负人，体育不算好也不算差，他从来不参与却也从来不逃离，只是简单地存在着。关于成长，他也没有太多记忆。他不是那种把所有无关紧要的事都记在脑子里的人。他记得他曾经挺快乐，就这么过了几年之后，他就不快乐了。

　　他记得那些数字。数字装满了他的脑袋。他记得在学校的时候，他多专注于数学课。对别人来说，数学课就是噩梦，但他是个例外。他不知道为什么，也没思考过为什么。他从来不理解那些整天刨根问底追根溯源的人。是什么人做什么事，这就足够了，欧维总这么想。

　　他七岁那年，妈妈在一个八月的早晨因肺痨去世。她在化工厂工作。那时候也没有什么空气质量安全意识，这是欧维后来才搞明白的。她还抽烟，时不时来上一根。欧维对她最清晰的记忆就是：每周六早晨，她总是坐在他们郊区小屋里厨房的窗口，抬头望天，周身烟雾缭绕。她还时不时哼首歌儿，欧维总是在膝上放本数学书坐窗台上听着，这个他记得。当然她的嗓音是嘶哑的，而且时不时会有一两个音符跑到不太悦耳的地方，但他记得他还是很喜欢听。

欧维的父亲是铁道工。他的手掌看上去就像用刀刻过的皮革，脸上皱纹很深，劳动的时候汗水就顺着这些沟壑淌到胸口。他头发稀疏，身材精瘦，但手臂上的肌肉硬挺得就像直接从岩石上雕刻出来的一样。欧维很小的时候跟着父母到铁道上和父亲的同事们一起参加过一次盛大的庆祝活动。父亲几杯啤酒下肚，就有其他人来向他挑战掰腕子。欧维之前从没见过这些北欧战神模样的男人，叉开双腿往父亲跟前的木凳上一跨。其中有几个人看上去足有两百公斤，父亲各个击破。当晚他们回家，父亲用胳膊搂着欧维的肩膀说："只有狗崽子才会觉得块头和力量是一码事，欧维，记住喽。"欧维永远不会忘记。

父亲从来不举拳头，不管是对欧维还是对别人。欧维总有些同学会因为调皮捣蛋而挂着熊猫眼或皮带扣留下的瘀青来上学。欧维从来不会。"我们家不打架，"父亲总是强调，"不管是和自己人，还是外人。"

他在铁道上很受爱戴。他沉默寡言，也很善良。曾有人说他太善良。欧维记得，作为孩子，他从来不理解这有什么坏处。

然后妈妈死了，父亲变得更沉默，就像她把他仅有的只言片语都带走了。

因此父亲和欧维从来没有过多的交谈，但他们喜欢彼此的陪伴。沉默地分别坐在餐桌的两端就很满足。他们总是能让自己忙起来。屋后一棵枯树上住着一窝鸟，他们每两天喂一次。欧维明白，每两天一次，这很重要。他从来不知道为什么，但也从来不需要面面俱到地理解每一件事。

晚上他们吃香肠加土豆，然后打牌。拥有的不多，但也从来不少。

父亲有一个词，妈妈走的时候似乎没有兴趣带走，那就是"发动机"。关于发动机，父亲总是有说不完的话。"发动机总是刚正不阿，"他曾说，"你要是以礼相待，它就给你自由；你要是搞得像个浑蛋样，它就剥夺你的自由。"

他很久都没有自己的车，但四五十年代时，当那些铁道公司的老板、经理都开始买车的时候，流言就在办公室里传开了：铁道上那个沉默的男人是个好人，值得交往。欧维的父亲从来没毕业，他不懂欧维教科书上的那些数字，但他懂发动机。

总经理女儿大婚那天，装点华丽准备从教堂接新人回家的婚车半路抛了锚，他就被找了来。欧维的父亲用胳肢窝夹住工具箱，骑车赶来。工具箱太重，下车后，两个男人才从他手上接下来，不管什么问题，他骑车离开的时候都已经不是问题了。总经理夫人邀请他留下来参加婚宴，但欧维的父亲悄悄对她说，像他这样小臂上的油渍深得已经等同肤色的人，坐在这些上等人中间不合适，但很乐意带一袋面包和肉回去给家里的小家伙吃。欧维刚满八岁。当晚父亲摆上晚餐的时候，小家伙心想，国王的晚餐一定就是这样的。

几个月后，总经理又把欧维的父亲叫了去。办公楼外的停车场上停着一辆坏得不轻的萨博92，这是萨博生产的第一辆私家车。那时候这款车已经停产，因为大幅升级的萨博93已经上市。欧维的父亲很了解这车。前轮驱动，横置发动机听起来就像个咖啡壶。这车出了车祸，总经理边用大拇指扳着外套下的长裤背带，边解释着。酒绿色的车壳前端深深瘪了下去，顶棚也不怎么入眼，欧维的父亲都看在眼里。但他从脏兮兮的工装口袋里掏出一把螺丝刀，把汽车一阵检查之后宣布，没错，花点工夫外加合适的工具，他大致应该能让它再规规矩矩地跑起来。

"谁的车？"他边直起身问，边用一块抹布擦掉手指上的机油。

"我一个亲戚的。"总经理说着从西裤口袋里掏出一把钥匙塞在他的手心里，"现在它是你的了。"

总经理轻轻拍拍他的肩膀，转身回办公室去了，留欧维的父亲一个人在停车场上喘着粗气。那天晚上，他一遍又一遍对瞪大眼睛的儿子解释和展示院子里这件神奇宝贝的一切。他坐在前座上，向坐在腿上的小家伙讲解着机械原理，直到深夜。每一个螺丝、每一根管子，他都要详细讲解一番。欧维从没见过哪个男人像当晚的父亲那样自豪。彼时欧维八岁，当晚他决定除了萨博什么车都不开。

要是父亲周六不当班，他就会把欧维领到院子里，打开发动机盖，详细地告诉他每个零件的名称和功能。周日他们去教堂。并不是父亲或者欧维跟上帝有什么过分亲密的关系，但欧维的妈妈总是在这事上很上心。于是他们就坐在最后一排低头瞪着各自脚下的那块地砖直到结束。说实话，他们俩大多数时间都在想念她而不是上帝。这是所谓她的时间，尽管她早已离开。之后欧维和父亲就一起坐着萨博去郊外转上一大圈。这是一周中让欧维最喜欢的时刻。

为了不让他一个人在家瞎胡闹，那年开始，放学后，他跟着父亲去铁道上干活儿。活儿很脏，收入也差，但父亲总念叨说："是个老实人干的活儿，这就值当了。"

欧维喜欢铁道上的每一个人，除了汤姆。汤姆个子高，嗓门大，拳头大得像卡车，眼神就像总是在找无助的小动物想踹上一脚。

欧维九岁那年，父亲让他去帮汤姆清理一节废弃的车厢。汤姆一阵窃喜，捡起地上不知是哪个疲惫的乘客遗忘了的手提箱。它从行李架上掉下来，里面的东西撒了一地，说时迟那时快，汤姆趴在地上，把能看见的东西都捡了个遍。

"谁捡谁要。"他冲着欧维狞笑，眼神里有什么东西让欧维觉得像浑身爬满了虫子似的不自在。

汤姆狠狠地拍了一下他的后背，弄得他颈椎生疼。欧维一声不吭，往外走的路上被一个钱包绊了一下。钱包的皮质如此细腻，他捡起的时候，指尖就像触到了棉絮。上面没有父亲那种老式钱包上用来防止散掉的皮筋，而是一枚小银扣，打开的时候响声清脆。里面装着六千多克朗。那时候对谁来说都是一大笔财富。

汤姆看在眼里，上前想从欧维手里把它抢走。但防御的本能给了男孩反抗的力量。欧维看到汤姆遭遇抵抗后的震惊，从眼角的余光里，他看到这个强壮的男人握起了拳头。欧维知道自己没有逃脱的时间，于是他闭上眼睛，使尽全力握紧钱包，等到重击袭来。

他们都没有看见欧维的父亲，直到他站到他们中间。汤姆与父亲的目光短暂相遇，呼吸因愤怒而沉重，嗓子里隆隆作响。但父亲站在那儿纹丝不动。最后汤姆终于放下拳头，谨慎地后退一步。

"谁捡谁要，这是老规矩。"他指着钱包对欧维的父亲嚷嚷。

"这就得看捡的人了。"欧维的父亲眼睛都不眨一下地说。

汤姆的眼神阴暗起来。但他又后退了一步，仍然握着手提箱。他在铁道上工作了许多年，但欧维从来没从父亲的同事那里听到一句他的好话。他不老实，还很恶毒，欧维听到有人在那次聚会上灌下几杯啤酒后说。但他从没听父亲说过这些话。"四个孩子加一个胖老婆，"父亲曾经看着每一个同事的眼睛说，"比汤姆好的人也会变成他这样。"然后大家通常就会换个话题。

父亲指着欧维手里的钱包。

"你决定。"他说。

欧维牢牢地瞪着地板，感觉到汤姆的目光在他的头顶烧出洞来。然后他用轻微却稳健的声音说："失物招领处是它最好的归宿。"父亲一声不吭地点点头，拉起欧维的手，两个人沿着铁轨一言不发地走了半个小时。欧维听到汤姆在背后嘶叫，嗓音里充满了冰冷的愤怒。欧维永远也忘不了。

他们把钱包放到失物招领处时，柜台里坐着的女人不敢相信自己的眼睛。

"它就这么躺在地板上？你们没看见个包什么的？"她问。欧维困惑地看看父亲，但父亲只是沉默地站着，欧维就照做了。

柜台里的女人对这个反应挺满意。

"没多少人会把这么多钱交出来。"她边说边冲欧维笑。

"有脑子的人也不多啊。"父亲简短地说,然后拉上欧维的手,脚跟一转,回去工作了。

沿着铁轨走出几百米远后,欧维清了清嗓子,鼓起勇气问父亲为什么不提汤姆拿走的手提箱。

"我们不是到处讲别人闲话的人。"父亲回答。

欧维点点头。他们沉默地继续前进。

"我想过要把钱留下来。"欧维终于悄悄地说出口,还把父亲的手握得更紧一些,就好像害怕他会把手甩开。

"我知道。"父亲说,也把手握得更紧。

"但我知道换了你一定会把它还回去,而且我知道汤姆这样的人是不会这么做的。"欧维说。

父亲点点头。一路无话。

欧维要是那种总是回头想一想自己是何时变成了现在这样的人,他大概会归结,就是那天,他学会了明辨是非。他记得,从那天开始,他决定尽可能做个和父亲一样的人,这样他就很满足。

父亲走的时候,他刚满十六岁。一节失控的车厢出了轨。除了一辆萨博、城郊几英里外一套破旧的房子和父亲那块变形的老腕表,欧维没有得到多少遗产。他从来没能正确解释那天对他来说到底发生了什么。但他不再快乐,之后许多年,他都没能快乐起来。

葬礼之后,牧师要和他谈谈领养事宜,但欧维并不是从小在接受施舍的环境中长大的，牧师很快就意识到这一点。欧维还同时对牧师明确表示，之后可以预见的日子里，牧师也不用给他留着周日礼拜的位置了。并不是因为欧维不相信上帝，他对牧师解释，而是在他眼里，上帝就是个该死的狗崽子。

第二天，他去了铁道边父亲领工资的办公室，并交还了本月的剩余工资。办公室里的阿姨们完全搞不清状况，于是欧维只好不耐烦地解释，父亲是十六号死的。她们肯定知道父亲不可能再回来把这个月剩下那十四天的活儿干完了。既然父亲的工资是预支的，欧维就得回来把余额还掉。

阿姨们迟疑着让他先坐下等等，欧维照做了。一刻钟后，总经理跑了出来，看着眼前这个坐在走廊靠背椅上的十六岁怪男孩，手里还拿着死去的爸爸留下的工资袋。总经理清楚地知道这个男孩是谁。在终于确信无法说服这个男孩留下那笔在他看来不属于父亲的钱后，总经理只好当即雇用欧维代替父亲来把本月剩下的活儿做完，除此之外，无计可施。欧维觉得这条件听上去合情合理，于是跟学校请假，说接下来的两周不能来上课。他再也没有回去。

他在铁道上工作了五年。之后，一天早晨，他跳上了一列火车，与她初次相遇。这是父亲死后他第一次开怀大笑。从此以后，生活再也不一样了。

人们总说欧维眼里的世界非黑即白，而她是色彩，他的全部色彩。

6

一个叫欧维的男人
和一辆该放哪儿放哪儿的自行车

其实，欧维但求平静地死去。这要求过分吗？欧维不这么认为。没错，他早该在六个月之前就把这件事解决了。她的葬礼一结束就动手，这他承认。但欧维打定主意，做人不能这样。他还有工作要处理。因为自杀就撒手不管工作，这算哪门子的事？

欧维的太太是星期五死的，葬礼在星期天举行，而星期一欧维就去上班了，因为做人就应该这样。六个月过去了，周一老板突然闯进来说不想在周五提这事是不想打扰欧维的周末，周二他就站在那儿给厨房操作台上油。

周一午饭的时候，他就把一切都料理妥当了。他为葬礼付了款并预订了她旁边的那块墓地。他给律师打过电话并写了一封信，信上清楚地写明注意事项，和所有重要的发票、购房合同、萨博保养记录一起放进一个信封。他把信封放进外套的内侧袋里，关掉所有电灯并付了账单。没有贷款，没有负债，没人需要为他打理后事。欧维洗干净咖啡杯并退掉报纸杂志。他准备好了。

只求平静地死去，他坐在萨博里想，透过敞开的车库门朝外
张望着。要是能避开邻居们，或许今天下午就能上路了。

他看到隔壁那个体重严重超标的小伙子从停车场的车库门口
经过。欧维并非对肥胖的人有任何反感。真不是。别人爱长成什
么样长成什么样。他只是从来都没法理解他们，他甚至不明白他
们是怎么做到的。一个人到底能吃多少东西？他们是怎么做到把
一个人吃成两个重的？肯定需要某种坚定的意志才能做到吧，欧
维想。

小伙子看见他，冲他愉快地挥手，欧维矜持地点点头。小伙
子停住脚继续挥手，胸部的赘肉在T恤下澎湃。欧维总说这是他
见过的唯一一个可以独自围攻一碗薯片的人，但欧维的太太总是
反驳他不该说这样的话。

或者说曾经，她曾经这么说。

欧维的太太喜欢这个肥胖的小伙子。他妈妈死后，她曾每
周一次给他送盒午饭。"这样他就能时不时吃到些家里做的饭
了。"她常说。欧维注意到她从来拿不回饭盒来，就说这孩子分
不出饭和盒的区别。欧维的太太就会说："话不能这么说。"于
是，不说就不说。

等吃完饭的家伙澎湃着离开视线后，欧维才从萨博里走出
来。摇三下门把手，从身后关上车库门。摇三下门把手，踏上那条
通往排屋的小路，在自行车棚前停下。有辆自行车靠在墙上。又
来了。就在那块明确写着此处"禁止停放自行车"的牌子下方。

欧维把它举起来。前胎扎了。他打开车棚的门，把自行车整
齐地摆到队伍里。锁上门，正摇三下把手的时候，他听到一个变

声末期的声音在他耳朵里嚷。

"喂！你他妈的在干吗？"

欧维转个身大眼瞪小眼地面对着两米开外的一个小屁孩。

"把自行车放进车棚。"

"你不能这么做。"小屁孩反抗道。

他大约十八岁，欧维仔细一瞧之后估摸着。较真的话，不能算小屁孩，要算小流氓了。

"我当然能。"

"但我正要修它呢！"小流氓嚷道，嗓子在高音处乱劈，就像尖啸的老式音箱。

"这是辆女式车。"欧维说。

"对呀。"小流氓不耐烦地点头，就像这完全无关紧要。

"不可能是你的车。"欧维断言。

"不——是。"小流氓翻着白眼低吼。

"所以呀。"欧维说着把手往裤袋里一插，就像这事就这么结了。

两人凝重地沉默着。小流氓瞪着欧维就像在想这人脑子不怎么好使。欧维也瞪着小流氓就像在想这人真是浪费空气。直到这时欧维才看见，小流氓身后还站着另一个小流氓，看上去比之前那个更憔悴，眼睛周围有厚厚的黑眼圈。后面那个小流氓小心翼翼地拽着前一个小流氓的外套，嘴里嘟囔着"别吵了"什么的。前一个小流氓挑衅地踢了一脚积雪，就像这都是积雪的错。

"是我女朋友的。"他最后嘟囔道。

他说这话时泄气多过生气。欧维注意到他的运动鞋太大而牛仔裤太小。运动衣被拉到脸颊来抵挡寒气。消瘦而毛茸茸的脸上长满了粉刺，发型就像刚被人拉着头发从一桶胶水里救出来一样。

"她住哪儿？"欧维问道。

小流氓挥起整只胳膊，就像被打了一针镇静剂，指向这条街最远端一幢房子。那些极力推动垃圾分类回收再利用制度的人和他们的女儿住在那儿。欧维点点头。

"那她可以来车棚里取。"欧维说。

他用手指煞有介事地敲敲车棚门口那块"禁止停放自行车"的牌子，转身朝自己的房子走去。

"喂！你他妈的死老头！"小流氓在他背后怒吼。

"嘘！"那个长黑眼圈的流氓小伙伴脱口而出。

欧维没吱声。

他经过那块显眼的"社区内禁止车辆通行"牌。那块牌子，外国孕妇显然没看懂，尽管欧维知道看走眼是不可能的事。欧维肯定知道，因为这块牌子是他竖的。他没好气地走在排屋之间的小路上，脚步铿锵，让人误以为他当自己是台压路机。就像这个小区住满智障还不够糟糕，他想。就像整个小区还没变成人类进化过程中该死的绊脚石。开奥迪的公子哥儿和金发霉女住在欧维家斜对面，整条街的最远处住着共产党一家，女儿们正值青春期，头发鲜红，内裤外穿，脸涂得就像翻版浣熊。是呀，他们现在一定是到泰国度假去了。简直了。

欧维家隔壁住着个体重近四分之一吨的二十五岁男人。他留着长发，就像个女人，还穿滑稽的T恤。他一直和妈妈住在一起，直到几年前她因病去世。他叫吉米，欧维的太太说起过。欧维不知道吉米是干什么的，估计是做什么非法的勾当，要不就是培根检验员。

另一端住着鲁尼和鲁尼太太。话说欧维也不该称鲁尼为他的死对头，但其实这个称呼实在贴切。这片住宅区的沦陷其实就始于鲁尼。他和太太安妮塔搬来的那天也正是欧维和太太入住的日子。当时鲁尼开着沃尔沃，但之后他又买了辆宝马，这件事本身就说明这样的男人不可理喻，欧维心想。

另外，就是这个鲁尼发动政变把欧维从社区委员会会长的位子上赶下了台。看看小区现在成了什么样子——高额电费，自行车乱停乱放，还有人在小区里挂着拖斗倒车。尽管挂着牌子说这是严令禁止的。欧维曾严正警告过这种局面的发生，但没人听他的，从此以后，他再也没有踏进社区委员会代表大会半步。

他的嘴嚅动了一下，就好像每次脑子里出现"社区委员会代表大会"这个词就想吐，仿佛这是一句脏话。

走到离他的破信箱十五米远处，他看到那个金发霉女。起初他完全不明白她到底在干吗。她在过道里踩着高跟鞋摇摇欲坠，还冲着欧维家的外墙歇斯底里地指手画脚。那个老在欧维的铺路石上撒尿的小东西绕着她边跑边吠。欧维也不确定这玩意儿算不算是条狗，更像是长着眼睛的雪地靴。

金发霉女冲着外墙一通吼，情绪激动，太阳镜都被震得挂到了鼻尖上。雪地靴吠得更大声。"这娘们儿此番终于发失心疯了。"欧维想，在她背后几米远处停下脚步。此刻他才发现，她不是冲着外墙指手画脚，她在扔石头，也不是冲着外墙扔，是冲那只猫。

它惊恐地躲在欧维家储藏室的背后一角，皮毛上有血迹——如果剩下的那些还能算皮毛的话。雪地靴龇着牙，猫咧着嘴。

"不许吓唬我们王子。"金发霉女又从欧维的花坛里捡起石头朝猫咪砸过去。

猫咪一蹦躲开了，石头砸在窗台上。

金发霉女又捡起一块石头准备扔。欧维向前挪了两小步，离她近得大致可以让她感觉到他的呼吸。

"再往我家扔一块石头，我就把你扔回你家去！"

她转过身。他们四目相对。欧维双手插兜，她在他面前挥舞着拳头，就像要赶走两只微波炉大小的鸟。欧维面无表情。

"那个可恶的家伙挠我们家王子。"她开口道，怒目圆睁。

欧维看看雪地靴。雪地靴冲他吼。欧维再看看那只猫，它屈辱地蹲在他家门外流着血，却依然叛逆地昂着头。

"它在流血。看上去扯平了。"欧维说。

"才他妈的没有！看我不弄死这个鬼东西。"金发霉女咬牙切齿地道。

"你做不到。"欧维平静地回答。

霉女开始咄咄逼人起来。

"这玩意儿肯定浑身上下各种病毒细菌传染病。"

欧维看看猫，再看看霉女，点点头。

"很可能你也一样，但我们没有朝你扔石头。"

霉女下嘴唇直颤，她把太阳镜往眼前一推。

"你给我小心点！"她嚷嚷。

欧维点点头，指着雪地靴。雪地靴想咬他的腿，但欧维猛一跺脚，它只好退了回去。

"这玩意儿在小区内可得拴好了。"欧维说。

她甩着金发使劲哼哼，欧维几乎可以预见一丝丝鼻涕就要夺孔而出。

"那，那玩意儿呢？"她激愤地指着猫。

"关你屁事。"欧维回答。

霉女用一种既鄙夷又窝囊的眼神瞪着他。雪地靴沉默地咬紧牙齿。

"你以为这条街是你的呀，你个该死的脑瘫。"她说。

欧维只是平静地再次指指雪地靴。

"下次这玩意儿再尿我的地砖，我就给地砖过电了。"

"王子才没在你那该死的地砖上撒尿呢！"她哼了一声，举起握紧的拳头向前走了两步。

欧维纹丝不动。她停在那儿，看上去气喘吁吁，似乎在动用她现在极为有限的心智。

"过来，王子。"她一挥胳膊说。

然后她对着欧维竖起食指。

"我会告诉安德斯，你会后悔的。"

"问那个安德斯好，让他别在我窗口拉韧带了。"欧维回答。

"该死的老智障。"她骂了一句，朝停车场走去。

"还有，他的车够烂的。"欧维追加了一句。

她朝他做了个手势，他不知道是什么意思，但猜都能猜出来。然后她和雪地靴一起走进安德斯的房子。

欧维转身走到他的储藏室跟前，看到花坛一角的地砖上星星点点的狗尿渍。要不是下午还有更重要的事要做，他早就追上去把那只雪地靴做成拖把了。但现在他还有别的事要操心，于是他走进自己的储藏室，拿出冲击钻和一盒钻头。

他出门时看到猫咪还在那儿看着他。

"你现在可以滚蛋了。"欧维对它说。

它一动不动，欧维无奈地摇头。

"嘿！我可不是你的朋友。"

猫咪还是待在那儿。欧维伸出胳膊。

"老天，猫崽子，那个娘们儿拿石头砸你的时候，我站你这边，只是因为我没讨厌那个霉女那么讨厌你。"

他朝安德斯的房子挥挥手。

"这没什么可得意的，你给我听好了。"

猫看上去就像在仔细掂量他的话。欧维指指过道。

"走开！"

猫咪毫无压力地舔舔皮毛上的血迹，看着欧维的眼神就像这是一场交易，而它正在考虑如何加价码。然后它慢慢站起身，慢悠悠踏着四方步消失在储藏室一角。欧维都懒得看它一眼。他直接走进家中，甩上房门。

因为他受够了。现在他得去死。

7

一个叫欧维的男人挂上个钩子

欧维穿上西服套装和出客衬衣。他小心翼翼地在地板上铺上塑料防护膜，就像在包裹一件价值不菲的艺术品。并不是地板有多新，但他的确在不到两年之前刚打磨过一次，而且铺防护膜也不是为了自己。他知道上吊的人不会流什么血。也不是因为害怕钻洞会掉下许多粉尘，或是踢掉凳子时会留下什么痕迹。话说他已经在凳脚上粘了塑料垫，所以应该不会留下任何痕迹。都不是，防护膜精致地铺满整个大厅和大部分厨房，就像他想把整个房间灌满水，但其实不是为自己准备的。

但他想，一定会有一群搞房地产的公子哥儿赶在救护车抬走他的尸体之前就情绪激昂地往里冲。这帮浑蛋休想穿着鞋进来糟蹋欧维的地板，不管他有没有断气。这可不能含糊。

他把凳子放到地板中央。这张凳子起码上过七层不同颜色的油漆。欧维太太决定让欧维在排屋里任选一个房间每半年上一遍油漆。或者，说得更贴切一点儿，她想要这一个房间每半年变一次颜色。她这样对欧维说时，欧维让她别做梦了。于是她打电话找了个粉刷匠，让他报个价。然后她告诉欧维她打算付给粉刷匠多少钱，再然后欧维就起身拿刷子去了。

失去某人以后总是会有一些奇怪的细节惹人怀念。都是极小的事情：他的笑容，她睡眠时翻身的样子，为她粉刷房间。

欧维拿来装钻头的盒子。这是钻洞时唯一重要的部件。没有钻头，没法钻洞，就像汽车需要合适的轮胎，而不是什么陶瓷刹车片之类没用的东西一样。懂点事的人都知道。欧维站在房间中央目测着，用眼睛挑选钻头，如同外科大夫用眼睛挑选手术刀。他挑出一个来，装进冲击钻里，试探性地让钻机隆隆转起来。摇摇头，感觉不对头，换钻头。他这么做了四次才满意，然后摇摆着电钻走进客厅，就像拿着一把大号左轮手枪。

他站到房间中央抬头看着天花板。他意识到，开始之前必须量好尺寸。这样才能保证洞在正中央。欧维最讨厌别人随便一指就在天花板上打个洞。

于是他又去拿来一把卷尺，四个角都量了。为了保证万无一失还量了两遍，并在天花板正中心标了个小叉。

欧维从凳子上下来，转了一圈看看防护膜是不是就位。打开门锁，这样进来抬他的人就不需要破门而入了。这扇门挺好的，还能撑好多年呢。

他穿上外套，检查了一下信封是不是还在内侧袋里。最后他把窗台上太太的照片翻了个面，让它面朝储藏室。他不想让她看着他动手。他也不想让她面朝下。每次他们落入什么封闭的空间，欧维的太太都会非常恼火。她"需要看到些生气"，她总是这么说。所以他让她面对储藏室。他想猫崽子可能还会跳出来。欧维的太太反正也挺喜欢猫崽子。

他拿来电钻，还有钩子，站到凳子上开始钻洞。门铃第一次响起时，他想当然地以为是自己听错了，所以就当没听见。第二次响，他意识到真有人在门口摁门铃，也当没听见。

门铃第三次响起，欧维放下电钻愤怒地瞪着门。就像他可以用意念说服门口的人自动消失。效果不是很明显。门口的人显然认为，第一次铃响时没人出来开门的唯一合理解释，是他没有听见铃声。

欧维从凳子上下来，踏着防护膜穿过客厅走到门厅。想平心静气地上个吊有那么难吗？他不这么认为。

"啊哈？"他边说边一把拉开门。

盲流的脸险些被门打个正着，也就差个头发丝的距离。

"嗨！"他身边快乐的外国孕妇在比他矮半米处说。

欧维看看盲流，再低头看看她。盲流正忙着用掌心摸自己的脸，看看所有凸出部位是不是都还在原处。

"这是给你的。"孕妇一面友好地说，一面马上递给欧维一个蓝色塑料盒子。

欧维满腹狐疑。

"是蛋糕。"她愉快地解释。

欧维慢慢点点头，就像对此表示肯定。

"你穿得真好看。"她笑了。

欧维又点点头。

然后他们三个人一起站在那儿，就像在等另外有什么人说句话。最后她看看盲流，无奈地摇摇头。

"你能不能别再摸自己的脸了，亲爱的？"她一边嘀咕，一边轻推他的侧腰。

盲流抬起头，迎着她的目光点点头，再看看欧维。欧维看看那个孕妇。盲流指指盒子笑了起来。

"她是伊朗人，你知道的。他们到哪儿都带着吃的。"

欧维面无表情地看看他。盲流犹豫起来。

"你知道的……所以我和伊朗人这么有缘。他们喜欢做吃的，而我喜欢……"他说着把嘴咧得更开。

他住了口。欧维看上去显然没什么兴趣听。

"……吃。"盲流终于把话说完。

他看上去想用手指在空中打一通鼓点，但他看看外国孕妇后，暗自决定这不是个好主意。

欧维避开他，转而面向她，目光疲惫得就像刚避开一个吃饱了糖的孩子。

"啊哈？"他又说了一遍。

她舒展了一下身子，然后把手搭在肚子上。

"既然以后是邻居了，我们就来打个招呼。"她笑。

欧维简单明确地点点头。

"好的。再见。"

他想关上门，但她伸手拦住他。

"我们还要谢谢你帮我们倒拖斗车。你真是太好了！"

欧维咕哝了一声，极不情愿地把住门。

"没什么好谢的。"

"当然要谢，多亏你了。"她坚持说。

欧维不屑地看了盲流一眼。

"我是说其实这事没什么好谢的，成年人都应该可以自己倒拖斗车。"

盲流看着他，就像他也不是很肯定这到底算不算侮辱。欧维决定不帮他这个忙，他后退着又打算关门。

"我叫帕尔瓦娜！"外国孕妇边说边一脚踩在门槛上。

欧维看看她的脚，再顺着脚往上看看脸，就像他很难接受她真的这么做了。

"我叫帕特里克！"盲流说。

无论是欧维，还是帕尔瓦娜，都没把他当回事。

"你总是这么无礼吗？"帕尔瓦娜饶有兴趣地问。

这话对欧维来说有些侮辱。

"我他妈的没有无礼呀。"

"你有点无礼。"

"但我没有呀！"

"没有没有没有。你的嘴甜着呢，真的。"她说话的方式让欧维怀疑她根本不是这个意思。

他松开门把手，察看着手中的蛋糕盒。

"啊哈。阿拉伯蛋糕，应该不错吧？"他最后嘀咕道。

"波斯的。"她纠正。

"什么？"

"我是伊朗来的，所以我是波斯人。"她解释。

"拔丝？"

"是的。"

"好吧，听上去还真是那么回事。"他表示同意。

她的笑声吓了他一跳。就像她是灌了气的，打开得太快，气泡喷得到处都是。这笑声在灰色水泥和四方地砖之间显得很突兀，这是混乱无序的笑声。规矩不守，方圆不成。

欧维后退一步，脚粘在了门槛后的胶带上。他气愤地想挣脱的时候，防护膜的一角掀了起来。他又试图把胶带和防护膜都甩掉，但破坏愈演愈烈。他恼怒地找回平衡，站到门槛上大喘一口气，一把又握住门把手，抬头看看盲流，想迅速换个话题。

"那你是干吗的？"

盲流耸耸肩，一脸无辜地笑了。

"我是IT顾问！"

欧维和帕尔瓦娜摇头的同步率之高，都可以去演双簧了。实际上有那么几秒钟，欧维极不情愿地觉得都没那么讨厌她了。

盲流好像完全不介意。相反，他好奇地瞪着欧维手上握着的电动冲击钻，欧维那自然不羁的派头，神似攻打政府大楼之前手握自动步枪接受西方记者采访的非洲武装反抗者。瞪完冲击钻，盲流就开始探着身子往欧维家里张望。

"你在干吗？"

欧维看看他，要是谁看到别人手里拿个电钻还上去问"你干吗"，就该用此刻这种眼神。

"我钻孔呢。"

帕尔瓦娜朝盲流翻了个白眼，要不是她的肚子在那儿明目张胆地宣布她无论如何还要自觉自愿地第三次为他传宗接代，欧维都快觉得她有几分可爱了。

"哦。"盲流点头。

然后他探身又往屋子里张望，看见精心铺满整个客厅的防护膜，继而面露喜色，看着欧维坏笑起来。

"看着还以为你要杀个人呢！"

欧维一言不发地瞪着他。盲流更迟疑地清了清嗓子。

"我是说，看起来有点像《嗜血法医》的场景。"他说，笑容远没有先前自信。

"是部电视剧……讲的是个杀人犯。"盲流低声说，开始把鞋往欧维家门口的石铺地缝里钻。

欧维摇摇头，也不知道是冲着盲流的哪些话。

"我有活儿要干。"他对帕尔瓦娜简短地说，牢牢握住门把手。

帕尔瓦娜故意用胳膊肘捅了一下盲流的侧腰。盲流看上去像在鼓起勇气，他瞪了帕尔瓦娜一眼，然后看看欧维，表情就像全世界随时会拿橡皮筋弹他似的。

"对了，那个啥，其实我们过来是因为我需要问你借点东西……"

欧维抬起眼皮。

"什么东西？"

盲流干咳一声。

"借把梯子，还要一把六角扳手。"

"你是说内六角扳手吧？"

帕尔瓦娜点头。盲流一脸困惑。

"不是叫六角扳手吗？"

"内六角扳手。"帕尔瓦娜和欧维异口同声地纠正他。

帕尔瓦娜使劲点头，得意地指着欧维。

"说了有个'内'字的！"

盲流嘴里也不知嘟囔了句什么。

"而你还在那儿说什么'六角扳手'！"帕尔瓦娜讥笑道。

盲流有些恼羞成怒。

"我才没那么说话呢。"

"你就是！"

"我没有！"

"你就有！"

"我没有！"

欧维的视线在他们俩之间跳跃，就像一条大狗瞪着两只不让它睡觉的老鼠。

"你就有！"其中一人说。

"是你说的。"另一个人说。

"大家都这么说！"

"大家也不一定都对呀！"

"那我们用谷歌查一下？"

"好呀！查呀！用维基查一下！"

"那你把手机给我。"

"用你自己的手机！"

"喂！我的没带着！"

"活该！"

欧维看看这个，再瞅瞅那个。两人还在吵，就像两台不好使的热水器，杵在那儿你一言我一语。

"老天爷。"他嘀咕一声。

帕尔瓦娜开始模仿一种欧维认为是苍蝇发出的声音。她抖动嘴唇嗡嗡作响就是为了惹盲流发火。很有效。对盲流和欧维都有效。欧维服了。

他走进门厅，挂好外套，放下冲击钻，踏上木屐，经过他俩身边，朝储藏室走去。他敢肯定没一个人注意到他经过。往外挪梯子的时候，他还听见他们斗着嘴呢。

"还不快去帮帮他，帕特里克。"帕尔瓦娜看见他的时候喊道。

盲流哆哆嗦嗦地接过梯子。欧维看着他就像看着一个开大巴的盲人。就在这个时候，欧维才发现，趁他不在入侵他地盘的，还有一个人。

这条街最后一栋楼里那个鲁尼的太太安妮塔站在帕尔瓦娜身边看着整台戏。欧维决定，最理智的做法就是假装她不在那儿。他知道，不然的话，她会更来劲。他找出一个整齐的插满内六角扳手的圆筒递给盲流。

"哟，这么多。"盲流踌躇地端详着圆筒。

"你要什么尺寸的？"欧维问。

盲流看着他，就像那些有口无心的人常做的那样。

"就是……正常尺寸的？"

欧维看了他很久，很久。

"你要这些东西干吗？"他最后说。

"装个宜家的柜子，搬家的时候给拆开了。后来我就忘了把六角扳手放哪儿了。"盲流说，脸上毫无羞耻的痕迹。

欧维看看梯子，再看看盲流。

"后来你又把柜子放屋顶上了？"

盲流满脸堆笑地摇头。

"啊哈，你是这个意思！不是，借梯子，是因为二楼有扇窗卡住了，打不开了。"

他最后加那句，就好像欧维没法理解什么叫"卡住了"。

"所以你现在打算试试从外面把它打开？"欧维问道。

盲流点头。欧维看上去若有所思，然后好像又改变了主意。他转身面向帕尔瓦娜。

"那你来这儿，又是干吗？"

"道义上支持一下。"她笑道。

欧维看上去不怎么信服，盲流也是。

欧维的视线极不情愿地转到鲁尼的太太身上。她还站在那儿。感觉自从上回见她，至今已经好几年了。或者说自从上回正眼看她后，她老了。如今似乎一切都在背着他慢慢老去。

"什么事？"欧维说。

鲁尼的太太微笑一下，双手叉到腰间。

"是这样，欧维，你知道我不想打扰你的，但我们家的暖气坏了，热不起来了。"她小心翼翼地说，并挨个冲欧维、盲流和帕尔瓦娜微笑。

帕尔瓦娜和盲流也报以微笑。欧维看看自己变形的腕表。

"这小区就没人需要上班了？"他问道。

"我退休了。"鲁尼的太太说，看上去就像在道歉。

"我在休产假。"帕尔瓦娜说,漫不经心地拍拍肚子。

"我是IT顾问!"盲流说。

欧维和帕尔瓦娜又同步摇了摇头。

鲁尼的太太又试了一次。

"我想是暖气的问题。"

"有没有给它们通通风?"欧维说。

她好奇地摇摇头。

"你觉得这会管用?"

欧维翻翻白眼。

"欧维!"帕尔瓦娜喝道,就像个严厉的老师。

欧维瞪了她一眼。她又瞪了回来。

"别那么无礼!"她命令道。

"我都说了,我他妈的没有无礼呀!"

她眼睛一眨不眨。他低声哼了一下,转身回到家门口,心想这下他实在是受够了。他一心就是想死,为什么这些人就不能尊重一下他的意愿?

帕尔瓦娜把手搭在鲁尼太太的胳膊上以示鼓励。

"欧维肯定能帮你修暖气。"

"那可就太好了,欧维。"鲁尼的太太马上露出笑容。

欧维把手往口袋里一插,踹了一脚门槛边松散的防护膜。

"你家那位就不能处理一下这类家务事吗?"

鲁尼的太太悲伤地摇摇头。

"不行呀,鲁尼最近病得不轻呀,你知道的。他们说是老年痴呆症。他,唉,已经撑不了多久了,还坐着轮椅。日子不好过呀……"

欧维会意地点点头。就好像他太太已经告诉过他一千遍的事，但他还是总给忘记。

"是呀是呀。"他不耐烦地说。

帕尔瓦娜瞪着他的眼神更犀利了。

"但现在你有用武之地了，欧维！"

欧维扫了她一眼，想要顶嘴，但最后还是低下了头。

"你能帮她给暖气透风的，欧维，这个要求太过分吗？"帕尔瓦娜说着把手坚定地箍在肚子上。

欧维摇摇头。

"不是给暖气透风，是通——风。费劲。"

他抬头对他们仨一人瞪了一眼。

"你们从来没给暖气通过风吗？"

"没有。"帕尔瓦娜不动声色地回答。

鲁尼的太太不安地看看盲流。

"我完全不知道他们在说什么。"盲流有条不紊地对她说。

鲁尼的太太无奈地点点头，再次看向欧维。

"要是你能帮忙就太好了，欧维，如果不太麻烦的话……"

欧维低头看着门槛。

"在社区委员会发动政变之前就该想到这一天。"他低声说，就像这些话是从一串不连贯的咳嗽中偶然蹦出来的一样。

"什么？"帕尔瓦娜问。

鲁尼的太太清了清嗓子。

"我说亲爱的欧维，那真不是什么政变。"

“当然是。”欧维固执地回答。

鲁尼的太太面带尴尬地笑着，看看帕尔瓦娜。

“哎，你要知道，鲁尼和欧维总是相处得不太好。鲁尼得病之前是社区委员会会长，在这之前欧维是会长。这么说吧，鲁尼当选会长的时候，他和欧维之间有些矛盾。”

欧维抬起头，竖起一根正义的食指指着她。

“一场政变！这就是事实！”

鲁尼的太太对帕尔瓦娜点点头。

“是的，没错，开会之前，鲁尼那个为所有房子更换供暖系统的动议为他拉了些选票，而欧维认为……”

“鲁尼他妈的懂什么供暖系统？啊？”欧维刚要发难，帕尔瓦娜的一个眼神让他觉得最好还是打住。

鲁尼太太点头。

“不懂不懂，欧维很可能是对的。但无论如何他现在都病得不轻了……这已经没什么关系了。”

她嘴唇下方的皮肤开始颤抖，但她马上振作起来，重新骄傲地仰起头，清了清嗓子。

“社保中心说了，他们要把他从我这儿带走，送进养老院。”

欧维又把手插进口袋里，坚定地退进自己的门槛。他已经听够了。

盲流似乎认为现在是时候改变话题，得调节一下气氛了，于是他指着欧维门厅的地板说：

“那是什么？”

欧维转身面对那一小片从防护膜下露出来的地板。

"看上去就像……地板上好像有轮胎印。你是不是在家里骑自行车来着？"盲流问。

帕尔瓦娜的目光警惕地跟着欧维，看着他又往门厅里后退了一步，来挡住盲流的视线。

"没什么。"

"但我明明看见那是……"盲流困惑地说。

"是欧维的太太，索雅，她……"鲁尼太太友好地打断他，但她才说出索雅这名字就立即被欧维打断，他转过身，眼神中满是莫名的怒火。

"够了！闭嘴！"

他们安静了下来，四个人几乎同样震惊。欧维踏进客厅扣上大门的时候，手一直在颤抖。

他听见帕尔瓦娜在门外低声问鲁尼太太"究竟是怎么回事"，然后鲁尼的太太不知所措地念叨了几句，突然大声说："哎呀，我最好还是回家去。欧维太太的事……唉，没什么，像我这样的老太婆最好还是别多嘴……"

欧维听见她干笑一声，之后她窸窣的脚步声便渐渐消失在储藏室拐角。过了一会儿，孕妇和盲流也离开了。

欧维的门厅里只剩一片寂静。

他无力地坐在凳子上呼吸沉重。手颤抖得就像置身冰窟。胸口怦然。最近总是这样。他感觉透不过气来，就像一条鱼被人倒扣在碗里。公司医务室的医生说这是慢性病，让他不要激动。说起来容易。

"回家休息休息多好，"公司老板说，"你心脏出了点小毛病。"他们称之为早退，但还不如说是清理门户，欧维想。三分之一个世纪都在同一个岗位上工作，如今他们居然因所谓的"小毛病"而为难他。

欧维也不知道自己拿着冲击钻在凳子上坐了多久，心脏怦怦跳着，能感觉到脑袋里的脉动。大门边的墙上挂着一张照片，是欧维和他太太的——索雅。照片有将近四十年了，那是他们在西班牙搭公交车时照的。她穿一件红色的衣服，皮肤晒得黝黑，看上去很快乐。欧维站在她身边，握着她的手。欧维坐在那儿大约一个小时，就一直盯着这张照片。诚然她有那么多值得思念的时刻，但他真希望能再次就这样握着她的手。他喜欢把她的食指裹在掌心里，藏在那儿的缝隙里。她这样做的时候，他就觉得这世上其实没有什么不可能做到的事。所有值得他怀念的事情中，这最让他念念不忘。

他慢慢站起身，走进客厅，登上梯子。然后他钻洞、挂钩一气呵成，又爬下梯子验收成果。

他走到门厅里，穿上西装，摸了摸内侧袋中的信封。他五十九岁。他关掉所有电灯，清洗咖啡杯，在客厅里装了个钩子。他已经没有牵挂了。

他从客厅的衣架上取下绳子，小心翼翼地最后一次用手背轻抚她的外套，然后回到客厅，用绳子在钩子上打了个圈，把头伸进圈里，踢掉凳子。

闭上眼睛，感受着绳子就像一头野兽的血盆大口，在他的脖子上慢慢收紧。

8

一个叫欧维的男人和一对父亲的老脚印

　　她相信命运。你在生命中走过的每一条道路最终都会"带领你到注定的归宿"。从前每当她念叨这些的时候，欧维都会含混不清地应付两句就开始埋头拧螺丝什么的了，但他从来不反驳。对她来说，注定的或许是"某事"，这和他无关。但对他来说，注定的是"某人"。

　　十六岁时父母双亡是件奇怪的事。在失去这个家庭之后，还要等很久，才能自己组建一个家庭来取代它。这是一种非常特别的孤独。

　　欧维在铁道上工作了两周，勤勤恳恳，兢兢业业。出乎意料，他发现自己喜欢工作。工作带来某种自由。脚踏实地，自食其力。欧维从来不讨厌上学，但他也从来不明白上学究竟有什么好处。他喜欢数学，已经比他的同班同学超前两个学年。但说实话，其他科目他并不放在心上。而工作是另一码事。他更适合工作。

　　到最后一天下班的时候，他才开始陷入悲伤。并不只是因为他必须回学校，还因为这是他第一次意识到，从今往后，他不知道该怎么养活自己。父亲怎么说都是个好人，但除了一套破旧不堪的房子、一辆老爷萨博车和一块变形的腕表之外，什么都没留下。教会的捐助就不用再提了，上帝应该他妈的心里有数。欧维一个人站在更衣室里的时候这么说出了声，可能更多的是对他自己而非上帝说。

"要是你非得把母亲和父亲都带走，那些臭钱，你还是留着吧！"他冲着天花板喊道。

然后他收拾起东西准备离开。听见的不管是上帝还是谁，他都无从得知。但欧维从更衣室走出来的时候，有个总经理办公室派来的人在那儿等着他。

"欧维？"他问。

欧维点点头。

"总经理说你这两星期的工作很出色。"那个人简短地说。

"谢谢。"欧维说，拔腿要走。

那人轻轻地握住他胳膊。欧维停下脚步。

"总经理问你愿不愿意继续在这儿出色地工作下去。"

欧维沉默地站在那里看着那个人。可能主要是想知道对方是不是在逗他玩。他缓缓地点点头。

"总经理说你和你爸爸一模一样！"

欧维没有转身，但他离开的时候背挺得笔直。

然后他就自然而然地接了父亲的班。他工作努力，从不抱怨，从不生病。班上的那些老家伙可能会觉得他沉默寡言，有时甚至有些孤僻，下班后他不跟他们一起去喝啤酒，而且他好像对女人也完全不感兴趣，这本身就够古怪的。但他是他父亲的小家伙，从来没人和他父亲拌过嘴。谁让搭把手他就搭把手，谁让顶个班他就顶个班，毫无怨言。慢慢地，几乎班上的所有人都欠他一两个人情，所以他们接纳了他。

那年最恶劣的暴风雨夜，他们那辆沿铁轨来来回回的老爷卡车在离城市两英里的地方抛了锚，欧维仅凭一把螺丝刀和半卷胶带就把它修好了。从此以后，只要是铁道上的那些老家伙都会说，欧维这孩子不错。

晚上欧维烧香肠和土豆，坐在厨房操作台前透过玻璃窗向外张望，盛出晚餐。最后他站起身，端着盘子出门，坐到萨博里吃。

第二天他继续出门上班。这成了他的生活。他喜欢规律，喜欢总是有盼头的感觉。父亲死后，他渐渐开始把安分守己的人和不这么做的人区分开，把做事的人和光说不练的人区分开，所以欧维少言寡语却勤奋努力。

他没有朋友，但换句话说，也没有什么直接的敌人。反正没有比汤姆更糟糕的敌人，如今已经升为工头的汤姆总是一有机会就给欧维找碴儿。他给欧维最脏最累的活儿，没事就冲他吼，领早饭的时候拿脚绊他，派他钻到车厢底下，然后在毫无保护措施的情况下发动列车。当欧维惊恐地闪开的时候，汤姆就大声地责难："小心着点，不然就跟你爸爸一样！"

欧维只是低下头闭上嘴，他觉得没有必要和比自己大一倍的人正面冲突。他每天上班洁身自好，父亲能做到，所以他也可以，欧维想。其他同事也开始学着欣赏他这一点。"话少挺好，祸从口出嘛。"某个午后，一个老同事在铁道边对他说。欧维点点头。有人理解，但也有人不理解。

所以，肯定有人理解那天欧维在总经理办公室的所作所为，也有人不能理解。

那差不多是父亲葬礼整整两年之后。欧维刚满十八岁，汤姆被逮到在一节车厢的售票箱里偷钱。除了欧维，没别人看见，但钱失踪的时候，也只有他和欧维在车厢附近。当欧维和汤姆被传唤到总经理办公室的时候，那里的一个正经人对欧维解释说，这世界上没有人会相信，在他们俩之间，欧维会是那个罪犯。他当然不是。

欧维被安排坐在总经理办公室门口的一把靠背椅上。他坐在那儿瞪着地板等了十五分钟，直到办公室门被打开。汤姆走了出来，拳头坚决地紧握着，直到小臂因缺血而泛白，他拼命想抓住欧维的目光。欧维只是继续瞪着地板，直到他被领进总经理办公室。

更多穿着西装的正经人站在房间各处。总经理在写字桌后踱来踱去，脸上的神情显示着他的怒火已然按捺不住。

"你想坐下吗，欧维？"一个穿西装的人问。

欧维迎着目光，认出了他。父亲修过他的车。一辆欧宝曼塔，大功率发动机。他友好地冲欧维微笑，轻轻指着房间中央的一把椅子。像是在说他们都是他的朋友，他可以放松一下了。

欧维摇摇头，开欧宝曼塔的男人点头表示理解。

"好吧。这纯粹是走个形式，欧维。这里没人相信你拿了钱。你只需要说出是谁干的就行了。"

欧维低下头。半分钟过去了。

"欧维？"开欧宝曼塔的男人问。

欧维不回答。总经理低沉的嗓音最后打破沉默。

"回答问题，欧维！"

欧维一声不吭地站着，低头看着地板。周围穿西装的那些人，从信任变得困惑起来。

"欧维……你知道你必须回答问题。是你拿的钱吗？"开欧宝曼塔的男人问。

"不是。"欧维用坚定的嗓音回答。

"那是谁？"

欧维不出声。

"回答问题！"总经理命令。

欧维抬起头，背挺得笔直。

"我不是在背后说人闲话的人。"他说。

屋子里寂静了好几分钟。

"你要知道，欧维……要是你不指证是谁，要是再有一个或一些证人说是你干的，那样我们就不得不认为是你干的了。"开欧宝曼塔的男人说，他已经不像之前那样友好了。

欧维点头，但没有再说什么。总经理看着他就像看这个牌桌上的老千。欧维丝毫没有退缩。总经理严肃地点点头。

"那你现在可以走了。"

欧维离开房间。

十五分钟前，在总经理办公室里，汤姆毫不犹豫地把罪责全都推卸给了欧维。下午汤姆的两个小跟班突然跳了出来，就像所有急于被大人接纳的年轻人那样，一口咬定自己亲眼看见欧维拿了钱。如果欧维指证汤姆，就是各执一词。但现在面对对方指控的，只有他的沉默。所以第二天早上，工头让他收拾东西去总经理办公室报到。

汤姆站在更衣室门内，在他离开时冲他狞笑。

"贼。"汤姆狠狠地说。

欧维头也不抬地从他跟前走过。

"贼！贼！贼！"其中一个指证欧维的小跟班随声应和，直到一起当班的一位与欧维父亲交好的长者扯住了他的耳朵才住嘴。

"贼！"汤姆煞有介事地吆喝得更大声，几天后这个字还会在欧维的脑海里回荡。

欧维头也不回地走进夜色中，深吸一口气。他怒火中烧，但并不是因为他们叫他贼。他从来不是被别人的称呼左右的人。但丢失了父亲为之献出生命的工作所带来的耻辱，却像一块烙铁般在胸口燃烧。

去办公室的路上，他有足够时间思考自己的人生，这是他最后一次捧着扎成捆的工作服走这段路。他喜欢这儿的工作。正经的任务，正经的工具，一份好工作。他决定等警察处理完他们应对这类盗窃案的例行公事，他要换个地方找个类似的工作。或许他得去很远的地方，他想。他估摸着一份案底需要离得相当远才能不受影响。另外，他在这儿也没有什么可留恋的了。他对任何地方都无所留恋，他边走边意识到这一点。但至少他没有成为那种在别人背后说闲话的人。他希望当他和父亲再见面的时候，这一点可以弥补他丢了工作的过错。

他在走廊的靠背椅上坐了将近四十分钟，直到一个穿紧身黑裙、戴尖框眼镜的老女人对他说，他可以进办公室了。她在他背后关上门。他孤零零地站在房间中央，工作服还揣在怀里。总经理坐在办公桌后，双手握在胸前。他们彼此注视了很久，就像彼此都是博物馆墙上的一幅有趣的油画。

"是汤姆拿的钱。"总经理说。

他的语气不是在提问，只是简短地陈述。欧维没有回答。总经理点点头。

"但你们家的人不会指证别人。"

这也不是在提问。欧维还是没有回答。但总经理注意到他听到"你们家的人"时挺了挺胸。

总经理再次点点头，戴上眼镜，低头看看一厚沓纸，然后开始在其中一张上写字。就像欧维从房间里消失了一般。欧维久久地站在他面前，以至于他真开始怀疑总经理没有意识到他的存在。最后他轻轻咳嗽了一声。总经理抬起头。

"什么事？"

"一个人的品质是由他的行为决定的，而不是他说的话。"欧维说。

总经理惊讶地看着他。自从这个男孩在铁道上工作两年来，这儿还没人听见过他一口气说这么一长串话。说老实话，欧维也不知道这些话是从哪儿冒出来的。他只是觉得应该说出来。

总经理再次低下头面对那沓纸，在其中一张纸上又写了几笔，递到桌前，指着某处让欧维签字。

"在上面确认你是自愿辞职的。"他说。

欧维签了字，挺起身，脸上挂着倔强的神情。

"你可以让他们进来了，我准备好了。"

"谁？"总经理问。

"警察。"欧维说，双拳紧握在身边。

总经理飞快地摇摇头，低头又开始在他那堆文书中翻找起来。

"目击者的证词好像混在这堆乱七八糟的纸里找不到了。"

欧维把重心从一只脚换到另一只，不知道该如何接受这条消息。总经理头也不抬地对他挥挥手。

"你可以走了。"

欧维转过身，关上身后的门，走到过道上，感到一阵眩晕。正当他要走出大门的时候，那个领他进去的女人快步追了上来，还没等他反应过来就往他手里塞了一张纸。

"总经理让我告诉你，他雇你做远郊火车上的夜班清洁工，明天一早到工头那儿报到。"她厉声说。

欧维看看她，又看看那张纸。她靠近他。

"总经理还说，你九岁那年没有拿那个钱包，现在他也不相信你会偷任何东西。让他把一个正人君子的孩子送到大街上就因为那孩子也是个正人君子，这简直就是造孽。"

欧维就这样做了两年夜班清洁工。如果不是这样，他就永远不可能在那天早上下班的时候遇见她。她一头金发，穿着红色的鞋，佩戴着金色胸针。还有那即将缠绕他一生的笑声，每次都像有什么东西光着脚丫在他的胸腔内奔跑。

她常说："每一条道路最终都会带领你到注定的归宿。"对她来说，注定的或许是"某事"。

但对他来说，注定的是"某人"。

9

一个叫欧维的男人给暖气通风

都说下坠的时候脑子运转得更快。就像突然爆发的动能迫使大脑功能加速到极限，让周围的一切在印象中都呈现出一种慢镜头的效果。

所以欧维一口气想了许多心事，特别是暖气。

因为我们都知道凡事都有对错两种方式。虽然那是多年以前的事，欧维现在已经无法准确地回忆起当时社区在讨论该使用哪种中央供暖系统时自己提议了哪种，但他清楚记得，反正鲁尼的方法是错的。

另外，这不仅仅是中央供暖系统的问题。鲁尼和欧维相识了四十年，而他们不和至少也得有三十七个年头了。

说实话，欧维也不知道是从哪天开始的。不是那种让人印象深刻的纠葛，是那种所有小矛盾纠结在一起的纠葛，以至于每句新说出口的话都像踩到了地雷，不重新引爆四个以上老矛盾就根本没法开口。这样的纠葛一而再，再而三地蔓延，直到有一天终于耗尽了。

其实跟车没有什么关系。但欧维开的是萨博，而鲁尼开的是沃尔沃。所有人都应该知道，这种情况往往好景不长。但其实一开始他们是好伙伴，或者说，至少欧维和鲁尼这样的人有可能建立起最佳伙伴关系。这当然大都是因为他们的太太。他们同时搬进这个小区，索雅和安妮塔立马成了最亲密的朋友，所有嫁给欧维和鲁尼这类男人的女人大约都会这样。

欧维记得，早些年里，他并没有那么不喜欢鲁尼，至少在印象中是这样。社区委员会的领导班子就是他俩一起建立的。欧维是会长，鲁尼是副会长。市政府想要砍掉欧维和鲁尼家背后的树林造新房子的时候，也是欧维和鲁尼站在了同一条战线上。市政府当然声称规划方案早在鲁尼和欧维搬进小区之前就已经决定，但这种强词夺理在鲁尼和欧维面前是行不通的。"这是宣战，你们这群浑蛋！"鲁尼在电话里冲他们吼，然后战争就爆发了。上法庭打官司，上访请愿，外加给报社写投诉信。一年半之后，市政府缴械投降，开始找别的地方造房子去了。

那天晚上，鲁尼和欧维在鲁尼家的院子里小酌了几杯威士忌。其实赢得这场胜利并没有让他们喜出望外，他们的太太都看了出来。两个男人对市政府这么快就罢手都颇感失望。这可是两个男人生命中最有意思的十八个月。

"这年头已经没人坚持原则了吗？"鲁尼问。"连个还嘴的都没有。"欧维回答。

然后他们为不值一提的敌人干了一杯。

当然，那是老早之前的事，彼时，社区委员会还没发生政变，鲁尼也还没买那辆宝马。

"白痴。"那天以及多年以后的这一天，欧维都这么想。还有这两天之间的每一天。"跟一个买宝马的人他妈的怎么能聊到一块儿去。"每次索雅问欧维为什么他们两个男人之间再也聊不到一块儿，欧维都会这么回答。然后索雅就只好翻翻白眼嘟囔一句："你真是无可救药。"

欧维其实并不认为自己无可救药，他只是希望一切井井有条。他觉得做人不能朝三暮四反复无常，就好像忠诚一文不值。如今换东西那叫一个快，怎么把东西造得坚固一点儿的知识反而显得多此一举。质量——早就没人在乎了。鲁尼不在乎，其他邻居不在乎，欧维的老板也不在乎。如今一切都是数码的，好像不请个顾问来整明白怎么打开手提电脑的盖子，就没法盖房子。就好像竞技场和吉萨金字塔都得这般才能造出来一样。老天爷，1889年，埃菲尔铁塔就造出来了，而现如今，造个该死的平房还得时不时停工，好跑开给手机充个电。

这是一个还没过期就已经过时的世界。整个国家都在为没人能正经做事起立鼓掌，毫无保留地为平庸欢呼喝彩。

没人会换轮胎、装开关、铺瓷砖、粉刷墙壁、倒拖斗车、自己报税。如今这些知识都已经失传了。这就是欧维曾对鲁尼说的话，然后鲁尼就去买了辆宝马。

凡事知道有个度算不算"不可救药"？欧维不这么认为。

的确，他可能不记得他和鲁尼的纠葛究竟是怎么开始的了，反正就这么愈演愈烈。事关暖气和中央供暖、停车场和该砍倒的树、铲雪和除草，还有鲁尼浴缸里的老鼠药。三十多年来，他们在一模一样的房子背后一模一样的院子里晃悠，然后隔着栅栏远远地眺望。几年前的一天，鲁尼病了，再也没有从房子里出来过。欧维都不知道他是不是还留着那辆宝马。

他还是有一点儿怀念那个该死的老浑蛋。

都说下坠的时候脑子运转得更快。大脑仿佛可以在一瞬间思考成千上万个问题。也就是说，从踢掉脚下的椅子到瞬间下落，最后落得一声巨响加一肚子脾气，在地板上摔作一堆这段时间内，欧维思考了许多问题。之后，他无助地仰面朝天躺在地板上，瞪着顽石般长在天花板上的钩子，它好像已经在那儿长了有半个永恒。他震惊地看到绳子断成两截，绵软地垂下来。

这个社会呀，欧维想。他们连像样的绳子都生产不出来了吗？他一边大声咒骂，一边试着松开纠缠在一起的双腿。生产个绳子能出什么岔子？啊？

没了，已经没什么质量可言了，欧维下了结论，然后站起身。他拍拍身上的灰，在排屋的底层四下一扫。他感觉到自己的腮帮子火辣辣的，自己也不是很清楚到底是出于愤怒还是羞愧。他看看窗户和紧闭的窗帘，就像害怕被谁看见似的。

这也太典型了，他想，如今想好好寻个死都做不到。他捡起断了的绳子扔进厨房的垃圾箱，卷起防护膜收进宜家箱里，把冲击钻和钻头都收进盒子，出门把所有东西都放回储藏室。

他在门外站了一会儿，想到索雅曾经总念叨着让他把这儿好好收拾一下，欧维总是拒绝。他很清楚，更多空间只会马上激发出许多添置和购买废物的理由。现在收拾太晚了，他想，已经没人来添置和购买废物了。现在收拾只会腾出无谓的空白来。欧维讨厌空白。

他走到工作台前，找出一把扳手和一个塑料水壶。出门，锁上储藏室，猛推三下检查门把手。走上排屋间的小路，在最后一个邮箱跟前打弯，按门铃。安妮塔开的门。欧维一言不发地看着她。他瞄见鲁尼坐着轮椅，待在客厅里，目光空洞地瞪着窗外。这似乎是他近几年来唯一做的事。

"你家的暖气在哪儿？"欧维嘟囔道。

安妮塔惊讶地露出笑容来，激动且困惑地点点头。

"哦，欧维，那真是太好了，如果不是太麻烦……"

欧维不等她把话说完，也不脱鞋就踏进了门厅。

"没事没事，倒霉的日子反正都已经搅和了。"

10

一个叫欧维的男人造了一幢房子

成年一周之后，欧维过了驾考，按照报纸上的一则广告打了电话，走了两英里半的路买来他自己的第一辆萨博，蓝色的。他卖了父亲的那辆老92，买了一辆款式稍新一点儿的。其实，这辆93比那辆老车新不了几成，看上去已经挺旧，但没买过车的男人不算真正的男人，欧维想。于是就有了车。

就是那个时候，国家开始改变。人们开始搬家换工作买电视，报纸上开始频繁出现"中产阶级"这个字眼。欧维并不完全明白那是什么意思，但他清楚地觉察到自己不是其中一员。中产阶级兴建新型住宅区，房屋笔挺，草坪齐整。没过多久欧维就得知，父母的房子挡在了发展进程的道路上。中产阶级最不喜欢的就是有什么东西阻碍了发展的进程。

欧维从市政府那儿收到许多信，关于什么"重绘市政边界"。他不太理解信的内容，但他知道大致是说他父母的房子跟这条街上的其他新房不太搭。市政府明示要他把地卖给他们的意图，这样就能把房子拆掉建别的。

欧维也不是很清楚自己为什么要拒绝。或许是因为他不喜欢市政府那封信里的口气，或许是因为这房子是他家仅剩的财产。

但不论是哪种情况，当晚他把他拥有的第一辆车停在院子里，坐在前座上瞪着房子看了几个小时。它的确已经破败不堪。父亲对机械确实很有研究，但造房子就不怎么拿手了。欧维自己也没好到哪儿去，如今他只使用厨房和它跟前的一小间房，整个一层渐渐变成了老鼠的游乐园。他从车里注视着房子，就好像只要他有足够的耐心，就能等到房子自动修复。它正好落在两市的交界处，落在地图上即将朝某个方向移动的那条线上。这是树林边界处一座已经灭绝的小镇所残存的最后一栋房子，紧挨着那些西装笔挺、领带飘飘的人举家迁入的闪亮别墅区。

那些领带男一点儿都不喜欢街尽头这座即将拆除的牢房里住着的孤独少年。他们不让孩子在欧维家附近玩耍。领带们宁可住在别的领带隔壁，欧维知道。对此，原则上他也没有任何意见，但现在实际上是他们搬到了欧维的街上，而不是相反。

出于某种莫名的叛逆，欧维的心跳在平静了多年之后又因此加速起来，他决定不把房子卖给市政府。要反其道而为之。他要翻新它。

直到那时候，他还完全不明白应该做点什么。他都搞不清水平仪和一锅土豆的区别。想到这份新工作把他的整个白天都腾了出来，他就跑到附近的工地上找工作。他觉得那肯定是最适合学习造房子的地方，况且他睡得也不多。他们还缺个跑腿的，工头说，于是欧维就把这个职位接了下来。

晚上他在出城南下的火车上捡垃圾，然后睡上三个小时，剩余的时间，他都在脚手架上爬上爬下偷听头顶硬塑料安全帽的老家伙们聊建造技术。每周有一天休息，他就拖着水泥袋和木梁在冒着汗的孤独中来来回回整八个小时，去清理装修这份除了萨博和那块腕表外父母仅剩的遗产。欧维长出了肌肉。他学得也很快。

工地上的头儿喜欢这个勤劳的小伙子，一个星期五的午后，他带着欧维来到一堆剩余的木料跟前。那些受损的定制木料，即将扔进火堆。

"要是有些你能用上的，而我碰巧没看见，我就当你已经把它们烧掉了。"工头说完就走开了。

修房子的流言在比他年长的同事之间不胫而走，好多人都过来询问。当他敲掉客厅里一堵墙的时候，一个精瘦且门牙歪斜的同事在数落了他二十分钟——说他有多愚蠢，为什么不想清楚再动手——之后，教会他如何估算承重墙受力情况。当他给厨房铺地板的时候，一个壮实且少了一截小拇指的同事在叫了他三十几遍"笨蛋"之后，教会他如何正确测量。

一天下午，他正要收工回家的时候，发现衣服旁放着一个装满旧工具的工具箱。"给狗崽"，一张纸条上写着。

进程缓慢，但房子渐渐成形。一钉一铆一砖一瓦。没人看着，但也不需要别人看见。活儿好就够了，父亲总是这么说，欧维谨记在心。

他尽可能地躲开那些邻居。他知道他们不喜欢他，没有理由让他们加深这种厌恶感。但有一个例外，就是紧挨着欧维家和太太住在一起的一个老人。老人是整条街上唯一不打领带的男人——虽然欧维深信他往日年轻时是打领带的。

父亲死后，欧维坚持每两天喂一次鸟。有一天早晨他忘了，第二天他想去弥补的时候，在鸟窝的栅栏旁差点和老人撞个满怀。老人没好气地看看欧维。他手里拿着鸟食。两人彼此都没有说话。欧维只是简单地点点头，老人也简单地点头回应。欧维转身回家并从此一直遵守自己喂鸟的时间。

他们从来都不交谈。但某个早晨，当老人走出家门站在台阶上的时候，他看见欧维正在粉刷自己那边的栅栏。刷完自己这边之后，他把另一边也刷了。当时老人什么都没说，但当晚欧维经过他家厨房窗口时，他们互相点头致意。第二天，欧维的台阶上出现了一盘家里烘焙的苹果派。妈妈走后，欧维就再也没有吃过自做的苹果派。

他收到新的市政府来信。上面言辞激烈地指责他没有就征地一事和他们联系。之后，他连信封都懒得打开就直接把它们扔掉。如果他们想要霸占父亲的房子，那就得直接来抢，就像当初汤姆从他手里抢钱包一样。

后来有天早晨，欧维经过邻居家，看到老人和一个男孩一起喂鸟。应该是他的孙子，欧维想。他悄悄透过卧室的窗看着他们。老人和男孩坐在那儿低声细语，就像在分享什么重大的秘密，这勾起了他的回忆。

那天晚上，他在萨博里吃的饭。

几周后，欧维给他的房子钉上了最后一枚钉子，当太阳从地平线上升起来，欧维双手插进蓝色裤子的口袋，站在院子里就这么骄傲地注视着自己的房子。

他发现自己很喜欢房子。可能主要是因为房子是可以理喻的，可以计算并在纸上画出来。不好好做防水就会漏，不好好做结构就会塌。房子是公平的，你付出多少，它就给你多少。很不幸的是，这些话很难用在人类身上。

日复一日，欧维出门上班，然后下班回家吃香肠土豆。他从不寂寞，但也从来没人陪伴。后来，一个周日，欧维像往常一样把一堆木料搬来挪去的时候，突然，一个身穿一件略不合身的蓝色西服、快乐的圆脸男人，出现在他家门口。汗珠从他的额头直往下淌，他问欧维能不能借一碗水喝，最好是凉的。欧维找不到拒绝的理由，男人喝水的当口，两个人就在他家门口有一搭没一搭地聊了一会儿。或者说，主要是这个圆脸男人在说话。碰巧这个男人对房子也很有兴趣。他显然也在城市的另一个角落紧锣密鼓地翻修着他的房子。就这么三言两语之后，圆脸男人竟在欧维的厨房里讨到了一杯咖啡。欧维显然不习惯这样厚颜无耻的举动，但在几个小时关于房屋建造的谈话之后，他终于不得不承认，偶尔在厨房里有个聊伴还真可能并不那么让人讨厌。

正当男人要起身告辞的时候，他突然问欧维房子在哪儿上的保险。欧维照实回答，他压根儿就没想过这档子事。父亲从来就不太关心保险的事。

快乐的圆脸男人开始担心起来，他对欧维解释，如果欧维的小破屋出了什么问题，对欧维来说，那真会是场名副其实的灾难。一通劝告之后，欧维觉得自己不得不表示同意。他从来没有如此想过，这其实让他有些惭愧。

圆脸男人问他能不能借用一下电话，欧维说没问题。原来这个男人对一个陌生人在这样的夏日盛情收留他心存感激，此番终于找到了报答的机会。他就是在保险公司工作的，简短的电话交谈之后，他为欧维争取到了绝对优惠的价格。

欧维起初将信将疑，然后花了不短的时间还到一个更好的价格。

"你真会做生意。"圆脸男人说。

事实上，听了这话，欧维比他自己想象的还要得意一些。圆脸男人给他留了张纸条，上面写着电话，说愿意改天再来喝咖啡聊装修。这是第一次有人向欧维表达交友的意愿。

欧维用现金向这个男人支付了一年的保险费。他们还握了握手。

圆脸男人从此销声匿迹。欧维曾尝试给他打电话，但是无人应答。短暂的失望之后，他决定不再想这事。至少，其他保险公司的人打电话来推销的时候，他可以说自己买过保险了。这也算得上收获。

欧维继续回避他的邻居，不想惹麻烦。但不幸的是，麻烦决定亲自来惹欧维。房子完工几星期之后，一个领带男家里失窃，这是该地区第二起入室盗窃案。第二天一早，领带们聚集到一起商议此事，他们一致认为拆迁房里的小流氓肯定和这事有关。他们认为"他就是这么弄到钱来翻修房子的"。晚上有人往欧维家大门底下塞进来一张纸条，上面写着："放弃吧，别不知好歹。"当天夜里，有人砸碎了他的玻璃窗，欧维捡起石头换掉玻璃。他从不跟领带们正面冲突。他认为没有必要，但也没想过要搬走。

第二天一早，他闻到了一股焦味。

他一下子从床上跳起来，第一个念头是，那个砸石头的人显然认为这事还没完。下楼时，他本能地抄起了一把锤子。欧维并不是个暴力的人。但谁又知道呢？他琢磨着。

走出门廊的时候，他仍然只穿着一条内裤。他自己可能都没有注意到，搬运建材的最后那几个月把他练成了一个肌肉健硕的年轻人。就凭这赤裸的上半身和攥在右手拳头里的锤子，就让街上围观的人暂时把视线从火场转到了他身上，然后不约而同地向后退了一步。

直到这时，欧维才意识到，着火的不是他家，而是邻居家。

聚在大街上的领带们圆睁着眼睛，就像一群狍子瞪着一盏聚光灯。老人从浓烟中撤出来，怀里偎依着他的太太。她咳嗽得很厉害。老人把她交给其中一个领带男的太太之后，转身再次奔向火场，几个领带男同时冲他喊，让他别去："太迟了！等消防员吧！"老人不听。当他刚要一头冲进火海时，燃烧着的碎片轰然落到门槛上。

欧维花了漫长的几秒钟来判断整个局面。他迎风站在门口，看到零星的火球已经点着了他的房子和邻居之间的干草。要是不马上抄起灭火器，不要几分钟，他的房子就会淹没在火海中。他看到老人正试图推开倾覆的书橱，强行冲进自己的房子。领带们呼喊着他的名字，试图阻止他，但老人的太太唤着另一个名字。

孙子。

欧维挪了挪脚，把重心从一只脚换到另一只，看着火光沿着草地蔓延。他实际上并不是在考虑自己应该做什么，而是在想父亲会怎么做。既然有了这个想法，下一步也就别无选择了。

欧维气愤地嘟囔了一声，看了房子最后一眼并计算了一下造房子共花了多少时间。然后他走向火场。

房子里都是浓烟，这感觉就像迎面袭来一把铁铲。老人还在挣扎着抬那个挡着门的书橱。欧维一把挪开，就像那是纸做的，就这样清出了通向楼梯的道路。他们再次出现在晨光下的时候，老人怀抱着满身灰尘的小男孩。欧维的胸口和手臂上都是淌着血的伤口。

大街上人们四处奔跑叫喊。空气中响彻着警笛声。身穿制服的消防队员包围了他们。

欧维仍然穿着内裤，肺部剧烈地疼痛，他看见第一束火苗蹿上了自己的房子。他冲过草坪，却马上被一大群消防员极力阻拦了下来。一瞬间到处都是消防员，怎么也不让他过去。

一个穿白衬衫的男人——欧维知道他算是个消防员的头儿——岔开双脚站到面前，向他解释，他们不能放他过去，这样太危险。不幸的是，穿白衬衫的男人指着手上的一张纸说，在得到市政府许可之前，他们也不能把火扑灭。

原来，欧维的房子正好落在两市的交界处，有关部门需要先通过短波澄清责任，在这之前，谁也不能灭火。许可必须申请，文件必须盖章。

"一切得照章办事。"欧维争辩的时候，穿白色衬衣的男人不动声色地说。

欧维突出重围，愤怒地冲向灭火器。但已经无济于事，火蔓延得更快。当消防员终于在电台上达成共识，开始灭火，房子早已火光冲天。

欧维悲伤地站在院子里看着火势。

几小时之后，当他站在电话亭里给保险公司打电话时，才知道，他们从来没听说过那个快乐的圆脸男人。他的房子完全找不到任何保险记录。对面的女人叹了口气。

"是有这样挨家挨户敲门的骗子，我只希望你没有付给他现金！"

欧维一只手挂上电话，另一只手紧紧地在裤兜里攥起拳头。

11

一个叫欧维的男人和那个
不从梯子上掉下来就开不了窗的盲流

　　差一刻六点。今年第一场像样的雪像一条冰冷的毯子裹住昏昏沉沉的排屋小区。欧维从衣架上取下蓝色外套，出门进行每日一次的小区巡逻，他半惊讶半沮丧地发现猫咪蹲在门前的雪地上。实际上，它看上去就像在那儿蹲了一整夜。

　　欧维砰地关上大门，就为了吓唬它。但它显然没有任何被吓跑的意思，相反它就这么蹲在雪地中央舔自己的肚子，完全不害怕。欧维一点儿都不喜欢这只猫的习性。他摇摇头，双脚岔开，往它面前一站，像是随时会问："你当这儿是什么地方？"猫抬起头，小脑袋也没有多大动作，就这么傲慢地看着他。欧维用手赶，猫咪不为所动。

　　"这里是私人地盘！"欧维说。

　　猫仍然没有任何回应，于是欧维按捺不住了，抬起脚把一只木屐踢飞过去。事后，他也不敢发誓说自己不是故意的，反正他太太要是看见了，肯定得发一通脾气。

但其实也无所谓，猫咪还是没反应。木屐划出一道大弧线，朝猫的左侧飞行了一米半，在储藏室的墙壁上反弹了一下后，落在了雪地上。猫咪漫不经心地瞄了木屐一眼，又看看欧维，看上去也不怎么害怕，但最后它还是站起身，绕过储藏室一角不见了。

欧维穿着袜子穿过雪地去捡木屐。他瞪着它，就好像他应该为没有射得更准一些而自惭形秽，然后他抖擞精神，开始巡逻。不能因为他今天要死就放任那些流氓为所欲为。

于是他照旧推车库的门把手、踹指示牌、记录访客停车位上的车牌并检查垃圾房。

回家以后，他蹚过积雪，打开储藏室的门。里面一股工业酒精和发霉的味道，正经储藏室就应该是这个味道。他跨过萨博的夏胎，捡起放散装螺丝刀的罐子，小心地挤过工作台，以免打翻插着刷子的工业酒精桶。挪开花园椅和洒水壶，放好扳手，一把抄起雪铲。在手里掂一掂，好像手里的不是雪铲，而是一把长柄剑。他默不作声地站在那里掂量着。

生活不应该是现在这个样子，这就是他现在所有的感受。努力工作，自食其力，节衣缩食，买了第一辆萨博；接受教育，通过考试，应聘面试，拿到体面的工作，感恩，从不生病，按时缴税；洁身自好；邂逅一个女人，结婚；努力工作，升职，买一辆新型号的萨博；去银行，贷一笔还款年限为五年的款，买座太太觉得适合养育下一代的排屋；分期还款；节衣缩食；买新萨博；去饭店里播放外国音乐的地方度假，喝太太认为别具异国风味的红酒；然后回家继续工作，承担责任，自食其力，洁身自好。

装修房子。缓慢但稳妥地组建一个受人尊敬的工具箱。更换檐沟，粉刷墙壁，在储藏室里安装工作台并把涂料稀释剂装罐。在储藏室外铺瓷砖，每两年更换一次，不管是否必要，这就是该做的一切。所以欧维实际上不应该成为那种能在星期二的白天腾出时间来给厨房操作台上油的人。

当他手拿雪铲走出储藏室的时候，猫又蹲在他家门口了。欧维对着它瞪大了眼睛，诚然为它的恬不知耻而感到震惊。它的皮毛上（或者说剩下的那些皮毛上）渗下融化的雪水来。这妖孽没长毛的疤比没长疤的毛多，还有一条长疤从眼睛一直通向鼻子。要是猫真有九条命，估计这只已经用了七八条。

"走开。"欧维说。

猫打量着他，就像这是一场应聘面试，而它是雇主。

欧维抄起雪铲，朝它挥了一铲子雪，猫纵身躲开，怒目相对，从嘴里吐出点雪来，龇一龇牙，转身再次消失在欧维储藏室的拐角处。

欧维把雪铲往地上一插。

他花了十五分钟清理了房子和储藏室之间的空地。活儿完成得很仔细，横平竖直，四四方方。人们已经不再铲雪。如今顶多也就是把路给清出来，动不动就是铲雪车什么的。不管到哪儿，铲得雪花四溅。好似这就是现在生活的意义：勇往直前。

完事以后，他在小路边的雪堆上支着雪铲站了片刻。倚靠着它，看着太阳从沉睡的房屋背后升起。他大半夜都醒着，思考着怎样才能稳妥地死去，甚至列起了图表来比较不同的死法。在反复权衡利弊之后，他决定今天采取最不糟糕的手段。他的确不喜欢萨博在他死后还要空烧掉许多汽油，但要达到目的必须接受这个事实。

他把铲子放回储藏室，回到家中，穿上蓝色西装。完事以后，肯定会弄脏，还会有糟糕的味道，但他认定，太太见他穿着这身来一定会高兴。

他吃早饭听广播，洗掉餐具，擦干灶台。然后他在房子里转了一圈，关掉所有的暖气，熄灭所有的灯。检查咖啡壶的插头是否已经拔掉。把蓝色外套穿在西装外，套上木屐，回到储藏室，出来的时候带出一根盘着的粗塑料管。锁上储藏室的门和大门，检查三次门把手，走上房子之间的那条小路。

白色的斯柯达从左侧驶来，出其不意，差点让他一屁股坐在储藏室边的雪堆里。欧维跟着它冲到小路上，高举起拳头。

"你个白痴，是不识字还是怎么着？"欧维喊。

那司机，一个手上夹着根烟的清瘦男人，想必听见了。斯柯达开到自行车棚旁边的时候，他们的目光透过侧窗相遇。男人直视着欧维，摇下车窗，面无表情地抬起眼皮。

"禁止车辆通行。"欧维喊，指着身边的标牌，握紧拳头，朝斯柯达追了上去。

男人从左侧车窗伸出手来，不紧不慢地弹弹烟灰。他的蓝眼睛完全不动声色。他看着欧维，就像看着铁栅栏背后的动物，并不激动，只是完全漠然，就像用块湿抹布就能把欧维抹掉一样。

"看标……"欧维走近以后，愤愤地说，但男人已经摇起了车窗。

欧维在斯柯达背后怒吼，但男人完全无视。他甚至没有猛踩油门让轮胎尖叫一声，只是缓缓开过车库，继续朝大路行驶，就好像欧维那剧烈的姿势还不如一盏倒霉的路灯。

欧维留在原地，气得双拳直颤。斯柯达消失以后，他转过身，沿着房子往尽头走，脚步快得差点跌倒。鲁尼和安妮塔家门口，白色斯柯达显然已经熄火停车，地上躺着两个烟头。欧维捡起烟头，就像这是什么高级犯罪现场的罪证。

"你好，欧维。"安妮塔在他背后小心翼翼地说。

欧维朝她转过身。她站在台阶上，身上裹着一件灰色毛衣，就像一双大手包裹着一块湿漉漉的肥皂。

"好，好。"欧维回答。

"他是市政府派来的。"她边说边冲着那辆白色斯柯达消失的方向点点头。

"社区内禁止车辆通行。"欧维说。

她小心翼翼地再次点点头。

"他说他有市政府的特权，可以直接开到家门口。"

"他，他妈的有什么鸟……"欧维刚开口，马上把话又吞了回去。

安妮塔的嘴唇在颤动。

"他们要把鲁尼从我这儿带走。"她说。

欧维默不作声地点点头。一只手里依然握着那根塑料管，另一只拳头插进口袋里。有那么一刻，他想开口说些什么，但最后还是低下头转身离开。走出好几米远，才意识到口袋里揣着烟头，但为时已晚。

金发霉女站在街上。雪地靴一见欧维就开始歇斯底里地狂吠。他们身后的门开着。欧维猜他们是在等安德斯。雪地靴的嘴角粘着些类似皮毛的东西，金发霉女满意地窃笑。欧维经过她身边时，瞪了她一眼，她也不避讳，笑得更开怀，好像欧维就是她嘲笑的对象。

他经过自己的房子与盲流和外国孕妇的房子时，看到盲流站在门口。

"亲爱的欧维呀！"他喊道。

欧维看到自己的梯子倚靠在盲流家的外墙上。盲流快乐地挥手。他今天显然起得挺早。或者说，对一个IT顾问来说，起得挺早。欧维看见他手里握着一把扁平的银餐刀，他意识到盲流很可能想用这玩意儿撬开二楼那扇卡住的窗。欧维的梯子——显然盲流打算往上爬——深深地斜插在一大堆积雪里。

"祝你今天愉快！"欧维经过时，盲流兴高采烈地在背后喊。

"好，好。"欧维头也不回地答道。

雪地靴站在安德斯家门外疯狂地吠叫，欧维从眼角瞥见金发霉女依旧冲着他的方向狞笑。这让欧维很受不了。他也不知道为什么，但他打心眼里受不了。

当他穿过房子，经过自行车棚进入停车场的时候，很不情愿地意识到自己是在找那只猫，但它已经不见了踪影。

他打开车库，用钥匙打开萨博的车门。然后他手插口袋在昏暗的车库里站了大约半个小时。他也不知道为什么要这么做，只是觉得正式着手之前，需要某种庄重的沉默作为仪式。

他斟酌着萨博的车壳会不会被弄得很脏。估计会的。可惜了，他想，但现在这些都无所谓了。他踹踹轮胎以作检查。结实着呢。起码还能再撑三个冬天，踹完最后一脚后，他得出结论。

这立刻让他想到外套内侧口袋里的遗书，于是拿出来检查上面有没有写更换夏胎的说明。已经写过了。在"萨博＋配件"一栏，"储藏室里的夏胎"，说明详尽仔细，连傻子都能在后备厢里把螺栓找出来。欧维把遗书放回信封，再放回外套的内侧袋中。

他回头望望停车场。当然，并不是因为他开始关心那只猫崽子了。他只是希望它没出什么事，不然的话，他没法跟太太交代。他只是不想因为这只猫崽子被数落。仅此而已。

远处传来救护车的警笛声，渐渐逼近，但他毫不在意。坐进驾驶座，发动引擎。按下按钮，把后排的车窗打开五厘米，下车，拉上车库闸门。把塑料软管牢牢地固定在排气管上，看着烟缓缓地从软管另一端涌出来。从打开的后排车窗塞进软管，上车，关上车门。调整后视镜，把电台的频道旋钮朝前拧半圈，再朝后拧半圈。靠在椅背上，闭上眼睛，感受着浓稠的尾气一立方厘米接一立方厘米地充满车库和他的肺。生活不应该是现在这个样子。努力工作，还贷纳税，自食其力，然后结婚，同甘共苦，至死不渝，当初难道不是这样说好的吗？欧维清楚地记得当时立下的誓言。她根本不应该先死，不是明明说好了，先死的是他吗？难道不是这样吗？

欧维听见有人敲车库的门。他置之不理，压一压西裤的裤缝。在后视镜里照照自己，想想是不是应该打条领带。她总是喜欢看他打领带，那眼神就好像他是世界上最帅的男人。他不知道如今她该怎么看他，他这个无业游民穿一身肮脏的西服死后与她相会时，会不会给她丢脸？他被电脑淘汰而无法保住一份稳定诚实的工作，她会不会因此觉得他是个傻瓜？她还会不会像过去那样看待他，视他为值得信赖的男人，一个可以承担责任、必要时还能修个热水器的男人？他成了这样一个没用的老头之后，她还会不会像过去一样喜欢他？

又有人拼命敲打起车库的门。欧维对着门怒目而视。又敲上了。这下欧维觉得自己受够了。

"这下我可受够了！"他怒吼一声，打开萨博的门，动作迅猛，以至于塑料软管被从后排车窗震了出去，落在水泥地上。

尾气涌向四面八方。

那个外国孕妇这下应该学乖了：要是欧维在对面的话，千万别离门太近。但这回她还是没能躲过迎面而来的车库闸门。欧维那一下突如其来，就像他想甩脱卡死在栅栏上的套索。

看见她，欧维立马放慢了动作。她捂着鼻子，眼睛里恰是被车库闸门撞到鼻子后所特有的眼神。尾气化作一团浓烟涌出车库，给半个停车场都盖上了一层焦黑的雾霾。

"我……你得……有人开门的时候你得留神……"欧维半天才说出口。

"你在干吗？"孕妇反问道，看着萨博轰着发动机，尾气从地上的塑料管一端喷涌而出。

"我……没干吗。"欧维说，看上去就像他宁可还是把车库门给拉上。

浓稠的红色液体从她的鼻孔往下淌。她一只手捂着脸，另一只手冲着他一通挥舞。

"你得送我去医院。"她仰着头说。

欧维满腹狐疑。

"你他妈的说什么呢，振作点儿。就这么点儿鼻血。"

她用大拇指和食指使劲夹住鼻梁，骂了一句，欧维猜是波斯语。然后她不耐烦地摇头，血滴到了外套上。

"不是因为鼻血！"

欧维有些摸不着头脑。双手往兜里一插。

"不是就不是，那是为什么？"

她哼了一声。

"帕特里克从梯子上摔下来了。"

她高高仰着头，欧维冲着她的下巴颏说话。

"谁是帕特里克？"欧维问下巴颏。

"我丈夫。"下巴颏回答。

"盲流？"欧维问。

"就是他。"下巴颏回答。

"他从梯子上摔下来了？"欧维想确认一下。

"是的。他打算开窗的时候。"

"啊哈。那家伙就是活该，早料到……"

下巴颏消失了，那双棕色的大眼睛再次出现。看上去不怎么高兴。

"我们需要就此开个研讨会吗？"

欧维没好气地挠挠头发。

"不是……不是……但你不能自己开车吗？就开你们那天来的时候坐的那台日本小缝纫机。"他据理力争。

"我没有驾照。"她边回答边擦掉嘴唇上的血渍。

"怎么会没有驾照？"欧维问，就像这句话对他来说毫无意义。

她又不耐烦地叹了口气。

"我就是没有驾照，怎么着吧？"

"你到底多大？"欧维问，几乎有些情不自禁。

"三十。"她不耐烦地回答。

"三十！还没有驾照？你到底什么毛病啊？"

她哼了一声，一只手捂着鼻子，另一只手在欧维面前打了个响指。

"专心点，欧维！医院！你得送我们去医院！"

欧维看上去几乎要光火。

"为什么是'我们'？你嫁的男人不从梯子上掉下来就开不了窗，那你自己叫救护车呀……"

"我已经叫了！他们已经送他去医院了。但救护车上没我的座位。雪下成这样，全城的出租车都在忙，公交车堵得到处都是！"

她的脸颊上还零星挂着些血珠子。欧维把牙咬得咯咯响。

"公交车不靠谱，开车的都是些酒鬼。"他低声说，拧着下巴，看上去就像要把这些话藏到衬衣领子里似的。

她大概注意到，一提到"公交车"，他的情绪就突然大变，但大概也没有注意到。反正她点点头，似乎这事就这么定了。

"可不是吗？所以你必须送我们。"

欧维想最后试着冲她气势汹汹地比比食指，但他自己沮丧地明白，这招远没有预期的说服力。

"没什么必须的，我又不是什么救护中心！"他最后终于说出口。

但她只是将大拇指和食指在鼻子上夹得更紧，点着头，好像刚才完全没有听见他说的话。她愤懑地用空出来的手指着车库、地上的塑料软管以及朝着房顶越飘越浓烈的尾气。

"我没时间跟你争。把这儿收拾了，我们好上路。我去接孩子们。"

"什么孩子们？？？"欧维冲着她的背影吆喝，但没有得到任何回答。

她已经迈开那双怎么看都撑不起那大肚皮的小脚，拐过自行车棚，朝她的房子走去。

欧维留在原地，就像等着有人跳出来把她拦下，提醒她其实欧维的话还没说完。但没人那么做。他把紧握的拳头放到皮带上，回头看看车库地板上的软管。有人从他那儿借来的梯子上没站稳也不是他的责任，他想。

当然，他还做不到不去设想一下：要是太太在场会怎么对他说？欧维沮丧地意识到，猜出她的想法也不难。

所以，最后他还是一脚把管子从排气管上踹了下来，坐上萨博。检查后视镜，挂上一挡，开出车库，进了停车场。并不是他开始关心外国孕妇要怎么去医院。但欧维很清楚地知道，要是他有生之年干的最后一件事是把一孕妇砸一脸鼻血之后，还让她赶公交车，他太太将会怎样唠叨个没完。

要是汽油还够用，他或许倒是挺愿意开个来回。"或许这样，那女人就不会再胡搅蛮缠了。"欧维想。

但她当然不会如其所愿。

12

一个叫欧维的男人有所获

人们总说欧维和欧维的太太是黑夜和白天。欧维再清楚不过，当然，他是黑夜。他无所谓。但欧维的太太总觉得这话很逗，于是她总是笑容满面地指出，大家觉得欧维是黑夜是因为他太善良，不忍心把太阳点燃。

他从来不知道她为什么选了他。她只爱抽象的东西，音乐、书籍、奇言怪语，诸如此类。欧维却是个满脑子充满具象事物的人。他喜欢螺丝刀和滤油器。他手插口袋疾步人生。她总是在舞蹈。

"只需要一缕阳光就能驱赶所有的阴霾。"一次，他问她为什么总是那么兴高采烈的时候，她说。

某个叫弗朗西斯克斯的修道士曾明明白白地在她的某本书里这样写道。

"你骗不了我，亲爱的，"她面带狡黠的微笑躺倒在他宽大的臂弯中，"你在心里舞蹈，欧维，在没人看着的时候。我会永远因此爱你，不管你愿不愿意。"

欧维从来不知道她说这话是什么意思。他从来不是跳舞的料，舞蹈总是显得那么随意而迷惘。他喜欢直线，以及明确的信息，所以他喜欢数学，总有个是非对错。不像学校里其他那些糊弄人的学科，还可以"强词夺理"。仿佛这还是一种结束讨论的方法：看谁掌握的大词多。对欧维来说，是即是，非即非。

他非常清楚地知道，有人认为他只是个固执的老头，从不信任别人。但简而言之，别人也从来没有给他反驳的理由。

每个人的生命中总有那么一刻决定他们将成为什么样的人：是不是愿意让别人骑在头上？你不了解那个故事，就不了解那个人。

火灾后的那一夜，欧维睡在萨博里。第一个清晨，他试图在灰烬和废墟中亲手清理现场。第二天早上，他终于接受一切不复存在的事实。房子毁了，他为房子付出的一切努力都毁了。

第三天早晨，来了两个男人，穿着和消防队队长一样的白衬衫。他们站在他家门口，看上去对面前的废墟完全无动于衷。他们没有介绍自己，只是报了自己所在政府职能部门的名字，仿佛他们是同一艘母舰派出的机器人。

"我们给你写过信。"其中一件白衬衫说着递给欧维一摞文件。

"许多信。"另一件白衬衫边说边记笔记。

"你没有回信。"第一件白衬衫说，就像在责备一条狗。

欧维岔开双腿，一言不发地站在那儿。

"这很不幸。"另一件白衬衫朝着房子的残骸简单地做了个手势。

欧维点点头。

"消防局说是一些无害的电路故障造成的。"第一件白衬衫指着文件说。

欧维对他所谓"无害"的措辞本能地一阵反感。

"我们给你写过信。"另一件白衬衫举起手中的文件夹。

欧维又点点头。

"市政边界已经重绘。"另一件白衬衫继续说道。

"你那套房子的用地已经规划了好几个新的建筑项目。"第一件白衬衫边说边指了指那些领带的新别墅。

"你原来那套房子的用地。"另一件白衬衫纠正道。

"市政府愿意以市价购买你的地皮。"第一件白衬衫说。

"对……现在是不包括房子的地皮市价。"另一件白衬衫直截了当地说。

欧维接过文件看了起来。

"你别无选择。"第一件白衬衫说。

"这不是你的决定,而是市政府的。"另一件白衬衫说。

第一件白衬衫不耐烦地用钢笔敲敲文件,欧维瞪着他。白衬衫指着文件最后一行写着"签名"的地方。

欧维站在自己的家门口,默不作声地看着那些文件,胸口一阵阵疼痛。他花了很长时间,才搞明白这种疼痛究竟是怎么回事。

仇恨。

他恨这些穿白衬衫的男人。他不记得自己曾如此仇恨过任何人,但现在仇恨就像心中的一团火球。欧维的父母买了这套房子。欧维在这里成长,蹒跚学步,父亲教会他关于萨博发动机的一切。然后政府里的人就决定要在这儿造点儿什么别的东西。一个圆脸男人卖给他一份不是保险的保险。一个穿白衬衫的男人不让欧维救火，现在又来了两个穿白衬衫的男人满嘴"市价"。

但欧维真的别无选择。他可以在这儿站到海枯石烂，但也改变不了处境。

于是，他用一只手在他们的文件上签了字，另一只手牢牢地在口袋里握成拳头。

他头也不回地离开父母的房子曾经矗立过的那一小片土地，在城里向一位老阿姨租了一小间房，整天坐在那儿对着白墙干瞪眼。晚上，他出门上班，清洁他的那些车厢。早晨他和其他清洁工被告知不要去平时的更衣室更衣，而是回总部领新制服。

穿过走廊的时候，他遇到了汤姆。这是他背下车厢窃贼的罪名之后，他们首次相遇。没汤姆那么无赖的人应该都会避免视线接触，并摆出若无其事的样子，但汤姆就是个无赖。

"哟呵，这不是那个小贼吗？"他挂着挑衅的笑容惊呼一声。

欧维没有回答，想绕道，却被围在汤姆身边的一个小跟班一胳膊肘挡住了去路。欧维抬起头，小跟班憨笑一声。

"看好钱包，这儿有贼！"汤姆的喊声在走廊上回荡。

欧维用一只手牢牢握住那摞新衣服，另一只手在口袋里握成拳头。他走进一间空置的更衣室，换下肮脏的旧工作服，除下父亲那块变了形的腕表放到长凳上。他转身准备进淋浴房的时候，他们出现在门口。

"我们听说火灾的事了。"他说。

欧维看出汤姆在等着他回话。他决定不让这个黑胡子的大块头得逞。

"你爸爸肯定会为你自豪的！他都没有惨到烧掉自己的房子！"汤姆冲着他走进浴室的背影吆喝道。

欧维听见那些小跟班齐声尖笑。他闭上眼睛，额头抵着墙，任热水流遍全身。他站了足足二十分钟。有生以来最久的一次淋浴。

当他再次回到更衣室，父亲的表不见了。欧维翻遍长凳上所有衣服，查遍每一寸地板，搜遍每一个衣柜。

每个人的生命中总有那么一刻决定他们将成为什么样的人：是不是愿意让别人骑在头上？

或许是汤姆对他的栽赃，或许是那场大火，或许是那个假冒的保险推销员，或许是那些白衬衫，或许所有忍耐都有个限度，此时此刻，就像有人从欧维的头上拔掉了引信，眼前的一切都笼上了一层阴影。他踏出更衣室，仍然一丝不挂，水珠从紧绷的肌肉上淌下来，沿着走廊走到工头的更衣室，一脚踹开门，在惊恐的人群中辟出一条路。汤姆站在另一端的一面镜子旁，正在修剪他的大胡子。欧维一把抓住他的肩膀，大喝一声，震得墙板直颤。

"把表交出来！"

汤姆惊讶地低头看着他的脸，黑黝黝的身躯像一大片黑影笼罩着他。

"我没有你那该……"

"交出来！"欧维喝断了他的话，声音之大，让在场的所有人都向自己的衣柜靠近了一步。

一秒钟之后，欧维以意想不到的力量把汤姆的外套从他的手中夺了过来。他哑然地站在那儿，像个受罚的孩子，任凭欧维从外套的内侧口袋中掏出那块表。

然后欧维出手了，一击命中。汤姆像袋湿面粉似的倒作一堆。沉重的躯体倒地的刹那，欧维已转身离去。

每个人的生命中总有那么一刻决定他们将成为什么样的人。要是你不了解那个故事，就不了解那个人。

汤姆被送进了医院。反复有人问他究竟发生了什么事，汤姆只是眨巴着眼念叨着"滑了一跤"。奇怪的是，当时在更衣室里的所有人，居然没有一个记得发生过的事。

这是欧维最后一次看见汤姆。并且，他决定这也是他最后一次上别人当。

他留下了夜间清洁工的工作，但辞掉了工地上的活儿。他已经没有房子可造了，并且那时候关于造房子，他已经学到了足够多的知识，那些戴安全帽的老家伙已经没有什么可以传授给他的了。

他们送他一个工具箱作为临别礼物。这次里面装着的是全新的工具。"给狗崽，试试看造个不会倒的。"纸条上这么写道。

这对欧维来说并没有什么直接的用处，于是他漫无目的地扛着它晃荡了好几天。最后租他房子的阿姨同情他，开始在房子里到处找东西让他修。这让他们俩都安生了许多。

后来，他报名参了军。体能测试中，他得了高分。征兵办长官喜欢这个沉默而健壮的年轻人，并鼓励他考虑一下走职业军人的道路。欧维觉得这听上去不错。他知道军人穿军装服从命令，谁都知道自己该干什么。每个人都有自己的职能，井井有条。欧维认定自己是当兵的料。实际上，下楼进行强制性体检的时候，他感到前所未有的轻松，仿佛突然有了使命感，有了目标，生活有了意义。

快乐延续了不到十分钟。

征兵办长官认为体检只是"走个过场"。当听诊器落在欧维胸口的时候，那儿却传出不该有的动静。他被送去城里的医院。一周后，他得到通知，他的心脏有罕见的先天缺陷，被免除所有兵役。欧维打电话去争辩，还写了信。他又找了三个医生，希望这只是一场误会，但一切无济于事。

"规矩就是规矩。"欧维最后一次去征兵办争取的时候，一个穿白衬衫的人如是说。

欧维失望至极，没有等公交车，而是一路走回火车站。他坐在站台上，眼前一片漆黑，自从父亲死后，这还是第一次。

几个月以后，他即将同他后来娶回家的女人一起走在这同一座站台上，但当时他对此一无所知。

他继续回去做清洁工，比以前越发沉默。租他房子的阿姨终于受不了每天面对他那副苦瓜脸，为他在附近借了个车库。那个小子也有一辆时常捣鼓的车，她说，他或许能在那儿找到乐趣。

第二天早晨，欧维在车库里把他的萨博拆成了一堆小零件。他把所有配件清理了个遍，又把车装了起来，为了看看他能不能做到，还为了找些事做。完工以后，他把萨博给卖了，回本不算，还有的赚，于是他当即买了一辆新款的萨博93。之后，他做的第一件事是把它也拆成了一堆零件，就是看看能不能做到。他做到了。

他就这样聊以度日，缓慢而有条不紊。一天早晨，他遇见了她。她有一头棕色的头发，蓝色的眼睛，红色的鞋，和一枚黄色的大发卡。

从此以后，欧维再无宁日。

13

一个叫欧维的男人和一个叫波波的小丑

"欧维真逗。"三岁女孩开心地笑。

"好吧。"七岁女孩嘟囔着，不以为然。她揽着小妹妹的手，迈着大人的步伐朝医院的大门走去。

她们的妈妈看上去一副要冲着欧维发火的样子，但转念一想，现在不是时候。于是她也转身走向大门，一只手捂着大肚子，就好像担心里面的孩子想乘机跑出来。

欧维拖着步子跟着她。他才不管她那"吵什么吵，付钱走人不就得了吗"的想法，这实际上是原则问题。那个停车场管理员凭什么因为欧维问了一声在医院门口停车为什么要付钱就要给他开罚单？欧维可不是那种能管住自己不把"装什么蒜"喊出口的人。事情就是这样。

去医院就是找死的，欧维知道。其实欧维觉得，活人干个什么国家都要收费这事就够受了。如今人就快死了，还得付停车费，欧维觉得这实在太过分了。他就是这么跟停车场管理员解释的。就是这时候，停车场管理员挥舞起了罚单。也就是这个时候，帕尔瓦娜擅自开口说她愿意付钱。就好像这才是这场争论的重点。

女人就是没原则。

他听见七岁女孩在他面前抱怨衣服上有汽油味。尽管一路上萨博的车窗都是开着的，但那股恶臭还是挥之不去。她们的妈妈问过欧维他究竟在车库里搞什么名堂，但欧维只是发出一种大约接近于在瓷砖上拖浴缸发出的声音作为回答。三岁女孩认为，在室外温度零下时大开车窗简直就是个美妙的童话，七岁女孩却恰恰相反，她把脸深深地埋在围巾里，满腹狐疑。并且，她也很讨厌把屁股蹭在欧维为了防止她和妹妹"拉裤子"而在车座上铺满的报纸上。欧维也在前座铺了报纸，但她们的妈妈坐下前就把报纸给撕了。欧维看上去不怎么乐意，但什么都没说。他只是坐在一旁，不停地扫去不安的眼神，就好像担心羊水会漏到坐垫上一样。

"乖乖站在这儿。"走进医院大门后，她对两个女孩说。

他们周围都是玻璃墙，还有散发着消毒水味道的长凳；有穿白大褂和彩色塑料拖鞋的工作人员，还有撑着摇摇晃晃的助步器在走廊上来来回回的老年人。地板上竖着个指示牌，通知大家A电梯厅的2号电梯坏了，因此去114部门的访客请使用C电梯厅的1号电梯。这条通知下面贴着另一条通知，告诉大家C电梯厅的1号电梯坏了，因此去114部门的访客请使用A电梯厅的2号电梯。这条通知下面贴着第三条通知：114部门由于内部装修，本月暂时关闭。那下面还贴着张纸条，上面是一张小丑的照片，写着小丑波波今天来医院看望孩子们。

108 ·

"欧维又去哪儿了？"帕尔瓦娜问。

"我想他是去厕所了。"七岁女孩喃喃道。

"小糗①！"三岁女孩开心地指着指示牌。

"你知不知道这里上厕所还要付……钱？"欧维在帕尔瓦娜背后问。

她转过身无可奈何地看着他。

"是呀是呀，你在这儿呀，你需要钱吗？"

欧维一脸不屑。

"我为什么需要钱？"

"上厕所呀！"

"我不需要上厕所。"

"你不是说……"话说到一半，她闭上嘴，摇摇头。

"算了，还是算了……你付了多久的停车费？"她转而问道。

"十分钟。"

她哼了一声。

"但你知道十分钟是不够的？"

"那我十分钟后出去加钱好了。"欧维回答，就像这是理所当然的事。

"那你为什么不直接多付点？"她问，问题才沾上嘴唇，她就后悔了。

"因为这样就中了他们的圈套！他们休想从我们可能用不掉的时间上赚到一分钱，这你可听好了。"

---

① 这里用"糗"而非"丑"，实为小女孩的错误发音。下同。

"好吧，我没工夫……"帕尔瓦娜叹了口气，扶着自己的额头。

她看看自己的女儿。

"乖乖跟欧维伯伯一起坐在这儿，妈妈去看看你们爸爸怎么样了，乖。"

"好好好。"七岁女孩愁眉苦脸地点头。

"哦！"三岁女孩兴奋地喊。

"什么？"欧维说。

帕尔瓦娜站起身。

"'跟欧维伯伯一起'是什么意思？你这是要去哪儿？"欧维问。

"你坐在这儿照看她们。"她言简意赅地交代，还没等欧维反驳，就进了走廊。

欧维站在原地瞪着她的背影，就好像在等着她小跑回来尖叫一声说她只是开个玩笑。她没有这么做。于是欧维朝女孩们转过身，像下一秒就要往她们脸上照个台灯审问"案发时"她们在哪儿。

"书！"三岁女孩尖叫一声，朝候诊室一角跑了过去，那儿散放着一堆玩具、毛绒动物和图画书。

欧维自顾点点头，认为这个三岁女孩至少还算挺独立，于是把注意力转向七岁女孩。

"啊哈，那你呢？"

"我怎么了？"七岁女孩没好气地顶嘴。

"要不要吃东西或者尿个尿什么的？"

七岁女孩瞪着他，那表情就像他刚刚给她递了一杯啤酒和一根香烟。

"我就快八岁了！我能自己上厕所！"

欧维飞快地举起双手。

"懂了懂了，问出这样的问题真他妈的不好意思。"

"哼。"她小嘴一噘。

"你在骂人！"三岁女孩大喊一声又出现在面前，在欧维的裤腿之间钻来钻去。

他困惑地瞪着这个满嘴语法错误的小自然灾害，她满脸堆笑地回应。

"念！"她激动地递过一本书，手伸得太长，险些失去平衡。

欧维斜眼看看书，就好像这本书刚给他发了封连环信，声称该书其实是个尼日利亚王子，有一笔"利润丰厚的投资"要和欧维分享，现在只需要欧维的银行账号"来处理一件小事"。

"念嘛！"三岁女孩边说着话，边爬上了候诊室的长凳。

欧维无可奈何地在座位上退开几米远。三岁女孩不耐烦地叹了口气，离开视线，几秒钟之后，她的脑袋从他的胳肢窝下面钻了出来，双手撑住他的膝盖，鼻子抵在书中的彩图上。

"从前有列小火车。"欧维念道，拿出一个人在朗诵缴税记录时的全部热情。

然后他就翻页了，三岁女孩拦住他，又翻回前一页。七岁女孩疲惫地摇摇头。

"你得告诉我这页上发生了什么事，还得带上声调。"她说。

欧维看看她。

"什么他……"

话说一半，他咳嗽了一声。

"什么声调？"他更正自己。

"故事的声调。"七岁女孩回答。

"你在骂人。"三岁女孩好声好气地说。

"我才没有。"欧维说。

"有。"三岁女孩说。

"没人他……没人捎嗓子！"欧维说。

"你根本讲不好故事。"七岁女孩得出结论。

"或许是你根本不会听故事！"欧维反驳。

"是你根本讲不好！"七岁女孩大声回应。

欧维不屑地看看书。

"这都什么乱七八糟的？会说话的火车？就没有汽车什么事吗？"

"书里大概有个没用的老头吧。"七岁女孩嘴里叽里咕噜道。

"我才不是老头。"欧维回嘴。

"小糗！"三岁女孩欢呼。

"我也不是什么小丑！"欧维脱口而出。

七岁女孩冲欧维翻翻白眼，那样子跟她妈妈冲欧维翻白眼的时候没两样。

"她说的不是你，是那个小丑。"

欧维抬起头，看见一个成年男子一身标准的小丑行头站在候诊室门口，还挂着一脸夸张的傻笑。

"小——糗。"三岁女孩高呼一声，在长凳上上蹿下跳，那架势让欧维深信这小家伙肯定吸了毒。

他听说过这种事。他们得了一种叫多动症的病，然后医生就给他们开安非他命。

"这个小女孩是谁呀？她是不是想看变戏法呀？"小丑谄媚地说着，踩一双硕大的红鞋，像一头驼鹿似的朝她和欧维啪嗒啪嗒走过来，欧维认定只有那种百无聊赖的人才会放着正经工作不干跑出来这样丢人现眼。

小丑兴高采烈地瞪着欧维。

"伯伯有五克朗吗？"

"没有。伯伯没有。"欧维回答。

小丑看上去吃了一惊，这表情不太适合小丑这个职业。

"听着，只是变个戏法，你肯定有个把硬币吧？"小丑用他相对正常的嗓音嘀咕了一句，这嗓音与他的形象形成鲜明的对比，揭示了这个小丑白痴背后显然藏着一个非常普通的白痴，估摸着有二十五岁。

欧维抬头瞪了小丑一眼，小丑立马警惕地退了一步。

"你……别价呀，我是医院小丑。就是逗孩子们玩，用完了还你。"

"就给他五块钱吧。"七岁女孩说。

"小糗！"三岁女孩高喊。

欧维看看三岁女孩，皱皱鼻子。

"啊哈。"他口中念着，从钱包里掏出五克朗。

然后他指着小丑。

"但你得还给我。马上还。这是要拿来付停车费的。"

小丑使劲点头，把五克朗捏到手中。

十分钟后，帕尔瓦娜穿过走廊回到候诊室。她停下脚步，困惑地前后审视着房间。

"在找你的女儿吗？"一个护士在她身后尖声说。

"是呀！"帕尔瓦娜仍然搞不清状况。

"那儿。"护士的语气里透露出一丝轻蔑，她指了指面对停车场那片大玻璃门边的一条长凳。

欧维坐在那儿，双臂交叉，表情愤怒。他的一边坐着七岁女孩，无所事事地瞪着房顶，另一边坐着三岁女孩，看上去就像刚刚得知自己将连续一个月拿冰激凌当早餐。长凳两端站着两个最高大的医院保安，表情严肃。

"是你的孩子吗？"其中一个问。

他看上去可不像吃冰激凌早餐的样儿。

"是的，她们干什么了？"帕尔瓦娜几近惊恐地问。

"没有，她们什么都没干。"另一个保安回答，狠狠瞪了欧维一眼。

"我也没有。"欧维气鼓鼓地咕哝。

"欧维打了小糗！"三岁女孩欢呼一声。

"你个大嘴巴。"欧维说。

帕尔瓦娜大张着嘴，瞪着他，不知道该如何开口。

"反正他也不怎么会变戏法。"七岁女孩说。

"我们能回家了吗？"然后她从长凳上站起身问道。

帕尔瓦娜挨个看看七岁女孩、三岁女孩、欧维和两个保安。

"为什么……等一等……哪个……什么小丑？"

"小糨波波。"三岁女孩像煞有介事地回答。

"他要变戏法。"七岁女孩说。

"狗屁戏法。"欧维说。

"他要变走欧维的五克朗。"七岁女孩补充道。

"后来他打算还我另一枚五克朗硬币！"欧维插嘴道，然后狠狠瞪了身边的保安一眼，就好像这已经很能说明情况似的。

"欧维打了小糨，妈妈。"三岁女孩笑得就像这是她生命中最幸福的一天。

帕尔瓦娜瞪了欧维、三岁女孩、七岁女孩和两个保安好一会儿。

"我们是来看我老公的，他出了事故，孩子得进来跟他问好。"她对保安解释。

"爸爸摔下来啦！"三岁女孩说。

"没问题。"其中一个保安说。

"但这个人得留在这儿。"另一个保安指着欧维。

"也不能算打，我就是推了他一把。"欧维嘟囔道。

"该死的伪警察。"安全起见，欧维补了那么一句。

"他其实真不怎么会变戏法。"去父亲病房的路上，七岁女孩气鼓鼓地为欧维辩护。

一小时之后，他们又回到欧维的车库。盲流的一条胳膊一条腿都打了石膏，要住好几天院，这是欧维从帕尔瓦娜那儿得知的。她告诉他的时候，欧维不得不紧咬嘴唇才没把"盲流其实就是块要命的木头"这句说出口。事实上，他觉得帕尔瓦娜也在咬嘴唇。他把坐垫上的报纸收走的时候，车上还是一股子汽油味。

"亲爱的欧维，你确定我不需要付停车费吗？"帕尔瓦娜问。

"这是你的车吗？"欧维哼了一声。

"不是。"

"那不就得了。"他回答。

"但你让我觉得这是我的错。"她若有所思地试探着。

"又不是你开罚单。是市政府开的。所以这是该死的市政府的错。"欧维边说边锁上萨博的车门。

"还有那些医院的伪警察。"他又说，显然还在为他们强迫他一动不动地坐在长凳上等帕尔瓦娜回来接他这事而耿耿于怀。

就好像他没有能力独自在医院的其他访客中晃悠似的。

帕尔瓦娜沉思着瞪了他良久。七岁女孩等累了，转身开始穿过停车场往家走。三岁女孩看着欧维，脸上洋溢着笑容。

"你真逗！"她笑道。

欧维看看她，把手插进裤兜里。

"啊哈。啊哈。你们也会的。"

三岁女孩激动地点头。帕尔瓦娜看看欧维，再看看他车库地板上的塑料管，有些担忧地又看看欧维。

"我可能需要你帮忙抬走那把梯子……"她说，就像沉浸在漫长的思考中。

欧维心不在焉地踹着柏油地面。

"还有，我们也有个暖气片坏了。"她经过他身边的时候，补充道。

"要是你能来看一眼就太好了，你知道帕特里克不是能办事的人。"她说着，拽起三岁女孩的手。

欧维缓缓点头。

"没错，没错，地球人都知道。"

帕尔瓦娜点点头，然后突然露出满意的笑容来。

"今晚你是不会让姑娘们挨冻的，是吗？看你打倒小丑已经够窘迫的了，不是吗？"

欧维愤懑地看了她一眼，沉默以对，就像这是一场交易，他老大不情愿地承认，他不会因为她们那不从梯子上掉下来就开不了窗的无能爸爸而忍心让她们冻死的。要是他上天堂时成了儿童杀人犯，他太太肯定不乐意，这他心里清楚。

于是他收起地上的塑料管，挂到墙上的钩子上。用钥匙锁上萨博，关掉车库闸门，检查三次，就到储藏室拿工具去了。

自杀的事还是明天再说吧。

14

一个叫欧维的男人和一个火车上的女人

　　她穿双红色的鞋，戴硕大的黄色发卡，胸前别着的一枚金色胸针调皮地反射着从车窗投进来的阳光。早晨六点半，欧维刚刚下班，本应该坐上另一班火车回家。但他看见了站台上的她，棕色的头发，蓝色的眼睛，还有悠扬的笑声。于是他又回到火车上，自己都不知道为什么。他从来就不是那种随心所欲的男人，对女人也没什么特别的兴趣。但看到她以后，他感觉自己就像一把走了火的手枪。

　　他说服一个乘务员借给他一身便服，这样就看不出他是个清洁工了，然后欧维走上前坐在了索雅身边。这是他一生中最出色的决定。

　　他并不知道该说什么，但这并不成问题。还没等他坐稳，她就愉快地转身面对他，温柔地笑着说了声"你好"。于是他很自然地回了一句"你好"，一点儿都不牵强。当她看到他的目光落在她膝盖间那堆书上的时候，她热情地把它们举了起来，好让他看清书名。欧维只看明白其中一半单词。

"你喜欢读书吗？"她兴奋地说。

欧维迟疑地摇摇头，但这好像并没有影响她的情绪。

"我太爱读书了！"她说，然后就开始讲述膝盖上所有那些书的内容。欧维意识到，他愿意用余生来倾听她诉说她所热爱的那些事物。

他从没听过如此动人的声音。她说话的样子就像随时都会笑出声。而她笑出声的时候，欧维觉得那笑声像是香槟泡沫发出的声音。他不知道自己该说些什么才不会显得无知而愚蠢，但这个问题显然没有他预料的那么严重。她喜欢说话，而欧维喜欢沉默。欧维后来猜测，这就是大家所谓的互补。

多年以后，她告诉他，她其实觉得他那天在车厢里坐到她身边是件极不寻常的事。他的出现唐突而冒昧，但他有着宽阔的肩膀和坚实的胳膊，把衬衣撑得鼓鼓的。还有温柔的眼神。他倾听她说话，她喜欢逗他发笑。另外，每天早上上学的旅程太漫长，有人做伴怎么说都是让人愉快的补偿。

她学师范专业，每天早上坐火车，几英里后换一列，最后换公交车。总而言之，在欧维的反方向上坐一个半小时，直到他们第一次肩并肩走下火车站台，站在她等公交车的车站时，她才开口问他是做什么的。当欧维意识到，要不是因为心脏问题，他已经住到半里地外的军营里时，他不假思索地脱口而出：

"我在那儿当兵。"他说着，模棱两可地挥手一指。

她愉快地点头。

"那我们大概可以在回程的火车上再见喽。我五点回家！"

欧维没有回答。他知道当兵的人不可能五点回家，但显然她不知道。于是他只是耸耸肩，然后她就上车离开了。

欧维知道这一切都很不切实际，但现在又有什么关系！于是他转过身，在一块指示牌上找到他所在的这座学生城——离他家起码两小时车程——中心区域的方向。朝着这个方向迈开脚步，一路走一路问，四十分钟后，他来到学生城里唯一的一家裁缝店跟前，从容地进了门，问那儿能不能熨烫衬衫和裤子，可以的话需要多长时间。"十分钟，要是你愿意等一等的话。"店主回答。

"那我四点来。"欧维说着转身离开。

他原路走回火车站，在候车室的一条长凳上躺下睡了一觉。三点一刻，他又按原路走回裁缝店，裁缝熨衬衫和裤子的时候，他就穿着内裤坐在员工厕所里等，之后又原路走回火车站，与她一起坐了一个半小时火车回到他自己的车站。第二天，他又照做了一遍。第三天也是。第四天，火车站的管理员跑来告诉欧维：他不能像个流浪汉似的在这儿睡觉，希望他能理解。欧维向那人表示他非常理解，但这关系到一个女人。火车站管理员点点头，让他从此以后去行李寄存处睡觉。毕竟，火车站管理员也谈过恋爱。

就这样，连续三个月欧维都做着同样的事。他从来没有开口约她吃饭，最后她终于再也忍不住，决定亲自开口。

"明天晚上八点整，我在这儿等你。我要你穿上西装带我去饭馆。"一个周五的晚上，她下车后直截了当地说。

于是就有了他们的第一次约会。

从来没人问过欧维遇见她之前他是怎么生活的。但要是有人问起，他一定会回答说自己没有生活。

周六晚上，他穿上了父亲的棕色旧西服。肩膀处有些紧。然后，他吃了两根香肠、七个土豆，都是用他那房间里的小灶台烧的，又在房子里四处转悠，弄好了阿姨让他修一修的那些东西。

"你有约会？"他下楼时，阿姨激动地问。她从未见过他穿西装。欧维严肃地点点头。

"嗯。"他说，很难分清那是个词，还是喘气。

老妇人点点头，强忍着笑。

"瞧你这一身打扮，一定是个很特别的人。"她说。

欧维又吸了口气，轻轻点点头。他站到门口的时候，阿姨突然从厨房里激动地喊：

"花，欧维！"

欧维不明就里地从隔墙背后探过头来，盯着她。

"她一定会喜欢花。"阿姨像煞有介事地强调。

欧维咳嗽一声，关上大门。

他穿着那件紧身棕色西服和那双新擦亮的皮鞋，站在火车站旁，等了足足一刻钟。他对迟到的人总是心存怀疑。欧维的父亲常说不要相信总是迟到的人。"如果守时都做不到，你还能指望他做什么更重要的事情？"在铁道上班的时候，当那些大摇大摆迟到个三四分钟打卡的人若无其事地经过时，他总是这么说。就好像铁道没别的什么正经事可做，每天早上都会在那儿等他们。

所以欧维在火车站等候的那十五分钟，每一分钟都让他有些恼火。然后恼怒渐渐转化成焦虑，他开始确信索雅只是在耍他。

他一生从没像现在这样觉得自己好傻，她当然不想和他约会，他想什么呢？这个念头一旦扎了根，羞愧就如同熔岩一般在他心里往上涌，他好想把花往最近的垃圾箱里一扔，头也不回地离开这里。

事后他也无法解释究竟是什么让他留了下来。或许他觉得约定就是约定，或许是出于别的原因，说不清道不明的原因。

他当时当然不知道，他的一生将有多少个一刻钟要用来等待她，要是他父亲知道了，一定会气坏的。但当她身着一条印花长裙和一件红得让欧维不得不挪动一下脚步的羊毛衫出现时，欧维当即决定，她不守时的毛病也可以原谅。

花店里的女人问过他"想要什么"。他说这算什么该死的问题。她才是那个卖花的，而他是买花的，而不是相反。女人对这话有些反感，但最后还是问收花的人对颜色有没有什么偏好。"粉红色。"欧维确凿地回答，但其实他并不知道。

如今，她穿着这件鲜红的羊毛衫站在火车站外，快乐地把他的花捧在胸口，让周围的世界都失了色。

"它们真美。"她真诚的笑声让欧维忍不住低下头去踹一脚砾石。

欧维对下馆子一点儿都不在行。他从来都不理解，明明可以在家吃饭，人们为什么还要花大把的钱上饭店。他对高档家具和美味佳肴一窍不通，而且他完全明白自己对交谈这档子事也一样。但现在这种情况下，他想，既然他已经垫了肚子，不管怎么样他都能让她先点餐，然后从菜单上点个最便宜的菜。这样的话，她要是向他提问，至少他不用满嘴食物无言以对。他觉得这是个好主意。

　　她点菜的时候，侍应生满脸谄媚地笑。欧维很清楚他和饭店里的其他食客看到他们进来时都在想什么，因此欧维觉得自己很蠢。大抵是因为他也这么想。

　　她激动地讲述着自己的学习生涯，她读的那些书，看的那些电影。她看着欧维的时候，他有生以来第一次觉得自己是世界上唯一的男人。而欧维还是那个实事求是的欧维，他无法再坐在这儿假装下去。于是他清清嗓子，振作起来，就在此时此地对她道出了真相。他不是当兵的，实际上他只不过是个心脏不好的列车清洁工，他之所以撒谎，不外乎就是想和她一起坐火车。他理所当然地以为，这是他们最后一次共进晚餐，他这样的骗子不配和她坐在一起吃饭。讲完之后，他把餐巾往餐桌上一放，掏出钱包来准备付钱走人。

　　"对不起。"他羞愧地嘀咕着，轻踹着椅子腿，直到终于蹦出几个几乎难以识别的词来，"我只是想知道做你的眼中人是什么感觉。"

　　他站起身时，她伸过手来放在他的手背上。

　　"我还从来没听你一口气说过这么多话。"她笑道。

　　他叨咕着什么：不行，现在这样或许挺好，但这改变不了事实。他就是个骗子。但她求他坐下的时候，他还是一屁股坐回了椅子上。她没有像他以为的那样生气，反而笑了起来。最后她说，其实识破他一点儿都不难：他从来不穿军装。

　　"另外，谁都知道士兵是不可能每天五点准时回家的。"

　　这么说吧，欧维没俄罗斯间谍那么谨慎，伪装得不够好，她补充说。但她估计他一定有自己的理由。她喜欢他倾听自己说话的样子，也喜欢逗他笑。她说，对于她，这就足够了。

　　然后她问他这辈子到底想做些什么，有没有什么梦想，无论是什么。而他不假思索地回答说想要造房子。设计构造，画图纸，计算出使之屹立不倒的最好方法。这下，她没有像他以为的那样笑起来，她火了。

　　"那你为什么不去做？"她问。

　　这问题欧维一时半会儿真找不到好答案。

　　周一，她带了几本工程学位函授课程的宣传册到他家。和欧维住在同一套房子里的老阿姨无比惊讶地看着眼前这个美丽的年轻女子迈着自信的脚步走上楼梯。然后她拍拍欧维的背，说他买的那些花真是世界上最值当的投资。欧维也不得不同意这一点。

　　他上楼来到自己房间时，她已经坐在他的床上。欧维闷闷不乐地双手插兜站在门口，她看着他笑了。

　　"我们算在一起了吗？"她问。

　　"当然，可以这么说吧。"他回答。

　　然后他们就在一起了。

　　她把宣传册递给他。课程需要两年时间，事实证明，欧维曾学到的关于房子的一切可能并没像他以为的那样荒废掉。或许他并不是一个传统意义上的好学生，但他理解数字，还了解房子，这就够了。六个月后，他通过一门考试。之后又是一门。然后还有一门。这之后他在建筑工程公司找了份工作，一干就是三分之一个世纪。工作努力，从无病假，还贷缴税，自食其力。还在郊外的树林里买了一栋新建成的联排别墅。她想结婚，欧维就求婚。她想要孩子，孩子可以有，欧维想，要住在联排别墅区内，和别的孩子一起，这个他们知道。

不到四十年之后，房子周围已经没有什么树林，只有其他房子。一天她躺在医院的病床上握着他的手，让他不要难过，一切都会好起来。她说起来容易，欧维想，胸口满是愤怒和悲伤。但她只是把头靠在他的胳膊上，喃喃地说："一切都会好的，亲爱的欧维。"然后小心翼翼地把食指放进他的掌心，慢慢闭上眼睛，离开了这个世界。

欧维握着她的手坐了几个钟头，直到医院的工作人员跑来，温和而谨慎地向他解释，他们必须抬走她的尸体。于是欧维从椅子上站起来，自顾点点头，去殡仪馆填了些表格。周日是她的葬礼。周一他按时上了班。

要是有人问起，他会说，在她之前，他没有生活。之后也没有。

15

一个叫欧维的男人和一列晚点的火车

那个坐在有机玻璃背后体形微胖的男人梳着大背头，手臂上满是文身。好似那被人浇了一头植物黄油的发型还不够，一定要往身上也涂点，欧维心想。而且在欧维看来，文身还毫无主题可言，只是一堆图案。一个心智健康的成年人怎么可能自愿甩着这么一对睡衣般的胳膊到处晃悠？

"你的机器坏了。"欧维对他说。

"是吗？"有机玻璃背后的男人说。

"什么'是吗'？"

"哦……坏了……是吗？"

"我不是说了吗！"

有机玻璃背后的男人看上去有些怀疑。

"可能是你的卡有问题？磁条脏了？"他说。

欧维的表情就像有机玻璃背后的男人刚问他是不是阳痿。那个男人闭上了嘴。

"我的磁条不脏，你给我搞清楚喽。"欧维指着他说。

有机玻璃背后的男人点头。然后又反悔了，开始摇头，跟欧维解释，机器"今天早些时候是好的"。欧维觉得这完全是两码事，现在它显然是坏了。对方问欧维有没有现金，欧维说："这关你屁事。"沉默紧张地蔓延。

最后有机玻璃背后的男人要求"检查一下卡"。欧维瞪着他，就像他们是在一条黑暗的小巷里相遇，而他要求"检查"一下欧维的私处。

"别乱来。"欧维迟疑地把卡塞过去的时候，警告道。

有机玻璃背后的男人接过卡，大大咧咧地往自己裤子上擦，就像欧维从没在报纸上读过什么是"擦卡"，当欧维是个白痴。

"你干什么呀？"欧维用手掌拍着有机玻璃喊。

男人把卡塞回来。

"再试试。"他说。

欧维摆出一副对方在浪费他时间的表情。谁都知道，要是半分钟前这卡不能用，现在他妈的肯定也不能。欧维就是这么对有机玻璃背后的男人说的。

"求你了。"男人说。

欧维像煞有介事地叹了口气。眼睛不离玻璃，又划了一下卡。好了。

"你看！"男人轻蔑地说。

欧维把卡放回钱包的时候狠狠瞪了它一眼，就好像是卡背叛了他。

"祝你愉快。"男人冲着他的背影欢乐地喊。

"走着瞧吧。"欧维嘟囔一声。

过去二十年里，这个社会上每个人都在鼓动欧维用信用卡。但现金对欧维来说挺好使，人类已使了现金几千年。欧维不相信银行和他们的电子系统。

但他的太太坚持要搞一张这种该死的卡，尽管欧维总是劝她别想了。她去世后，银行寄来一张挂着欧维名字的卡，关联着她的账户。现在，六个月内，他给她的墓地买过花之后，卡里还剩136克朗54欧尔。欧维很清楚地知道，要是他不花点就去死的话，这笔钱肯定就进了某个银行经理的口袋。

但正当欧维打算用这张该死的塑料卡片的时候，它却出了问题。或者多出一大堆附加费。这恰恰证明欧维一向是正确的，他想这是他再次见到太太以后要告诉她的第一件事，这她得知道。

不管怎么说，他现在是受够了。欧维准备去死。

今天早晨，还没等太阳爬过地平线，他就出了门，更别提他那些邻居了。他在大厅里研究了一会儿火车时刻表。然后他熄灭所有电灯，关掉所有暖气片，锁上大门，把装着所有说明书的信封留在门内的脚垫上。他估计来收房子的人能找到。

他拿雪铲铲掉了家门口的雪，把铲子放回储藏室，锁好储藏室的门。要是更仔细一些，往停车场走的时候，他很可能会注意到，储藏室门口挺大的一堆积雪上有个挺大的猫形窟窿。但他现在有更重要的事情要做，所以他没有留意。

出于事与愿违的经验，他没有开萨博，而是步行去的火车站。这次不管是外国孕妇、金发霉女、鲁尼的夫人还是质量不过关的绳子，都休想打扰欧维的早晨。他为这些人的暖气通风，借给他们自己的东西，送他们去医院。他已经受够了。这下欧维终于可以上路了。

他又检查了一遍火车时刻表。他讨厌迟到。这样会打乱整个计划，之后就会乱套。在遵守计划这方面，他的太太一窍不通，但这是女人的专利。哪怕把她们和计划粘在一块儿，她们也跟不上，这是生活教给欧维的。假如要出远门，他会规划行程定时间表，根据时间效率决定在哪里加油、在哪里喝咖啡。他研究地图，精确算出每一步需要花的时间，以及如何避开高峰车流，走那些用GPS的人不可能发现的捷径。欧维总是有一套清晰的旅行策略，但他的太太恰恰相反，总是说什么"跟着感觉走"和"悠着点儿"之类的疯话，就好像作为一个成年人，这样就能过日子了。她总是会突然要打个电话或者忘了一条围巾，或者最后一刻还无法决定要打包哪件大衣。非此即彼，不一而足。然后她总是把装咖啡的保温杯忘在厨房操作台上，那可是"唯一"重要的东西。该死的行李箱里装了四件大衣，但是没有咖啡，就好像每小时可以随意找个加油站买那里提供的滚烫狐狸尿，于是就会迟到更久。每次欧维生气的时候，她总会问，可以自驾，时间表为什么还那么重要？"反正我们又不着急。"她说，就好像这跟此事有任何关系似的。

他站在站台上，把手往口袋里一插。他没有穿那套西装。太脏了，而且全是汽油味，要是他穿着那身出现，她又要大嗓门了。他也不喜欢现在穿的这身衬衣和毛衣，但至少是干净的。气温接近零下十五摄氏度。他还没有把那件蓝色秋装换成蓝色冬装，寒气直接穿透进来。最近他确实有些心不在焉，这他承认。他没怎么考虑过该打扮成什么样子上天。他原来一直以为应该衣冠楚楚地走。但仔细想想，他觉得，往生后，为避免混淆，应该有制服。什么样的人都会死，这谁都知道。外国人什么的，穿得一个比一个古怪。所以得有人管管这事，那儿一定有个什么服装部。

站台上几乎没有人。对面站台站着个睡眼惺忪的年轻人，背硕大的背包，欧维认为里面装的肯定都是毒品。他身边不远处，站着个四十岁左右穿灰色西装套黑色大衣的男人，正在读报。更远处，有几个妙龄女子正在攀谈，胸口都戴着郡徽，头发挑染成紫色，轮番抽着一根超长的薄荷烟。

欧维这边的站台没有乘客，只有三个超重的工作人员，三十五岁左右，穿着工作裤，戴着安全帽，围成一个圈，低头瞪着个窟窿。他们周围凌乱地挂着几条橙色的路障带。其中一人手里拿着一杯7-11的咖啡，另一个人站在那儿吃香蕉，第三个人正试着用戴着手套的手按手机，不太成功。窟窿还在原地。全世界陷入经济危机不是迟早的事吗？欧维想。现在，人们只会一边吃香蕉一边往地上的窟窿里看上一整天。

他看看表，还剩一分钟。他迈步走到站台边，鞋底压着边缘。站台上下，他目测高差不到一米半。一米六，大概。对他来说，丧命于车轮下有些象征意义，但他并不喜欢这种方式。他不喜欢列车司机目睹惨剧，所以他决定等火车非常近了再跳，这样把他撞下铁轨的就是第一节车厢的边缘，而不是正面的大玻璃窗。他瞪着火车的方向开始计算。准确的时间点非常重要，他心想。太阳正缓缓升起，倔强地照进他的眼睛里，好似刚拿到一柄手电的孩子。

就在这时，他听见第一声尖叫。

　　欧维抬起头，恰在这时看见那个穿西装套黑色大衣的男人前后摇晃起来，像极了一只安眠药过量的熊猫。就这样晃了几秒钟，西装男突然两眼一翻，整个身体剧烈地抽搐起来，手臂痉挛似的摆动。接下来，一切都像定格动画一样，报纸从手中掉落，他随即晕倒，身体翻过站台边缘，像一袋水泥似的"砰"的一声砸在轨道上，然后就躺在那儿不动了。

　　传烟抽、胸口戴郡徽的婆娘们惊慌地尖叫起来。那个年轻瘾君子瞪着铁轨，牢牢拽住背包的背带，就好像怕它也掉下去似的。欧维站在另一边站台边缘，气愤地一会儿看看这个，一会儿看看那个。

　　"真他妈的倒霉。"最后欧维自言自语道。

　　然后他就跳下了铁道。

　　"过来拉一把！"他朝站台边的长发背包客喊。

　　背包客慢慢朝边缘挪。欧维举起那个西装男，那身手只有那些从来没去过健身房却一辈子整天双臂各夹两坨混凝土块的人才能做得到。那动作，一般开奥迪、买彩色紧身运动衣穿的年轻人是做不出来的。

　　"他不能躺在这儿挡住火车的路，你们是知道的吧？"

　　背包客犹疑地点点头，最后两人合力，终于把西装男拽上了站台。郡徽婆娘还在尖叫，就像这样能有效地帮忙解决眼前这棘手的问题。穿西装的男人仰面躺到站台上的时候，胸口还在缓慢却稳健地上下起伏。欧维留在铁轨上，听见火车到来。这和他计划的不太一样，但也凑合了。

　　于是他平静地走回铁轨中央，两手往口袋里一插，双眼注视着车头灯。他听见雾笛一样的警示信号，感觉到铁轨在脚下猛烈地颤动，就像一头愤怒的公牛正向他冲来。他呼出一口气。在这一片充满震颤、尖叫和痛苦呐喊的炼狱里，他深深地感到一阵轻松。

终于——

死亡。

下一刻，欧维感觉时间像刹了车似的被拉长，周围的一切都因此在慢动作中进行。巨响在他耳朵里化成一片呢喃，火车慢慢靠近他，就像拉车的是两头老黄牛，绝望地用车头灯照着他。欧维直视着灯光，他并没有被强光迷了眼，就在两束光之间，他居然捕捉到了列车司机的视线。他肯定不到二十岁，还是同事们依然叫他狗崽的年纪。

欧维注视着狗崽的脸，手在口袋里握成拳头，就好像他马上要做的事真是自讨苦吃。但也没办法，他想。凡事都有正确的做法，还有错误的做法。

欧维怒气冲冲骂粗话的时候，火车离他大概还有十五到二十米的距离，然后他走到一边摆动身体重新回到站台上，平静得就像他只是去倒杯咖啡。

司机终于把车停下的时候，车头与他齐平。恐惧已经吸干了狗崽脸上的血色，他显然强忍着眼泪。两个男人透过车窗玻璃彼此注视着，就像在末日的荒漠上迎面相遇，并意识到彼此都不是地球上最后一个幸存的人。其中一人释怀，一人失望。

车窗内的男孩小心翼翼地点点头，欧维也应付地点点头。

欧维确实不想再继续活下去。但身体在别人车窗上被撞得血肉模糊之前，还因和对方对视一眼而毁人一生，这种事欧维可干不出来。这样的话，父亲和索雅都不会原谅他的。

"你没事吧？"其中一个戴安全帽的人在欧维背后喊。

"你最后一刻才跳上来的呀！"另一个戴安全帽的人高呼一声。

他们瞪着他，跟刚才瞪着窟窿的样子没什么两样。实际上，干瞪眼几乎可以说是他们的专长。欧维瞪了回去。

"千钧一发呀。"第三个人强调了一下。

他手里还拿着那根香蕉。

"很可能会出乱子的。"第一顶安全帽笑道。

"大乱子哦。"第二顶附和道。

"实际上会死人的。"第三顶又强调了一下。

"你真是个英雄呀！"第一顶欢呼道。

"救了他一根命！"第二顶使劲点头。

"一条命。救了他一条命。"欧维纠正道，听见自己的声音里有索雅的影子。

"不然他就死了。"第三顶再次强调，并心不在焉地咬一口香蕉。

铁轨上，列车亮着所有紧急指示灯。气喘吁吁，哼哼唧唧，恰似一个一头撞了墙的大胖子。车厢里，下来一大群欧维眼里的IT顾问及此类游手好闲的人，蜂拥到站台上。欧维把手往口袋里一插。

"这下肯定得有好多车误点了。"他极其不满地环顾着站台上这一片混乱的场面。

"没错。"第一顶安全帽说。

"肯定的。"第二顶说。

"好多好多误点的车。"第三顶应和道。

欧维发出一种沉重的抽屉卡在生锈的折叶里的声音，一言不发地经过他们身边。

"你去哪儿？你可是英雄啊！"第一顶安全帽惊讶地冲着他的背影嚷嚷。

"是呀！"第二顶跟着嚷嚷。

"英雄啊！"第三顶也嚷嚷。

欧维没有回话。他经过有机玻璃背后的男人，回到冰雪覆盖的街上，开始往家走。周围的世界渐渐在进口车、电脑、信贷和所有其他垃圾的怀抱中苏醒过来。

今天又搞砸了，他闷闷地想。

他经过停车场边自行车棚的时候，又遇到了那辆白色斯柯达。它从安妮塔和鲁尼家的方向驶来，副驾驶座上坐着一个戴眼镜的刚毅女子，怀里满是文件。方向盘后，坐着那个穿白衬衫的男人。车子拐弯的时候，欧维不得不跳开一步才没被撞个正着。

穿白衬衫的男人在车窗里朝欧维举起一根点燃的香烟，并露出一副高高在上的笑容。就好像站在路中央是欧维的错，而他心胸宽广网开了一面。

"白痴！"欧维对着斯柯达的后屁股喊，但穿白衬衫的男人好像根本不予理睬。

在它拐弯消失之前，欧维默默在心里记下车牌号。

"很快就轮到你了，老鬼。"一个恶狠狠的声音在他身后响起。

欧维转过身，不由自主地举起握紧的拳头，立刻在金发霉女的太阳镜里瞪住了自己的眼睛。她怀里抱着雪地靴，它正冲他龇着牙。

"他们是社保中心的。"霉女冷笑一声，朝去路点点头。

停车场上，欧维看见那个公子哥儿安德斯正把自己的奥迪从车库里倒出来。欧维注意到车上装了最新款的波浪形车头灯。这样哪怕在黑暗中，大家都能一眼认出来开车的是坨屎。

"跟你有什么关系？"欧维对霉女说。

她的嘴唇噘了个类似微笑的形状，就是那种嘴唇里填满有害垃圾和神经毒素的女人能做到的程度。

"跟我有关，因为这回他们把这条街最后一栋楼里那个该死的老头关进养老院，下回就轮到你了！"

她在他身边的地上啐了口唾沫，朝奥迪走去。欧维目送着她，胸口在外套下沉重地起伏着。奥迪拐弯的时候，她及时在车窗里冲他比出中指。欧维本能地想要冲上去把整辆德国铁皮妖怪连同公子哥儿、霉女、杂种狗和波浪形车灯一起撕个粉碎。但他忽然觉得喘不上气来，就像刚在雪地上全速奔跑了一阵。他弯下腰，手掌撑在膝盖上，注意到自己已经愤怒得气喘吁吁。心脏猛烈地怦怦作响，就像他的胸腔是世上最后一座还能用的公厕门。

几分钟后，他直起身子，右眼的余光里有些闪烁。奥迪已经不见了踪影。欧维转过身，一只手捂着胸口慢慢朝家走。

快到家门口时，他在储藏室边停下，低头瞪着雪堆上那个猫形窟窿。

窟窿底下躺着一只猫。

真他妈的活见鬼。

16

一个叫欧维的男人和一辆树林里的卡车

在那个肌肉发达、眼睛幽蓝、忧郁且有些笨拙的男孩在那列火车上坐到索雅身边之前，她的生活中其实只无条件地爱着三样：书、她的爸爸和猫。

她总是备受瞩目，这不是问题。那些形形色色的追求者排起长队。高矮胖瘦，黑白俊丑，或伶牙俐齿或坚韧不拔，或优雅大方或自命不凡，或金发碧眼或贪婪无度，要不是他们忌惮坊间流传的故事，说索雅的爸爸在树林中的僻静小屋里藏了几把枪，还会更积极一些。但从来没人像火车上坐到她身边的男孩那样端详过她，就好像她是世界上唯一的女孩。

有时候，特别是头两年，一些女伴质疑她的选择。索雅非常美丽，身边的人大都觉得这很重要，总是提醒她。另外她还非常爱笑，不管生活如何对待她，她总是积极地面对。但欧维却有点……好吧，他就是欧维。她身边的人也总是这么提醒她。他上初中的时候，就是个小老头了。他们说，她能找个更好的。

但对索雅来说，欧维从来都不阴沉、不尖锐，也不刻薄。对她来说，他就是他们第一次共进晚餐时那些有点褶皱的粉红色玫瑰。他把他爸爸有些紧身的棕色西装套在了自己宽阔的肩膀上。他对正义、道德、勤劳以及一个对错分明的世界深信不疑。并不是因为这样的人会赢得奖牌或证书，或者会被别人拍拍肩膀说声好样的，而是这样处世的人不多了，索雅知道。所以她想守住这个人。他或许不为她吟诗、唱夜曲，也从来没有送过她昂贵的礼物，但从来没有别的男孩就因为喜欢坐在她身边听她说话而愿意反方向坐几个小时火车。

她抚着他那比她的大腿还粗的小臂，胳肢他，直到这个顽固的男孩露出笑容，就像包裹在珠宝周围的石膏模具碎裂开来，这时索雅心里就会唱起歌来。这些时刻，只属于她一个人。

"有人说最优秀的人是从错误中重生的，他们后来通常比那些从没有犯过错误的人更优秀。"欧维第一次约她共进晚餐，并向她承认说自己当兵是骗她以后，她对欧维说。

她并没有生他气。之后她为他无数次生气，但这次没有。而且之后在她身边的那么多年里，他再也没有骗过她。

"谁说的？"欧维问，眼睛看着面前桌上摆着的三套刀叉，就像有人在他面前打开了个盒子，然后说"挑选你的武器"。

"莎士比亚。"索雅说。

"很了不起吧？"欧维问。

"他棒极了。"索雅笑着点点头。

"从没看过一个他的书。"欧维对着桌布嘟囔。

"一**本**他的书。"索雅纠正道，并温柔地把手放到他的手上。

他们在一起的四十年里，索雅辅导过几百个有读写障碍的学生，最后他们都能念《莎士比亚全集》。但这么多年来，她从没能让欧维念过其中一本。他们搬进排屋后，欧维在储藏室里一待就是几个星期。完工后，客厅里就多了一个她所见过的最漂亮的书橱。

"你总得有个地方摆书。"他喃喃地说着，用螺丝刀尖拨弄着大拇指上的一处伤口。

她蜷入他的怀中，说她爱他，他点点头。

关于他手臂上的烧伤，她只问过一次。欧维勉强说出那个故事后，她不得不把那些简短的碎片拼凑起来，还原出他失去房子时的真实情况。但最后她终于明白了他的伤是怎么来的。之后，每当有朋友问她为什么会爱上他的时候，她都会回答，大多数人逃离火场，但欧维这样的男人冲向火场。

欧维和索雅爸爸见面的次数用手指就能数得过来。爸爸住在遥远的北方，树林深处，就好像他在地图上查了一下全国人口分布情况，然后找了个离所有人都尽可能远的坐标，点了个点，住了下来。索雅的妈妈难产去世以后，爸爸没有再婚。"我有个女人，只是现在不在家。"有人斗胆问出口的时候，他会说。

高中时索雅选了文科方向以后，就搬到城里去住了。她建议爸爸跟她一起搬走的时候，他怒气冲冲地看着她。"我去干吗？和人打交道？"他吼道。他说到"人"的时候就好像这是个脏字。索雅只好随他去。除了她周末回家和他每月一次开卡车去最

138 ·

近的小镇购置杂货之外，他只有恩斯特做伴。

恩斯特是世界上个子最大的杂种猫。索雅小的时候觉得它就像一匹小马驹。它在爸爸的房子里来去自如，但不住在那儿，没人知道它究竟住哪儿。索雅用海明威的名字为它起了名。她爸爸从来不屑读书，但当女儿五岁就能自己读报的时候，他也没蠢到对此不闻不问。"这种狗屁，他妈的怎么能让女孩读？会把她的脑子搞坏的。"他推着她到小镇图书馆柜台前的时候说。在场的图书馆管理员并不是很明白他这话什么意思，但眼前这个女孩的天赋是不容置疑的。然后，每月一次的杂货采购就多了去图书馆一项，这是图书馆管理员和爸爸共同的决定，没什么需要商量的。索雅十二岁的时候，那里所有的书至少都读了两遍。她喜欢的那些，例如《老人与海》，她自己都数不清究竟读了多少遍。

于是恩斯特就有了它的名字。它不属于任何人。它不说话，但喜欢跟着爸爸去钓鱼。爸爸喜欢它这两种品质，回家时总是和它平分收获。

索雅第一次带着欧维去那座树林里的老木屋时，欧维和爸爸两个人一声不吭地面对面坐了将近一个小时，干瞪着面前的食物，其间她还试图启发一些文明的对话。两个男人都不知道自己为什么坐在这儿，只知道这对他们唯一在乎的女人很重要。他们都各自大声抗议过这次安排，无果。索雅的爸爸一开始就有偏见，他对这个男孩的唯一了解，就是他从城里来，而且索雅还提到过他不是很喜欢猫。这两点足以让索雅的爸爸认为欧维不可靠。

至于欧维，他觉得自己是来参加应聘面试的，他从来就不喜欢面试。所以索雅不说话的时候——必须承认她经常这么做——房间里就陷入一种只会发生在一个不愿意离开自己女儿的男人和另一个还不知道自己命中注定会把她带走的男人之间的沉默。最后索雅只好踹欧维的小腿让他开口。欧维吃惊地从自己的盘子上抬起视线，注意到她双眼之间愤怒的褶皱。他清清嗓子，绝望地环顾四周，想找些问题来问老爷子。这是欧维学来的，要是找不到话说，提问是最好的方式。要是有什么方法能让人放下敌意，那就是给他们机会自夸一下。

最后欧维的目光飘出厨房的窗口，落在了老爷子的卡车上。

"那是辆L10吧？"他用叉子一指，问道。

"没错。"老爷子对着自己的盘子说。

"是萨博生产的。"欧维点点头说。

"是斯堪尼亚！"老爷子脱口喊道，对欧维怒目而视。

房间再次陷入一片只会发生在女儿的爱人和父亲之间的沉默。欧维闷闷不乐地低头看盘子。索雅踹了一脚爸爸的小腿，爸爸板着脸抬眼看她。他也看见了她双眼之间的褶皱，并没有蠢到放任事情朝坏的方向发展。于是他没好气地清清嗓子，往盘子里戳了几下。

"就算萨博的那个衣冠禽兽挥挥钱包收购了工厂，斯堪尼亚，还他妈的是斯堪尼亚。"他不那么生硬地哼了一声，同时把自己的小腿从女儿鞋子的射程之内挪开。

索雅的爸爸一直开斯堪尼亚的卡车，他不理解为什么会有人开别的。但他做了多年忠实用户之后，他们突然并给了萨博，这种背叛他永远不会原谅。而自从与萨博合并之后，欧维就开始对斯堪尼亚产生了浓厚的兴趣，他若有所思地一边嚼土豆一边盯着窗外的卡车。

"好开吗？"他问。

"不好。"老爷子不满地说，注意力又回到盘子里。

"这个型号没一辆好车，没一辆质量过关。机修工随便修个什么就要收一大笔钱。"他说话的样子很容易让人误会桌子底下还藏着个人。

"要是可以，让我看看吧。"欧维说，突然之间就热情起来。

实际上，这是索雅印象中他第一次对什么事情表现出热情。

两个男人互相注视了一阵。索雅的爸爸点了头，欧维也轻轻点头回应。然后他们像煞有介事地站起身，那坚定的架势就像两人这就要出门杀第三个人似的。几分钟之后，索雅的爸爸拄着拐杖回到厨房里，坐到椅子上的时候习惯性地抱怨了一声。他坐了好一会儿，仔细塞满烟斗，之后终于冲着锅子点点头，开了口：

"挺好。"

"谢谢爸爸。"她笑道。

"你烧的，又不是我。"他说。

"不是因为吃的谢你。"她一边回答，一边撤掉盘子，温柔地亲亲爸爸的额头，同时看见院子里欧维深深地埋在卡车的引擎盖下。

爸爸什么都没说，只是轻轻哼了一声从椅子上站起来，一手拿着烟斗，另一只手从水池边拿起报纸。走向客厅里那把躺椅的中途，他停下脚步，迟疑地倚着拐杖站在那儿。

"他钓鱼吗？"最后他头也不回地嘀咕道。

"我想他不钓。"索雅回答。

爸爸愁眉苦脸地点点头，沉默地站了好一阵。

"不行不行，那他可得学学。"他最后把烟斗往嘴里一塞，走进客厅，嘟囔着。

索雅从没听他给过任何人更高的评价。

17

一个叫欧维的男人
和一只雪堆里的猫崽子

"它死了吗？"帕尔瓦娜以她那大肚子能承受的最大速度冲了过来，瞪着雪地里的窟窿，一惊一乍地问。

"我又不是兽医。"欧维回答。

他说这话并不是出于无礼，只是澄清一个事实。他不知道这个女人一天到晚是从哪儿冒出来的。就不许人家在自己的院子里平心静气地研究一下雪堆上的猫窟窿啦？

"你得把它弄出来！"她喊着，用手套拍他的肩膀。

欧维憋屈地把手往上衣口袋里一插。他还有些喘。

"关我什么事？"他说。

"你是脑子坏了还是怎么着？"她喊。

"我跟猫处不到一块儿。"他告诉她，把脚跟踩进雪里。

她转身时的眼神让他不由自主地挪到离她的手套远一点儿的地方。

"它大概在睡觉，"他探过窟窿的边缘朝里张望，"要不然等解冻了，它会跑出来的。"

手套再次愤怒地朝他挥舞过来的时候，他意识到安全距离显然是一个很健康的概念。

下一秒帕尔瓦娜已经钻进了雪堆里，过了一会儿，她又钻了出来，单薄的胳膊上捧着那只冻僵的小妖孽。看上去就像四根冰棍和一块破围巾冻在了一起。

"开门！"她朝欧维吼，情绪已经全面失控。

欧维把鞋底在雪里踩得更深。他今天委实没有任何待客的意愿，不管是女人，还是猫，这他得跟她说清楚。但她捧着那个畜生迎面朝他冲了过来，脚步坚定，就像得由他自己的反应来决定她是从他身上还是身边走过去。欧维从没见过这么不听好人言的女人。他强忍着捂住胸口的冲动，感到呼吸又沉重起来。

她继续前进，他让了一步。还没等欧维来得及动念头阻止，她怀里那个银装素裹的小毛球就在他脑海中勾起了对恩斯特的回忆。那只蠢笨的老胖猫恩斯特，索雅那么爱它，每次一见到它，她的心就跳得能弹起五克朗的硬币来。

"你倒是开门呀！"帕尔瓦娜转过身冲欧维点了下头，看着就像要扭到脖子似的。

欧维从口袋里抽出钥匙，像是被人控制住了胳膊一般。他自己都无法接受现在的行为，他的一部分神智在喊"停"，而剩下的躯体却陷入了某种青春期的叛逆。

"拿毯子来！"帕尔瓦娜穿着鞋跨过门槛，命令着。

欧维站住片刻，喘了口气，然后跌跌撞撞地跟着。

"房间里怎么冷得跟猪圈似的？开大暖气！"帕尔瓦娜脱口

而出，就像这是理所当然的事，把猫放到沙发上的时候，还不耐烦地冲欧维挥手。

"这儿不开暖气。"欧维回答。

这下他可真是受够了，他想。他停在客厅门口，琢磨着要是他让她至少在猫的下面垫层报纸她会不会用手套抽他。等她回过头来，他决定还是算了。欧维不记得什么时候见过这么凶的女人。

"我楼上有条毯子。"他最后终于开口，并突然对大厅吊灯表现出兴趣，以躲避她的目光。

"去拿呀！"她指挥道。

欧维看上去像是把她的话用装腔作势的语气在心里又默念了一遍，但还是脱下鞋子，躲过她的手套攻击范围，穿过客厅。

上下楼梯时，他一路念叨着在这小区里想要清静片刻有多难。到顶层后，他停下脚步，深深吸了口气。胸口的疼痛已经消失。心跳也恢复正常。这事他已经习以为常。总会好起来。反正很快他也就不需要这颗心脏了，所以无所谓。

他听见客厅里的声音，不敢相信自己的耳朵。总是这群人，不断阻挠他死亡计划的邻居们，他们真是没羞没臊，都快把人逼疯、逼死了。这一点是肯定的。

他抱着毯子下楼时，客厅里又多了一个隔壁的小伙子，好奇地看着猫和帕尔瓦娜。

"你好，阿叔！"他愉快地冲欧维挥手。

尽管外面还有积雪，但他只穿着一件T恤。

"啊哈？"欧维说，心里默念着，这才上个楼，家就成公共客栈了。

"我听到有人在喊叫，哇噻，就进来看看怎么回事。"小伙子愉快地回答，耸耸肩，背上的腰肉随即把T恤夹出个大褶子。

帕尔瓦娜从欧维手里拽过毯子来，开始包裹猫咪。

"这样它是永远不会暖起来的。"小伙子友好地指出。

"你别插手。"欧维回答。他当然不是什么为猫解冻的专家，但另一方面他也不喜欢别人随意闯进他家指手画脚。

"闭嘴，欧维！"帕尔瓦娜说，然后恳切地看着那个小伙子。

"我们该怎么办？它都冻成冰了！"

"不许对我说闭嘴。"欧维嘟囔道。

"它快死了。"帕尔瓦娜说。

"死不了，它只是冻着了而已……"欧维插嘴道，对眼看就要失控的场面，试图再次掌握主动权。

孕妇把食指放到嘴唇上，嘘了他一声。欧维对此表现出强烈的不满，就差踮起脚来个愤怒的皮鲁埃特转体。

"交给我。"小伙子打断他们，对着猫做了个手势，完全无视站在他身边试图跟他解释不能像个小丑似的乱闯别人家还把猫举东举西的欧维。

帕尔瓦娜举起猫的时候，它的颜色开始由紫转白。欧维看到后，不再显得那么坚如磐石。他匆匆瞥了帕尔瓦娜一眼，然后无奈地退了一步，腾出地方来。

这时小伙子小心翼翼地脱下自己的T恤。

"这事……这实在是……你到底想干……"欧维结结巴巴地说。

他的目光从帕尔瓦娜——现在她正捧着一只融化着的猫，水滴滴答答淌到地上——转到那个小伙子，他正光着膀子站在欧维的客厅里，肥肉晃悠悠地从胸脯一直长到膝盖，看上去就像一大桶冰激凌融化后又冻了起来。

"来，把它给我。"小伙子不紧不慢地说，朝帕尔瓦娜伸出两根木桩一样粗的胳膊。

接过小猫之后，他立刻把它裹进自己的巨型怀抱中，贴在胸口，就像打算做个巨大的猫卷儿。

"对了，我叫吉米。"他笑着对帕尔瓦娜说。

"我叫帕尔瓦娜。"帕尔瓦娜说。

"好好听。"吉米说。

"谢谢。是'蝴蝶'的意思。"帕尔瓦娜笑了。

"好好哦！"吉米说。

"你快把猫闷死了。"欧维说。

"哎，你还是关掉吧，欧维。"吉米说。

欧维把嘴唇抿成一条苍白的细线，郁闷地踹了一下踢脚线。他也不知道那个小伙子要他"关掉"什么东西，反正他不打算关。

"它宁可体面地冻死，也不想被你勒死。"他边对吉米说，边冲着缩成一团的滴水小毛球点点头。

吉米用整张圆脸挤了个微笑。

"好啦，欧维。我是个胖子，没错啦。你对我们胖子指手画脚没问题啊，哇噻，但我们可是强大的热源哦。"

帕尔瓦娜不安地朝他那鼓鼓囊囊的胳膊探过头去，小心翼翼地把手掌搁到猫鼻子上，露出笑容。

"它开始暖和了。"她欢呼一声，朝欧维摆出一副胜利的姿态。

　　欧维点点头。他想冷嘲热讽几句，却发现这个消息让他很不情愿地松了口气。他很难适应这种感受，所以当她看过来，他假装忙着摆弄起电视遥控器来。

　　并不是因为他开始关心起这只猫来。但索雅一定会高兴的，他想。仅此而已。

　　"我去热点水来！"帕尔瓦娜说着一个箭步经过欧维身边，突然就出现在了他的厨房里，开始翻橱柜。

　　"这都他妈的什么……"欧维嘟囔着，扔掉遥控器，跟了过去。

　　他到那儿的时候，她沉默地站在厨房中央，手里拿着热水壶，看上去有些恍惚，就像她终于明白了一切。这实际上是欧维第一次见到这个女人无话可说。厨房罩了一层灰。有一股留了很久的咖啡味道，角落里有污垢，而且到处都是欧维太太的东西。窗台上有她的小摆设，木桌上有她遗忘在那儿的发卡，冰箱贴上是她的笔记。

　　地板上满是那种柔软的轮胎印迹，就像有人在房间里来回骑了几千趟自行车。灶台和操作台都明显低于标准高度，就像厨房是为孩子造的。帕尔瓦娜看着这一切，眼神和所有第一次看到这一切的人一样。欧维已经习惯了。事故以后，欧维亲自改造了厨房。政府当然拒绝帮助，是欧维亲自动的手。

　　帕尔瓦娜就像突然僵住了一般。欧维从她手上拿下水壶，没有看她的眼睛。他慢慢地灌水，插上插座。

　　"我不知道，欧维……"她惭愧地低声道。

欧维背对着她，倚靠在低矮的水池上。她走上前，小心翼翼地把手指尖搭在他的肩膀上。

"对不起，欧维。真的。我不应该问都不问一声就闯进你的厨房。"

欧维咳嗽一声，点点头，没有转身。他不知道他们在那儿站了多久。她把手轻轻搁在他的肩膀上，他决定不把它推开。

吉米的声音打破了沉默。

"这里有东西吃吗？"他在客厅里喊。

欧维把肩膀从帕尔瓦娜的掌心中挣脱出来。他摇摇头，飞快地用手背擦了擦脸，朝冰箱走去，还是没有正视她。看到他拿着热狗从厨房走出来，吉米感激地咯咯一笑。欧维在几米远处停下脚步，表情严肃。

"那玩意儿怎么样了？"他冲吉米怀里的猫微微点头。

水还在不停地淌，但那小畜生的身形和颜色都已经慢慢地恢复过来。

"哇噻，看上去好多啦，对不对？"吉米笑着一口就把热狗给吞了。

欧维疑惑地看着他。吉米浑身是汗，就像一块放在桑拿炉上的猪油。他看向欧维时，眼里露出些悲伤。

"你知道吗……真的……你太太的事实在太狗血了，欧维。我一直很喜欢她。她的料理真够味。"

欧维看看他，整个上午头一次不那么愤怒。

"是呀，她很会……做饭。"他表示同意。

他走到窗前，背对房间摇摇把手，捅捅密封毡。帕尔瓦娜站在厨房过道口，双臂环抱着肚子。

"它可以留下，直到完全解冻，然后你得带它走。"欧维冲着猫耸耸肩，大声说道。

他用余光看到她正觑视着他，就像想摸清牌桌另一端的他藏着一手什么牌。这让他很不自在。

"不行，"她说，"女孩们会……过敏。"

欧维听见了她在说"过敏"之前的片刻犹豫。他从窗户的倒影中怀疑地打量着她，但没有吭声，转而面向吉米。

"那你得照顾它。"他对这个超重的小伙子说。

吉米现在不仅汗流如注，脸上还开始星星点点地泛出红光来，他温柔地低头看看怀里的猫。它慢慢摇晃起小尾巴来，并把湿漉漉的小鼻尖深深地埋到吉米肥硕的臂弯中。

"让我照顾猫咪好像不太好吧，抱歉，阿叔。"吉米说着耸耸肩，于是猫咪就像杂耍似的上下晃动起来。

"为什么不好？"欧维问。

吉米把猫咪从胸口放开一点儿，伸出手臂。他的皮肤红得就像烧着了一样。

"我也有点过敏……"

帕尔瓦娜尖叫着冲上前，一把抢过猫咪，飞快地把它又裹进毯子里。

"我们得上医院……"她尖叫。

"我被医院禁了。"欧维不假思索地回答。

他朝她瞥过去，看见她就像要朝他把猫扔过来似的，于是赶紧低下头，无奈地哼了一声。"人家只是想一死了之。"他心里想着，用脚趾摁着地板。地板有些塌陷。欧维看看吉米，看看猫，又扫视了一圈湿漉漉的地板，冲帕尔瓦娜摇摇头。

"坐我的车去吧。"他喃喃道。

他从挂钩上取下外套，打开大门。几秒钟后，他又把头伸进大厅，瞪着帕尔瓦娜。

"但我不考虑把车开到家门口来，因为那儿禁止……"

她用一句波斯话打断了他，他尽管听不懂，但还是觉得这话小题大做了。她又用毯子裹紧猫咪，走过他身边，迈进雪地。

"规矩怎么说都是规矩。"他跟在她背后，一边朝停车场走，一边说，但她没搭腔。

欧维转身指着吉米。

"你穿件毛衣去，不然休想坐我的萨博，听见没有？"

帕尔瓦娜在医院门口付了停车费。欧维没发表意见。

18

一个叫欧维的男人和一只叫恩斯特的猫

也不是欧维特别不喜欢这只猫，而是他根本就不喜欢猫。他总是认为它们非常不值得信任。特别是当它们——比如恩斯特这样——长得跟助动车那么大的时候。实际上很难下定论，这到底是只出奇大的猫，还是只出奇小的狮子？不要跟搞不清会不会趁你睡着时把你吃掉的东西交朋友，这是欧维的人生哲学。

但索雅无条件地爱恩斯特，所以欧维学会了把这种理性思辨深藏在心里。她喜欢的，他知道说坏话没有好果子吃，虽没人理解，他自己最清楚缘何得到她的爱。于是，在拜访森林木屋时，他和恩斯特都学会了容忍对方的存在——除了有一次，欧维往厨房凳上坐的时候，压到了恩斯特的尾巴，被咬了一口。或者说，他们学会了与对方保持距离，恰如欧维和索雅的爸爸那样。

哪怕欧维坚持认为这该死的猫崽子本无权自己坐一个凳子，还用尾巴占一个，但为了索雅，他只好作罢。

欧维从来没学会钓鱼。但自从索雅第一次带欧维来森林木屋，两个秋天来了又去，屋顶从造好以来还头一回没漏水。而那辆卡车，只要有人转钥匙，就一定能发动起来，都不带咳嗽一声。关于这些，索雅的爸爸从没有开口道过谢，但他再也没有提欧维"从城里来"这档子事。对索雅的爸爸来说，这就算是最真诚的情感流露了。

两番春夏之后，在第三年，一个凉爽的六月夜晚，索雅的爸爸死了。欧维从未见过谁哭成索雅那样。头两天，她几乎下不了床。也曾遭遇死亡多次的欧维，与围绕死亡产生的情感之间仅有些微不足道的关系，他只能在森林木屋的厨房里无助地消磨时间。镇上教堂里的牧师来交代了一下葬礼的细节。

"好人一个。"牧师指着客厅墙上一张索雅和她爸爸的合影，简短地评价。

欧维点点头，不知道他想要怎样的回答。于是，他出了门，去检查卡车有没有什么毛病要修。

第四天，索雅下了床，开始疯狂地清扫木屋，欧维像未卜先知的人躲避一场即将到来的龙卷风一样保持着距离。他在院子里四处寻找可以让自己忙活一阵的事做，修补春季风暴中破损的木棚。第五天，他在里面装满新砍的柴。修剪草皮，砍掉从树林里长过界的树枝。第六天晚上，杂货店打来电话。

大家都说是意外。但所有见过恩斯特的人，都不相信它会意外地冲到车轮下。悲伤对生物起了奇怪的作用。

欧维从没有比当晚更快地在路上开过车。一路上索雅都捧着恩斯特的大脑袋。到兽医院的时候，它还在呼吸，但伤势太重，失血过多。

在手术室里跪了近两小时后，索雅亲吻着猫咪的额头，低声说着"再见，亲爱的恩斯特"。之后，那些说出口的话语就像包裹着一团迷雾，成了："再见，最亲爱的爸爸。"

然后猫闭上了眼睛。

从候诊室出来，索雅把额头沉沉地倚在欧维胸口。

"我失去太多了，欧维。感觉我的心就像在身体之外跳动。"

他们沉默地站了很久，彼此拥抱着。最后她抬起头面向他，严肃地注视着他的眼睛。

"现在你得加倍爱我。"她要求道。

于是欧维对她撒了谎，说他会的。尽管他心里很清楚，他已经不可能比现在更爱她了。

他们把恩斯特葬在他曾和索雅的爸爸垂钓的那个鱼塘边。牧师也在，还念了悼词。之后，欧维把行李装上萨博，让索雅把头靠在他的肩膀上，两人沿着小路返城。他们在回城路上的第一个小镇短暂停留。索雅要在那里见一个人。欧维不知道是谁。这是他身上最让她欣赏的品质之一，她后来这样说。她不知道还有谁可以在车里等上整整一个小时而不追问自己究竟在等什么或者要等多长时间。欧维并不是不抱怨，天知道他有多会抱怨，特别是需要付停车费的时候。但他从不多过问她的去向，总是会等她。

索雅终于走出来坐回车里时，她尽可能小心地关上萨博的车门，她知道，这样，欧维才不会拿那种就好像她踢到了个小动物似的幽怨眼神瞪她。她把手放到他手上。

"我想我们得买套自己的房子，欧维。"她轻声说。

“有什么好处呢？”欧维问。

“我想孩子应该在房子里长大。”她回答，小心翼翼地把他的手挪到自己的肚子上。

欧维沉默了好久。哪怕对欧维来说也算得上很久。他若有所思地观察着她的肚子，就好像期待着那儿会竖起什么旗子。最后他在车座上坐直身子，把电台的频道旋钮朝前拧半圈，又朝后拧半圈，调整后视镜，然后缓缓点头。

“那我们需要大车。”

19

一个叫欧维的男人
和一只本来就不成样子的猫

欧维看看猫，猫看看欧维。欧维不喜欢猫，猫也不喜欢欧维。欧维知道。连恩斯特都不喜欢欧维，欧维也根本不喜欢恩斯特，但恩斯特还算是欧维所见过的猫中他最不讨厌的一只。

而这只猫真的一点儿都不像恩斯特，欧维承认。都一样自命不凡，但他认为这是猫的共性。它又瘦又小，完全可以看作一只大老鼠。一夜之间好像又掉了许多毛——如果有可能的话。

"我跟猫相处不来，我都跟你说了，女人！"欧维昨天一遍又一遍试图说服帕尔瓦娜。

然后他对她喊，除非欧维死了，不然猫休想住在他家里。

如今他坐在那儿，看看猫，猫也看看他。而欧维一点儿要死的迹象都没有。真烦人。

那天晚上，猫咪恬不知耻地爬上床，躺到欧维身边，把欧维弄醒了五六次。欧维把它踹到地上，把它也弄醒了五六次。

现在，六点一刻不到，欧维起床，看到猫坐在厨房中央，一脸欧维欠钱的表情。欧维同样怀疑地瞪着猫，就像猫刚摁了他的门铃，爪子下面还按着一本《圣经》，对欧维说："准备迎接耶稣的到来。"

"我猜你肯定想吃东西了。"最后欧维开口说。

猫没有回答。它只是用嘴蹭蹭肚子上的斑点，百无聊赖地舔舔脚丫。

"但这个家里没人能像顾问一样无所事事地等煮熟的麻雀飞进嘴里。"欧维咄咄逼人地用食指指着猫，来明确他在跟谁说话。

看上去，猫就像要冲欧维吹个粉色大泡泡似的。

欧维站在厨房操作台前，煮上咖啡，看看钟，看看猫。离开医院之后，帕尔瓦娜连夜找了个做兽医的熟人。兽医将其诊断为"严重冻伤和营养不良"。然后他给欧维开了一长串注意事项：要吃点什么以及怎么照顾，仿佛这猫是个沙发，而欧维就是猫咪修理厂。

"我可不是什么猫咪修理厂。"欧维向猫咪声明。

猫咪没有回答。

"你在这儿，只是因为那个孕妇无理取闹。"欧维穿过客厅，朝着窗户冲帕尔瓦娜家点点头。

猫看上去正忙着努力舔自己的眼睛。

欧维冲它举起四个小袜子——兽医给他的。猫崽子最需要的显然是运动，实际上，欧维觉得这他倒可以帮上忙。他寻思，只要能让爪子远离欧维的墙纸，越久越好。

"穿上，我们好出门。已经迟到了。"

　　猫咪磨磨叽叽地站起身，迈着扭捏的大方步向门口走，就像在走红地毯。一开始它对袜子有些迟疑，但欧维粗暴地给它的每只爪子套上去的时候，也没有遭遇不必要的反抗。套完袜子，欧维站直身子，上下打量。他摇摇头。

　　"穿袜子的猫，这怎么可能自然？"

　　猫咪站在那儿，好奇地端详着自己的新扮相，反倒突然扬扬自得起来，就像它要端起手机自拍上传博客似的。欧维穿上蓝色外套，双手威严地往兜里一插，冲门点点头。

　　"你总不能在这儿臭美一整个早晨吧，快，出去。"

　　这样，欧维早晨的社区巡逻头一遭有了个伴。他踹踹写着"社区内禁止车辆通行"的标牌。伸手指了指不远处从雪堆里探出一截的小标牌，上面写着"社区内禁止遛宠物"。欧维像煞有介事地告诉猫，这块牌子是他当社区委员会会长的时候竖的。

　　"这儿还是没什么秩序。"欧维又说，继续朝车库走。

　　猫看上去就像随时要撒尿似的。

　　欧维走上前，摇摇车库的门把手。他检查了垃圾房和自行车棚。猫咪在他身后迈着六十公斤重的缉毒犬才有的自信步伐。欧维自然而然地开始怀疑，是不是这种自知之明的严重缺失导致猫咪丢掉了尾巴和半身的毛？当猫咪在垃圾房里对有机垃圾箱里一袋垃圾散发出来的味道过分着迷时，欧维就用脚撵它，把它轰开了。

　　"躲开点，你他妈的不能吃垃圾！"

　　猫瞅着欧维，但是没说话。欧维刚一转身，猫咪就跑到路边积雪覆盖的草地上，在欧维竖的牌子上撒起尿来。

欧维到街尽头多转了一圈。在安妮塔和鲁尼的家门口，他捡起一截烟头。他在指尖把它翻来调去。那个开斯柯达的公务员开着车在社区里乱转，就好像这儿是他的地盘。欧维咒骂一声把烟头塞进口袋。

回家以后，欧维开了一罐吞拿鱼放到厨房地板上。

"好吧，要是我把你饿死，日子肯定不好过。"

猫直接在罐子里吃鱼。欧维站在操作台前喝咖啡。吃喝完之后，欧维把杯子和空罐子一起放进水池里洗了，然后取出来晾干。看欧维晾干一个空罐子，猫看上去很费解，但它没问出口。

"我有任务在身，所以我们不能在这儿坐一整天。"欧维收拾完以后说。

对欧维来说，他可能是被迫暂时和这只小妖孽同居的，但他可不能因此把这只野生动物独自留在家中，于是猫得跟着。尽管就猫咪坐萨博时该不该垫报纸这个问题，他们产生了分歧。欧维先把猫摁在了两篇娱乐新闻上，猫马上非常反感地用后腿把报纸踹到了地上，然后舒适地往柔软的坐垫上一躺。欧维用力一把揪着猫的后脖颈把它拽了起来，对此猫报以不怎么被动的攻击型唬叫，而欧维扯了三页文化新闻和书评垫在猫下面。与此同时，猫咪投来恼怒的目光，但之后却出人意料地坐了上去，还很安静，只是有些伤心地看着窗外。欧维觉得自己终于在对决中取得胜利，满意地点点头，把萨博挂上挡，转上大路。就在这时，猫咪缓慢而刻意地用三根脚爪在报纸上撕开一道大口子，透过口子，两个前爪都伸到了坐垫上，同时充满挑衅地瞪着欧维，像是问："这下你拿我怎么办呢？"

欧维一脚急刹车踩停萨博，猫向前飞出，鼻子撞上了仪表盘，然后他看看猫，就像在回答："这么办！"之后，一路上猫都没看欧维一眼，兀自蜷在座位一角，愤愤地用一个爪子揉鼻子。但趁欧维在花店里，它把方向盘、安全带和整个车门内侧舔了个遍。

当欧维捧着花回来，发现车里沾满了猫的口水后，他愤怒地冲猫竖起了食指，就好像这食指是一把锋利的弯刀。紧接着猫就在他的弯刀上咬了一口。于是，接下来一路上，欧维都拒绝和猫咪说话。

到教堂墓园以后，以防万一，欧维把剩下的报纸卷成一根大棒，三下五除二地把猫撵下了车。他又从后备厢里取出花，用钥匙锁上萨博，绕着它转了一圈，把所有的车门检查了一遍。猫坐在地上，抬头看着他。欧维看都不看它一眼，迈步走过。

他们一起爬上教堂后山坡上冻硬了的砾石路，迂回穿过积雪，来到索雅跟前。欧维用手背清理掉墓碑上的雪，晃一晃手中的花。

"我带来了一些植物，"他低声说，"粉红色的，你会喜欢。他们说这花在室外会冻死，但这只是为了骗我买更贵的花。"

猫咪一屁股坐在雪地里。欧维板起脸看看它，又转向墓碑。

"嗯……对了，这是猫崽子。它和我住一起了。差点在我们家门口冻死。"

猫咪看上去有些不乐意。欧维清清嗓子。

"它来的时候就这模样。"他突然辩解道，分别朝猫和墓碑点了点头。

"不是我弄成这样的，它本来就不成样子。"他对索雅再三解释。

墓碑和猫都一言不发地待在他身边。欧维瞪着自己的鞋子看了好一会儿，嘟囔了一声，单膝跪到雪地上，又抹去一些雪，谨慎地把手搭在墓碑上。

"我想你。"他喃喃地说，眼眶中飞快地闪过一丝光芒。他感到手臂触碰到了什么柔软的东西。过了好一会儿，他才明白，是猫咪小心翼翼地把头埋在了他的掌心里。

20

一个叫欧维的男人和一个入侵者

　　有二十分钟，欧维敞着车库大门坐在萨博的前座上。头五分钟，猫咪坐在副驾驶座上不耐烦地瞅着欧维，就像在想是不是该有谁来揪一下他的耳朵。紧接着的五分钟，它转而为此担忧起来。有那么个片刻，它想试着自己开门。未遂之后，它只好往座位上一瘫，睡起觉来。

　　它翻个身开始打呼噜的时候，欧维瞥了它一眼。他必须承认，这只猫崽子处理问题挺有一套直截了当的办法。真有它的。

　　他又抬头看看停车场，看看对面的车库。他和鲁尼一起站在那儿，少说也有几百回了。他们曾经是朋友。欧维记忆中，没有多少人能以朋友相称。很久很久以前，欧维和太太是第一对搬进这个排屋住宅区的住户。那时房子是新盖的，周围的一切还只是树。第二天，鲁尼和安妮塔也搬了来。安妮塔怀孕后，当然立刻成了欧维太太最要好的朋友，这种友谊只会建立在女人之间。而就像所有成为挚友的女人一样，她们俩当然都认为鲁尼和欧维也应该成为朋友。毕竟他们有那么多"共同爱好"。欧维根本搞不懂这话是什么意思。鲁尼明明是开沃尔沃的。

　　也并不是欧维有什么特别反感鲁尼的地方。他有一份正当工作，也不多嘴多舌。诚然他是开沃尔沃的，但就像欧维太太反复强调的那样，也不能光因为这个就把人当成十足的傻逼，所以欧维还时不时会和他站一块儿。不久之后，他甚至开始借给他工具。一天下午，他们拇指插进皮带站在停车场上，讨论起割草机的价钱来，分别时还握了握手，就好像交朋友和做买卖谈生意是一回事。

　　当两个男人同时听说，很快形形色色的人就要住进其余四栋排屋的时候，他们就聚到欧维和索雅的厨房开会商议。走出厨房，他们已经为小区设立了各种规章制度，竖起各种标示牌，还成立了社区公共管理委员会。欧维担任会长，鲁尼任副会长。

　　之后的一个月，他们俩一起赴汤蹈火。一起痛骂停错车的人；一起在五金店里为外墙漆和落水管讨价还价；电话公司派人来排线装机的时候，两人在排线员身旁各站一边，对着他一通指手画脚——并非谁知道电话线应该怎么装，但他们俩都很清楚，头脑清醒的人是不会任由这样的愣头青忽悠的。事情就是这样。

　　两对夫妇有时也一起吃晚饭。其实晚饭的大部分时间，欧维和鲁尼站在停车场上踹踹各自汽车的轮胎，比较装载能力、转弯半径和其他技术指标，也算是共度时光吧。

　　索雅和安妮塔的肚子越来越大，据鲁尼说，这让安妮塔"一孕傻三年"。她三个月身孕的时候，他就几乎得每天去冰箱里找咖啡壶。与此同时，索雅培养出了比约翰·韦恩①西部片里的牛仔们更火暴的脾气，以至于欧维干脆闭嘴不言。当然，这样让她更恼火。而且，只要她不出汗，她就觉得冻坏了。一番争执后，欧维才和她达成协议，要把暖气调高半挡，她就又开始出汗，他只好满屋子转，把暖气再调下来。她还吃很多香蕉，让食品店的柜员误以为欧维开了个动物园。

"荷尔蒙跳起了战舞。"某天晚上鲁尼极富洞见地说，他和欧维坐在他家的后院里，太太们坐在索雅和欧维的厨房里，谈着那些女人的话题。

鲁尼告诉欧维，前天他发现安妮塔在收音机前哭成了泪人，也没什么别的原因，就是因为一首"很好听的歌"。

"一首很好听的……歌？"欧维不解地问。

"很好听的歌。"鲁尼回答。

两个男人一齐摇头，目光移向无边的黑暗，陷入沉默。

"草坪需要修了。"最后鲁尼说道。

"我给割草机买了新刀片。"欧维点头。

"你花了多少钱买的？"

他们的关系就这样维持着。

晚上索雅会给肚子里的婴儿放音乐，她说这样宝宝就会动。每当此时，欧维总是将信将疑地坐到房间另一端假装看电视。他其实暗自担心这孩子出来的时候究竟会怎样。比方说，要是因为欧维对音乐不怎么感兴趣而不被喜欢怎么办。

① 好莱坞演员，以演西部片和战争片中的硬汉闻名。

欧维也不是害怕，而是他不知道该如何为成为爸爸做准备。他曾问有没有这方面的说明书，但只是换来了索雅的嘲笑。欧维不明白为什么，什么东西不都有个说明书吗？

他很怀疑自己能不能胜任做父亲。他其实不怎么喜欢孩子，他自己都不怎么擅长做个好孩子。索雅认为，他应该和鲁尼谈谈，毕竟他们俩现在算是"同舟共济"。欧维根本不理解她这话的意思，鲁尼又不是要当欧维家孩子的爸爸，他有自己的孩子，不是吗？但至少鲁尼好像也同意，他们其实没什么好讨论的，这就很说明问题。所以每当晚上安妮塔来找索雅，两个人坐在厨房里有一茬没一茬地聊天时，欧维和鲁尼就借口"有事商量"，跑去欧维的储藏室里，沉默地站在工作台那儿瞎倒腾。

在关着门无所事事地肩并肩连续站了三个晚上之后，他们达成共识，需要找些事来消磨时间，不然的话，正如鲁尼所说："那些新邻居得开始怀疑这儿搞什么鬼名堂呢。"

欧维说这样最好，于是就开工了。他们干活儿的时候不怎么交谈，但绘图、测量角度以及确认横平竖直的时候，会互相搭把手。就这样，某天夜晚，安妮塔和索雅四个月身孕时，两家排屋的婴儿房里同时出现了一张天蓝色婴儿床。

"如果是个女孩，可以重新刷成粉红的。"索雅看到床的时候，欧维在她耳边嘀咕。

索雅双臂环抱住他，他感觉出脖子被她的眼泪打湿。据说这是毫无理智的荷尔蒙在作祟。

"我要你向我求婚。"她低声说。

顺理成章，他们在市政厅完婚，一切从简。俩人都没有什么家人，所以只来了鲁尼和安妮塔。索雅和欧维互相交换了戒指，然后他们四人一起去饭店吃了顿好的。欧维付的钱，鲁尼对的账，确保"分文不差"，结果当然是"差"了点儿。于是交涉了超过半小时之后，两个男人终于说服侍者：要么他自觉把账单打个对折，要么他们就"举报"他。当然向谁举报什么还不清楚，但最后侍者还是举手投降，骂骂咧咧地进厨房重新打了张账单。鲁尼和欧维满意地互相点头，完全没有注意到他们的太太早在二十分钟前就打车回家了。

欧维坐在自己的萨博里，瞪着鲁尼的车库，点着头。他记不起最后一次看到车库门打开是什么时候。他熄灭车灯，把猫一巴掌拍醒，推门下车。

"欧维？"一个陌生的嗓音问。

下一秒钟，一个陌生的女人——显然是那个陌生嗓音的主人，把头探进车库。她大约四十五岁，穿旧牛仔裤和过大的绿色风衣。没化妆，头发扎成马尾。女人大大咧咧地走进车库，好奇地东张西望起来。猫咪向前一步冲她龇起牙，以示警告。她停下脚步。欧维双手往兜里一插。

"啊哈？"

"欧维？"她又问了一声，拿腔拿调的样子就像那些想要卖你饼干又假装不想卖的人。

"我什么都不要。"欧维说，冲车库门点点头，明确表示她不用为找后门操心，从哪儿进来，就从哪儿出去。

她看上去不为所动，依然高兴着。

"我叫莱娜！是地方报纸的记者，哦，对了……"她伸出手。

欧维看看她的手，再看看她。

"我什么都不要。"他又说了一遍。

"什么？"她说。

"你是要我订报纸吧，但我不想订。"

她一脸困惑。

"哦……那个……我不卖报纸。我给报纸写文章。我——是——记——者。"她开始一字一顿地解释，就像所有记者一样，他们总以为问题出在别人没听清他们第一遍说的话。

"反正我什么都不要。"欧维回答，开始往车库门外撵她。

"但我想和你谈谈，欧维！"她反抗道，试图从缝隙中再挤进来。

就像在晃动一块隐形的布，欧维冲她摊开两只手，想把她吓跑。

"昨天你在火车站台下救了个人！我想就此采访你一下。"她激动地喊道。

她显然还想再说些什么，却发现她突然失去了欧维的注意。他的视线绕开了她，眼睛眯成一条线。

"该死。"他嘟囔道。

"是呀……我想问您……"她刚开口，但欧维已经挤过她身边，开始朝那辆刚刚转过停车场朝房子驶去的白色斯柯达走近。

欧维冲过去拍窗户的时候，副驾驶座上戴眼镜的那个女人吓得可不轻，手里捧着的一堆文件都拍脸上了。但穿白衬衫的男人却不为所动。他摇下车窗。

"怎么？"他问。

"住宅区里不准开车。"欧维嚷嚷着用整只手轮流把房子、斯柯达、穿白衬衫的男人和停车场都指了一遍。

"我们这儿，车得停在停——车——场！"

穿白衬衫的男人看看房子，看看停车场，最后看看欧维。

"我有行政特权，可以开到房子跟前，所以我得请你让个道。"

欧维被他的回答气坏了，好几秒钟，除了脏话，一句都答不上来。穿白衬衫的男人趁这段时间从仪表盘下掏出一包烟来在裤子上敲了两下。

"请走开。"他对欧维说。

"你来这儿干什么？"欧维反问。

"这不用你操心。"穿白衬衫的男人回答，就好像他是个电脑发声的语音提示，提醒欧维拨打的电话无法接通。

他把敲出的烟叼进嘴里点燃。欧维喘着粗气，胸膛在外套下起伏。副驾驶座上的女人收拾起文件，扶正眼镜。穿白衬衫的男人叹了口气，就像欧维是个淘气的孩子，非要在人行道上玩滑板。

"你知道我们来干吗？我们来接最后一栋房子里的鲁尼。"

他从窗口伸出手，冲着斯柯达的后视镜弹烟灰。

"接？"欧维大声问。

"是的。"穿白衬衫的男人满不在乎地点点头。

"要是安妮塔不愿意呢？"欧维厉声问，并用食指敲敲车顶。

穿白衬衫的男人看看副驾驶座上戴眼镜的女人，无奈地笑笑。然后转向欧维，非常缓慢地开了口，就好像不这样欧维就听不懂。

"由不得安妮塔。这是由调研组决定的。"

欧维呼吸越来越困难。他感觉到脖子上的脉动。

"你不能在小区里开车。"他咬紧牙说。拳头紧握，语气逼人。但穿白衬衫的男人还是面不改色。他在车门外的漆面上掐灭烟头，扔到地上。

就好像欧维所说的一切不过是老年人的胡言乱语。

"那你到底打算怎么阻止我，欧维？"男人最后说。

他的口气让欧维感觉就像被人在肚子上挥了一锤。他大张着嘴，瞪着穿白衬衫的男人，眼睛扫视着车身。

"你怎么知道我叫什么？"

"我知道的多着呢。"男人说。

他重新发动汽车朝房子开动，车轮离欧维急忙往回收的脚只差一根头发丝的距离。欧维震惊地留在原地，瞪着他的背影。

"那是谁？"穿风衣的女人在背后问。

欧维转过身。

"你怎么知道我叫什么？"他脱口问道。

她倒退了一步，捋了一把额头上垂落的头发，目光不离欧维紧握的拳头。

"我在地方报纸工作……我采访了站台上你救的那个人。"

"你怎么知道我叫什么？"欧维又问了一遍，声音愤怒地颤抖着。

"你买火车票的时候刷了卡，我查了柜台上的售票记录。"她说着又退了一步。

"那他呢！！！他怎么知道我叫什么？"欧维一边吼一边朝

斯柯达消失的方向挥手，额头上的静脉扭动得就像鼓皮下的蛇。

"我……我不知道。"她说。

欧维用鼻孔喘着粗气，眼神牢牢盯在她脸上，像在检查她有没有撒谎。

"我完全不知道，我从来没见过那个男人。"她说。

欧维的目光越发犀利，最后愤懑地点点头，转身朝自己家走去。她在背后喊他，但他毫无反应。猫跟着他走进门厅，欧维关上门。街尽头，穿白衬衫的男人和戴眼镜捧文件的女人按响了安妮塔和鲁尼家的门铃。

欧维瘫坐在门厅里的凳子上，因屈辱而颤抖着。他几乎忘了这种感觉。屈辱、无助，无法与穿白衬衫的男人对峙。

现在他们回来了。自从他和索雅从西班牙回来后，自从那场事故之后，他们就没有出现过。

21

一个叫欧维的男人
和那些饭馆里播放异国音乐的国家

坐长途大巴旅行当然是她的主意。欧维完全不理解这有什么好处。要是他们得去什么地方，大可以开萨博去。但索雅坚持认为旅游大巴"浪漫"，欧维明白这可是天大的事，于是就随了她。尽管每个西班牙人都好像有些自命不凡，大着舌头四处晃悠，在饭馆里放异国音乐，还大白天睡大觉。尽管坐大巴旅游的人光天化日之下大喝啤酒，就好像他们是在马戏团工作一样。

欧维尽量不去喜欢什么。但索雅如此兴奋，很难不被她感染。他搂着她时，她笑得那么大声，周身上下都能感受到她的快乐。哪怕是欧维都无法不喜欢上这种感觉。

他们住在一家小旅馆，里面有个小泳池和一家小饭馆，欧维以为经营旅馆的小个子男人叫"赊债"。但写出来却是"何塞"，西班牙人对发音显然不怎么讲究，欧维想。"赊债"一点儿瑞典语都不会说，但对聊天兴致盎然。索雅一遍遍地查字典，

想用西班牙语说"日落"和"火腿"。欧维心想，你怎么说不都
还是一摊猪屁股，但他没吱声。

另外，他提醒她别给街上的乞丐钱，因为他们肯定都拿去买
烧酒了，但她还是照给不误。

"他们想干吗就去干吗呗。"她说。

欧维想反驳，她只是笑着亲亲他那双大手。

"欧维，当一个人给另一个人钱，蒙福的不是那个收钱的
人，而是给钱的那个。"

第三天她就开始睡午觉。因为西班牙人都这么做，她说，大
家应该"入乡随俗"。欧维才不信这跟哪儿哪儿的风俗有什么关
系，只是她的借口罢了。反正，她怀孕后，二十四小时内都得睡
上十六个小时，就像带了条小狗来度假。

欧维趁这时散个步。他从旅馆出发，沿路向下进城。他注意
到，所有的房子都是石头建的。眼前没有一个像样的窗框，大多
数房子门口根本没有门槛。欧维觉得这有些不开化。怎么能他妈
的这么造房子？

回旅馆的路上，他看见"赊债"弯腰倚在一辆冒着烟停靠在
路边的棕色小汽车上。车里坐着两个孩子和一个很老的老太太，
老太太头上裹着一条披巾，看上去不怎么舒服。

"赊债"看到欧维，立刻朝他挥起手来，眼里似乎满是恐
慌。"犀牛"，他这么称呼欧维。入住以来，每次与欧维见面聊
天，他都这么叫。欧维猜这在西班牙语里大概指的是自己的名
字，他没工夫查索雅的字典。"赊债"往汽车上一通指，又冲欧
维打手势，欧维把手插进裤兜，在适当的距离迟疑着停下脚步。

"医院！""赊债"指着车里的老女人喊。她看上去确实很不舒服，欧维又确认了一下。"赊债"指指女人，又指指冒着烟的发动机盖，绝望地高喊"医院！医院！"欧维审时度势了一番，得出结论，这辆冒着烟的西班牙国产车的牌子叫"医院"。

他把头探过引擎盖向内张望，看上去并不复杂，他想。

"医院。""赊债"连连点头，看上去很慌张。

欧维不知道他应该作何回答，但显然，在西班牙，汽车品牌是件很重要的事，这一点欧维倒是完全认可的。

"萨——博。"于是他像煞有介事地指着自己说。

"赊债"困惑地瞪了他一会儿，然后也指着自己。

"赊债！"

"我他妈的又没问你的名字，我只是说……"欧维说，但看到引擎盖对面那湖水般空洞的眼神后，他没再往下说。

"赊债"懂的瑞典语显然比欧维懂的西班牙语还少。欧维叹了口气，挺不好意思地看看后座上的孩子。他们握着老阿姨的手，看上去吓坏了。欧维又低头看看发动机。

他卷起衬衣的袖子，指着"赊债"，让他挪挪窝。

不管索雅怎么查字典，终究也没搞明白为什么那一周他们都可以免费在何塞的饭馆里用餐。但每次那个开饭馆的西班牙小男人一见到欧维，就殷勤地张开双臂大声吆喝"犀牛萨博！！！"的时候，索雅都笑得冒泡泡。

她的午睡和欧维的散步成了每日例行的习惯。第二天，欧维碰到一个正在搭篱笆的男人，他解释这样搭篱笆是完全错误的。

那人一个字都听不懂，于是欧维决定还是亲自演示比较快。第三天，他同乡村牧师一起为修道院砌了一堵外墙。第四天，他跟着"赊债"去村外帮助"赊债"的朋友拽出一匹陷在泥沼里的马。

许多年后，索雅想起来问他当时在干吗。欧维终于告诉她的时候，她惊讶地摇头不止："原来我睡觉时，你溜出去助人为乐了，帮人……搭篱笆？不管别人怎么说你，欧维，你是我听说过的最稀奇的超级英雄。"

从西班牙回家的大巴上，她把欧维的手放在自己肚子上，他第一次感觉到孩子在蹬腿。很轻很轻，就像有人隔着很厚的烤箱手套捅他的掌心。他们一坐就是几个小时，感觉着这隐约的小力量。欧维什么也没说，但索雅看见，他最后起身嘟囔说得上厕所的时候，用手背擦拭了一下眼睛。

这是欧维一生中最幸福的一周。

命中注定，最糟糕的厄运紧随其后。

22

一个叫欧维的男人和车库里的人

欧维和猫沉默着坐在萨博里，车停在了医院入口外面的装卸区。

"别摆出一副好像错都在我的样子。"欧维对猫说。

猫回敬他的眼神，好似失望，而非埋怨。欧维瞪着窗外。他可能也颇有同感。

他不是故意要回医院这儿坐着的。他恨死医院了，现在倒霉催的他不到一周来了三回。但这回，他没有送人来。说心里话，他觉得自己是被非法挟持来的。

这一天，从开始就邪了门。

一大早欧维和猫就出门进行每日一次的小区巡逻，发现有人撞倒了"社区内禁止车辆通行"的标牌。欧维从指甲缝里刮掉白油漆，嘴里喷的脏话让猫咪都有些挂不住。在安妮塔和鲁尼的房子边，欧维发现了沿路的烟头。之后，欧维一肚子火，不得不额外又逛一圈，就为了冷静冷静。他回来的时候，猫坐在雪地里，哀怨地看着他。

"不是我的责任。"欧维嘟囔一声，走进储藏室。

他出来的时候，手上拿着雪铲，走到房子中间的道路上，站在那儿任蓝色外套随着呼吸上下起伏。他望着安妮塔和鲁尼的房子，牙咬得咯咯直响。

"那家伙老了又不是我的责任。"他更坚定地说。

猫看上去并不接受这样的解释，欧维举起铲子指着它。

"你以为这是我第一次跟政府打交道？你以为鲁尼的事就这么了结了？没完！还要申诉，再立案，讨论，权衡，一大堆官僚主义的狗屁事！你懂吗？你以为很快就能解决，其实得折腾几个月甚至几年！你以为，就因为那个老家伙成了窝囊废，我就会老老实实地守在这儿？"

猫没有回答。

"你懂吗？你不懂！"欧维吆喝一声转过身。

他迈步时，感觉到背后猫的目光。

好吧，实话说，虽然这真不是欧维和猫咪现在把萨博停在医院门口的原因，但至少直接关系到为什么那个穿大号绿色风衣的女记者出现在欧维家门口时，他会站在那儿铲雪。

"欧维？"她在他背后问，就好像担心自从上次打扰之后他换了身份。

欧维继续铲雪，完全没有搭理她的意思。

"我只是想问几个问题……"她试探道。

"到别处问去，这儿没你什么事。"欧维回答，继续朝四面八方扬着雪，那架势，很难说他是在铲还是在挖。

"但我只是想……"她说，话音未落，欧维和猫咪就已经走进房子，把门甩在她脸上。

欧维和猫蹲在门厅里等她离开。但她没走。她开始一边敲门一边喊："你可是个英雄啊！！！"

"这女人整个就是一精神病。"欧维对猫说。

猫不作评价。

那个女记者一直敲着门，嗓门还越喊越大，欧维不知所措起来，于是他打开门，把食指放在嘴上嘘她，就好像紧接着就要提醒她这里是图书馆似的。

她满脸堆笑地朝他挥舞着什么东西，欧维本能地以为是某种照相机，或者别的东西。如今这该死的社会，哪儿那么容易认清相机长啥样？

然后她试着挤进门厅。他大概不应该这么做。

欧维伸出一只大手条件反射地把她推出门槛，她差点大头冲下扎进雪地里。

"我什么都不要。"欧维说。

她重新站稳，一边朝他挥舞起照相机，一边嚷嚷。欧维也没听进去。他看着照相机就像看着什么武器，然后他决定走为上策。这人完全不可理喻。

于是，猫和欧维一起迈出家门，上锁，以最快速度直奔停车场。女记者小跑着跟在后面。

好吧，说真的，这显然也不是欧维现在坐在医院门口的理由。但帕尔瓦娜一刻钟后牵着三岁女孩来敲欧维家的门却没人应答，与此同时，她听见从停车场传来说话声，这可跟欧维为什么坐在医院门口大有关系。

帕尔瓦娜和三岁女孩来到停车场上，看见欧维站在自己紧锁的车库门外，手插口袋。猫咪站在他脚边，看上去一脸愧疚。

"你干吗？"帕尔瓦娜问。

"没什么。"欧维说，他和猫同时低头看柏油路面。车库里有人敲门。

"怎么回事？"帕尔瓦娜惊讶地看向车库门。

欧维看上去突然对脚下的某一小块柏油产生了浓厚兴趣，而猫像是马上就要吹起口哨开溜。

车库里又开始敲门。

"喂？"帕尔瓦娜朝里面高声问道。

"喂？"车库门回答。

帕尔瓦娜瞪大眼睛。

"老天爷……欧维，你在车库里关了个人？"她边喊边拽住欧维的胳膊。

欧维没有回答。帕尔瓦娜摇晃他，就像想从他身上晃下椰子来。

"欧维！"

"对对！但我真不是故意的。"他嘟囔着甩开她的手。

帕尔瓦娜摇摇头。

"不是故意的？"

"是啊，不是故意的。"欧维说，就好像讨论可以到此结束了。

他发现帕尔瓦娜显然在等他详细解释，于是挠挠头叹了口气。

"她，好吧，是个什么记者。我真没想把她关起来，我想关我自己的猫来着。但她就这么跟进去了，所以就变成现在这个样子了。"

帕尔瓦娜开始按摩自己的太阳穴。

"我受不了了……"

"你不乖。"三岁女孩说着朝欧维晃晃食指。

"喂？"车库门说。

"没人！"欧维高声回答。

"我听见有人！"车库门说。

欧维深深叹了口气，无奈地看着帕尔瓦娜，就好像下一秒要嚷道："你听见没有，如今连车库门都这么跟我说话。"

帕尔瓦娜挥手让他靠边站，她走到门口，凑过脸去小心翼翼地敲敲门，对面也敲门回应，就好像期待着他们可以用莫尔斯电码交流。帕尔瓦娜咳嗽一声。

"你为什么要和欧维说话？"她用比较保守的词汇问。

"他是一个英雄！"

"一个……什么？"

"哦，对不起。是这样的，我叫莱娜，在地方报纸工作，我想采……"

帕尔瓦娜惊讶地看看欧维。

"英雄是怎么回事？"

"她满口胡言！"欧维辩解道。

"他救了一个滚下站台的男人！"车库门高声宣布。

"你确定找的就是这个欧维？"帕尔瓦娜说。

这话显然冒犯了欧维。

"啊哈。就是说这个欧维当不成英雄，是吧？"他嘟囔道。

帕尔瓦娜将信将疑地觑着他。三岁女孩试图揪住猫咪剩下的那一小截尾巴，嘴里激动地叫着"咪咪"。咪咪显然不为所动，一个劲往欧维腿后躲。

"你干什么了，欧维？"帕尔瓦娜从车库门口退回两步，低声而坚定地说。

三岁女孩绕着他的脚脖子追猫。欧维盘算着该怎么处置他的手。

"哦，我从铁轨上拽上来个领带男，这没什么好小题大做的。"他嘀咕道。

帕尔瓦娜强忍着不笑出声。

"也没什么好拿来当笑话的。"欧维郁闷地说。

"不好意思。"帕尔瓦娜说。

车库门喊了一声，听上去像："喂？你们还在吗？"

"不在！"欧维冲她喊。

"你为什么那么恼火？"车库门问。

欧维开始踌躇起来，朝帕尔瓦娜靠过去。

"我……我不知道该拿她怎么办好。"他说。要不是帕尔瓦娜，肯定以为他眼神里还透着些许恳切。

"我不想把她一个人和萨博关在一起！"他严肃地小声嘀咕。

帕尔瓦娜点头，对眼前的不幸表示同情。欧维无奈地伸出一只手来调解三岁女孩和猫咪之间的关系，以防他鞋子周围的形势失去控制。三岁女孩看着像要把猫咪压扁，而猫咪看着像要去警察局指证三岁女孩。欧维一把抱住三岁女孩，她于是欢笑起来。

"你们来这儿到底要干吗？"欧维边问边把怀里欢笑着的一团身体像一袋土豆一样递给帕尔瓦娜。

"我们要赶公车去医院接帕特里克和吉米。"她回答。

她看到，听见她说"公交车"，欧维的腮帮子尴尬地抽搐了一下。

"我们……"帕尔瓦娜又开了口，若有所思。

她看看车库门，又看看欧维。

"我听不见你们说什么！大声点！"车库门高声道。

欧维马上退开两步。帕尔瓦娜冲他得意地笑，就像刚解开了个字谜。

"听着，欧维！这样如何？你开车送我们去医院，我帮你处理这个记者！"

欧维抬起头，完全不为所动。他真心不想再回那个医院。帕尔瓦娜摊开双手。

"不然，我就跟这个记者说，我有一两个关于你的故事要讲。"她说着冲他扬了扬眉毛。

"故事？什么故事？"车库门喊，又开始激动地敲打起来。

欧维看看车库门，有些泄气。

"这是威逼利诱。"他对帕尔瓦娜说。

帕尔瓦娜愉快地点头。

"欧维打了小丑！"三岁女孩边说边冲着猫咪点头，她显然认为，对上次不在场的所有人，大概都要进一步解释下欧维对医院的抵触情绪。

猫咪看上去好像不太明白她的意思。但假设那个小丑跟这个三岁女孩一样招人烦，猫咪倒并不觉得欧维打人这事有什么负面影响。

"威逼利诱，我可不吃这套！"欧维坚决地说，并指指帕尔瓦娜，表示讨论到此为止。

因此欧维现在坐在了医院门外。猫的表情像在控诉欧维背信弃义，因为他居然让它一路都跟三岁女孩一起坐在后座上。欧维调整了座位上的报纸。他觉得自己被耍了。帕尔瓦娜说她会"处理"那个记者的时候，他大概没想明白自己究竟指望一个怎样的具体结果。当然，他也不会要求帕尔瓦娜把她变成一团云雾，或者一铲子把她抡倒，再驮到沙漠里埋了。

但事实上，帕尔瓦娜打开车库门后，递给记者一张名片并告诉她："给我打电话，我们聊聊欧维的事。"这算是哪门子处理？说实话，欧维觉得这样处理不了任何事情。

但为时已晚。他现在还是等在了医院门口，一周之内第三次，真要命。这不是威逼利诱，是什么？

另外，还有这只猫在欧维身边送上埋怨的眼神。这眼神中，总有些东西让欧维不由得想起索雅曾经看着他的样子。

"他们不会来接鲁尼的。他们说会来，但办理的过程起码得花上几年。"欧维对猫说。

　　或许他是在对索雅说，或许是对他自己，他也不知道。

　　"至少你别再这么顾影自怜了。要不是我，你就去和那个小伙子住一块儿了，这样的话，你仅有的那截尾巴也剩不了多少了。想想吧你！"他厉声教训猫，试着转移话题。

　　猫翻了个身，背对欧维，以睡觉表示抗议。欧维又朝窗外张望了一下。他很清楚那个三岁女孩根本不过敏。他知道这是帕尔瓦娜编出来的，好让他收留这只猫崽子。

　　他可他妈的不是什么老年人。

23

一个叫欧维的男人
和一辆一去不返的公交车

"每个人都必须知道他在为什么奋斗。"这显然又是谁说过的话。至少这是索雅曾经从她的哪本书上读给欧维听的。欧维不记得是哪本，这女人身边总有那么多书。她在西班牙就买了一大包，尽管她连西班牙语都看不懂。"我一边学一边读呗。"她说。就好像这很正常。欧维说，他自己脑子里那些事还想不过来，哪有工夫去读别的笨蛋在动什么脑筋？索雅笑着拍拍他的脸颊，这倒让欧维无言以对。

于是，他扛着都快撑破了的书袋子上了大巴。经过司机的时候，他闻到一股酒味，但他以为在西班牙大家都这样，便客随主便了。他坐在座位上，索雅把他的手按在自己肚子上，他第一次也是最后一次感觉到宝宝蹬腿。然后他起身上厕所，走到中途，大巴颠簸起来，蹭上了高速路边的护栏，之后，突然一阵寂静。就像时间自己深吸了一口气。接着，玻璃炸得四分五裂，金属板无情地嘶叫扭曲，背后的汽车猛烈地撞了上来。

所有那些尖叫，他永远不会忘记。

欧维翻滚着，只记得肚子先着地。他惊恐地眨着眼，在一堆喧闹的躯体中寻找她的踪影，但她不见了。他挣扎着向前，顾不上头顶暴雨般落下的玻璃碎片，但就像被隐形的野兽困住了一般。就好像恶魔伸出魔爪，一把将他强摁在地上，予以无情羞辱。在他有生之年的每一个夜晚，这种感觉与他形影不离：彻底的无助。

第一周，他每时每刻都坐在她的床边，直到护士坚决地用手强行拉他去洗澡更衣。所到之处，人们都对他投来怜悯的目光并送上"同情的慰藉"。一个医生用冷漠而专业的语气告诉欧维："做好她再也不会苏醒的准备。"欧维把这个医生推出了门，一扇紧锁的门。

"她还没有死！别搞得像她已经死了一样！"欧维在走廊里咆哮。

之后，医院里再也没人敢这样跟他说话。

第十天，电台里说这是几十年来最糟糕的暴风雨天气，伴着窗外风雨交加的响动，索雅的眼睛艰难地睁开一条细缝，看见欧维后，她把手伸向他，把手指钻进他的掌心。

然后她又睡了一整夜。醒来的时候，她请求护士告诉她发生的一切，但欧维坚持认为应该由他来说。他用沉着的嗓音对她讲述事情的起因经过，自始至终抚摸着她的双手，就像它们非常非常冰冷。他告诉她，司机如何一身酒气，大巴如何蹭上护栏，后面的车如何撞上来。橡胶燃烧的味道，震耳欲聋的撞击。

还有那个从不曾来临的孩子。

她哭了。一种久远的、难以慰藉的恸哭钻刺着、撕扯着他们的内心，久久不息。时间、悲怆和愤懑交织着，凝聚成一片更漫长的黑暗。此时此刻，欧维知道，他永远不会原谅自己当时没坐在座位上守护着她和肚子中的孩子。他知道这种痛苦将在心里永存。

但如果让黑暗赢了这场战争，她也就不再是索雅了。一天早上，欧维也不知道是意外后的哪一天，她简单明确地表示想接受物理康复治疗。她的每一个动作都牵动着欧维，就像他自己的脊椎如困兽般在尖叫，她把自己弱小的头靠在他的胸口，低声说："不管生存还是死亡，欧维，我们都必须继续走下去。"

于是，他们就这么做了。

几个月里，欧维见到了不计其数的穿白衬衫的人。他们坐在各种有关部门的浅色木制办公桌背后，好像有无尽的时间来指导欧维为了各种目的填写各种表格，却没有时间讨论帮助索雅尽快康复的实际措施。

某个政府机关派了个女人到医院来，匆匆忙忙地解释，说可以安排索雅去为"类似情况"设立的"疗养院"。她完全理解欧维"难以承受"这样"日复一日的艰辛生活"。她没有明说，但言下之意非常清楚。她不认为欧维会愿意留守在太太身边。"就目前的情况而言"，她一直重复着这句话，并时不时谨慎地冲床头点点头。她对欧维说话的方式，就好像索雅根本不在房间里。

欧维这次当然打开了门，但出去的是她。

"我们只有一个地方要去，那就是我们自己的家！我们住的地方！"欧维冲着走廊里吼，出于极度挫折和愤怒，他朝门外扔了一只索雅的鞋。

然后，他不得不出门问那些险些让鞋砸中的护士有没有看见鞋去哪儿了。这在他的怒火上又浇了把油。于是，意外以后，他第一次听见索雅发出笑声。那种自然流露，就像完全无法压抑的可能，就像她被自己的笑声压得直不了身。她笑啊笑啊，直到那些韵母洒了一墙一地，就像他们打算推翻时空的定律。这让欧维觉得，胸口慢慢从地震后房子的残骸中浮了出来，再次为他的心跳提供了空间。

他回到排屋的家中，改造了整个厨房，把旧的操作台拆掉，新装了更矮的。他甚至搞到了一个特殊的灶台，并重修了所有门框，又在每道门槛前安装了坡道。出院之后的第二天，索雅就回到了她的师范学院。第二年春季，她参加了毕业考试。报纸上登了一则教师职位招聘启事，那个单位是城里最声名狼藉的学校，那些班级，任何正规教育出身并且脑子上各个零部件都正确安装了的老师，都不会主动请缨接管。那是在多动症这个名词发明之前的多动症患儿班。"这些男孩和女孩完全没有希望，"校长本人在面试上疲惫地承认，"这不是教学，而是收容。"索雅理解这种心情。该职位只收到一份申请——她让这些男孩和女孩读起了莎士比亚的作品。

其间，欧维总是憋着满腔的怒火，索雅偶尔不得不请他夜晚离家片刻，以免破坏家具。看着他双肩背负着摧毁的欲望，总让她感到无尽痛苦。他想摧毁那个司机、那家旅行社、高速公路边的护栏、酿酒师，所有的一切。一拳又一拳，直到所有的浑蛋倒地。这就是他的欲望。他把愤怒发泄在储藏室里，发泄在车库里，播撒在小区巡逻沿途的地面上，但这还不够。最后，他开始把愤怒发泄在写信上。他给西班牙政府写信，给瑞典政府、警察、法院写信。但没人愿意承担责任，没人关心。他们的回答只是照搬规章制度或推卸给其他政府职能部门，一副事不关己的姿态。当政府拒绝改建索雅所在学校的楼梯时，欧维写信申诉了几个月。他投诉到报社，尝试起诉。作为一个被剥夺父亲身份的人，他把所有仇恨都切切实实地迁怒于那些人。

但所到之处，他总在穿白衬衫、表情严峻而自以为是的那些人跟前碰壁。他们不可一世。他们不仅有国家撑腰，他们就是国家。最后一次申诉遭遇驳回。之后，再也无门上诉。抗争到此为止，因为这是那些白衬衫的决定，而欧维永远不会原谅他们。

欧维做的一切，索雅都看在眼里。她知道他的苦衷，所以就任由他去抗争，去愤怒，让所有的怨恨以某种方式在某个地方找到出口。但某个五月的夏夜傍晚，空气里预示着即将到来的盛夏模样，她来到他身边，轮椅在身后的地板上留下浅浅印记。他坐在厨房桌边写信，她从他手里拿走了钢笔，把手滑向他，把手指钻进他粗糙的掌心，又将额头轻柔地靠在他的胸口。

"够了，欧维。别再写信了，家里的生活装不下你这些信了。"

接着，她抬起头，小心翼翼地用手抚摸着他的脸颊，笑了。

"够了，亲爱的欧维。"

欧维照办了。

第二天早上，欧维在黎明时分起床，开着萨博来到她的学校，亲手为她建造了政府拒绝修建的残疾人坡道。之后，在欧维记忆中，每个晚上回家后，她都要瞪着燃满热情的双眼给他讲那些男孩女孩的事。他们由警察护送来上课，下课离开时已经可以背诵四百年前的古诗。他们让她落泪，也让她欢笑，让她的歌声在夜晚的排屋四壁间回荡。欧维从来搞不懂这些满嘴破句的小无赖，这他承认。但为了他们对索雅所做的一切，他发自内心地喜欢他们。

每个人都必须知道他在为什么奋斗，他们这么说。她为了一切的美好而奋斗，为了她从未降生的孩子，而欧维为了她而奋斗。

因为，这世界上，只有她值得他去奋斗。

24

一个叫欧维的男人
和一个用彩笔画画的小屁孩

从医院出发时，欧维这辆萨博里塞满了人，他时不时瞥一眼油表，就好像担心它会蹦跶出来为他跳上一段鄙夷的舞蹈。后视镜里，他看到帕尔瓦娜若无其事地把纸和彩色蜡笔递给三岁女孩。

"她一定要在车里画吗？"欧维问。

"那你宁可让她无聊到去研究怎么把你坐垫的芯子拆出来？"帕尔瓦娜心平气和地说。

欧维没有回答，只是从后视镜里瞅了三岁女孩一眼，她正冲帕尔瓦娜膝盖上的猫挥舞着一支硕大的紫色蜡笔，嚷嚷着："发发（画画）！"猫咪时刻警惕，坚决不打算成为她的画布。

帕特里克坐在他们身边，为了给他裹着石膏的小腿找个舒适的位置，他动来动去，最后塞在了前排座椅中间的扶手处。真不容易，因为他非常害怕一不小心就从欧维给他的石膏腿垫的报纸上翻下来。

三岁女孩掉了一支彩色蜡笔，滚到了吉米坐的副驾驶座下。

他居然俯下身子从跟前的垫子上把它捡了起来，对他的身材来说，这个动作绝对算得上奥运级难度的杂技了。他拿着笔端详了几秒钟，嘴角一翘，冲帕特里克抬起的腿转过身，在石膏上画了个大大的笑脸。三岁女孩笑得前仰后合。

"你也打算开始涂鸦了？"欧维说。

"好好玩，有没有？"吉米咧嘴笑，举起手打算跟欧维击个掌。

欧维瞪了他一眼，在他得逞之前，把手放了下来。

"哇噻，不好意思啦，我忍不住啊。"吉米说着略显羞涩地伸手把蜡笔还给帕尔瓦娜。

他把手伸进口袋，掏出一个和成年人手掌一般大的手机，开始忙着在屏幕上疯狂舞动起手指来。

"猫是谁的？"帕特里克在后座上问。

"欧维的咪咪！"三岁女孩一口咬定。

"不——是！"欧维立马反对。

他看到帕尔瓦娜在后视镜里冲他揶揄地笑。

"是就是呗！"她说。

"不是就不是嘛！"欧维说。

她笑了。帕特里克一脸困惑。她拍拍他的膝盖。

"别理欧维。就是他的猫。"

猫抬起头想听听这边叽叽喳喳都在吵什么，但好像最终觉得这一切都索然无味，又缩回帕尔瓦娜的膝盖上。准确地说，又缩回到她的肚子上。

"不把它送哪儿去吗？"帕特里克一边研究太太膝盖上的

猫，一边问。

猫抬起头，轻轻发出唬声作为回答。

"'送'是什么意思？"欧维打断他的话。

"就是……送去动物收容所什么的……"帕特里克话说一半，就遭遇了欧维的喝止：

"这儿没人去什么该死的收容所！"

这个话题就讨论到这儿了。帕特里克硬撑着老脸。帕尔瓦娜忍着不笑崩。他们俩都不怎么好受。

"我们可不可以在哪里停车吃点东西？我饿惨了。"吉米插嘴道，他在座位上挪了挪身子，整辆萨博都摇晃起来。

欧维扫视了一圈身边这群人，感觉自己被绑架到了平行宇宙。有那么一刻，他考虑要不要干脆向路边撞过去，但马上意识到，最倒霉的情况是，死后他可能要忍受和这一大群人做伴。醒悟之后，他开始减速，与前车拉开一段安全距离。

"唬唬！"三岁女孩喊。

"我们能停车吗，欧维？娜萨宁要小便！"帕尔瓦娜喊，就好像萨博的后座和前座之间隔了两百米。

"好呀！那我们是不是也能同时吃点东西？"吉米热切地点头。

"好呀，就这么定了，我也要小便。"帕尔瓦娜说。

"麦当劳有厕所。"吉米帮着出主意。

"麦当劳挺好，就停那儿。"帕尔瓦娜点头。

"就不给停。"欧维坚定地说。

帕尔瓦娜在后视镜里瞪他，欧维大眼瞪回去。十分钟后，他把萨博停在麦当劳门外，等着那一大帮人，连猫都跟进去了。这个叛徒。帕尔瓦娜出来，敲敲欧维的车窗。

"你真的什么都不要？"她温柔地说。

欧维点头，她看上去有些泄气。他又把窗摇上，她绕到车的另一边，坐到副驾驶座上。

"谢谢你为我们停车。"她笑道。

"没事。"欧维说。

她吃着薯条，欧维伸出手在她面前的地板上又垫了些报纸。她笑起来。他搞不懂她笑什么。

"我需要你的帮助，欧维。"她突然开口说。

欧维看上去一点儿也不激动。

"我想让你帮我考驾照。"她又说。

"你说什么呢？"欧维问，以为自己听错了。

她耸耸肩。

"帕特里克得绑几个月石膏，不是吗？我得考驾照，好开车接送小丫头们。我想你能带我练车。"

欧维完全摸不着头脑，以至于都忘了嚷嚷。

"你真的没有驾照？"

"没有。"

"你不是在开玩笑？"

"不是。"

"你的驾照是不是被吊销了？"

"没有，我从来就没有驾照。"

欧维的脑子似乎需要点时间来消化这条对他来说完全难以理

解的信息。

"你做什么工作？"他问。

"这有什么关系？"她回答。

"怎么没关系？"

"我做房地产销售。"

欧维点头。

"还没有驾照？"

"没有。"

欧维忧郁地摇摇头，似乎把这件事上升到了作为一个人没有任何责任心的高度。帕尔瓦娜又发出了那种惹人烦心的浅笑声，一手攥紧空了的薯条纸袋，打开车门。

"听着，欧维，你真的希望别的什么人在住宅区里教我开车吗？"

她下车走向垃圾箱。欧维没有回答，只是哼了一声。

吉米出现在门口。

"我能在车里吃吗？"他说着，一块鸡肉从嘴角冒出来。

欧维第一反应是不行，但这样他们可能永远走不了了。于是他干脆在副驾驶座和地板上铺上更多报纸，就像要把内室重新粉刷一遍。

"你就快进来吧，我们还得回家呢。"他嚷了一声，冲吉米做了个手势。

吉米愉快地点头。他的手机叮当响了起来。

"别让它叮当了，这儿又不是游戏厅。"欧维边说边发动汽车。

"哇噻，不好意思，是公司一直发消息过来啦。"吉米说着，一只手端稳吃的，另一只手从口袋里掏出手机。

"这么说，你有工作呀。"欧维说。

吉米激动地点头。

"我给iPhone手机写应用！"

欧维没什么要接着问的了。

车里相对静默了十分钟，直到他们驶进欧维车库前的停车场。欧维把车停在自行车棚跟前，挂上空挡，没有熄火，同时朝他的乘客们抛了个意味深长的眼神。

"好吧，没问题，欧维，帕特里克可以从这儿拄拐杖走，你就别操心了。"帕尔瓦娜毫不隐藏嘲讽的口气。

欧维透过玻璃指向如今有些歪歪扭扭的标牌，上面写着"社区内禁止车辆通行"。

"社区内禁止车辆通行。"

"没问题，欧维，谢谢你开车送我们！"帕特里克夹在他们中间，急忙出面斡旋。

他拖着绑石膏的腿挤出车后座，与此同时，吉米穿着沾满汉堡包调料的T恤挤出前座。

帕尔瓦娜从座位上抱起三岁女孩，放到地上。女孩手里挥着什么东西，嘴里高声胡言乱语。帕尔瓦娜点头表示理解，回到车旁，从前门探进头来，递给欧维一张纸。

"什么东西？"欧维问，完全没有要接过来的意思。

"是娜萨宁的画。"

"我要它做什么？"

"她画的是你。"帕尔瓦娜回答道，把画往他手里一塞。

欧维老大不情愿地看看纸，上面满是条条杠杠。

"那是吉米，那个是猫咪，那边是帕特里克和我，这个是你。"帕尔瓦娜解释。

她说到最后，指着画中央的一个轮廓。其他人在纸上都是黑白的，但中间那一团简直就是颜色炸开了锅。黄色、红色、蓝色、绿色、橙色，还有紫色，翻滚在一堆。

"她知道你最有意思，所以总是把你画成彩色的。"帕尔瓦娜说。

随后，她关上副驾驶边上的门，走开了。

好几秒钟后，欧维才反应过来，冲着她的背影喊道："什么叫'总是'？你说她'总是'画我是他妈的什么意思？"但那一大帮子人已经朝房子走去。

欧维没好气地理了理副驾驶座上的报纸。猫咪从后座上爬过来，惬意地往上一躺。欧维把萨博倒进车库，关上闸门，挂上空挡，也不熄火。感受着废气慢慢地充满车库，他若有所思地瞥了一眼墙上的塑料软管。有那么几分钟，只听见猫咪喘气的声音和发动机有节奏的磕巴声。其实，坐在这儿等待那些不可避免的事物，会很容易。欧维意识到，这才符合逻辑。他已经期待了很久。终结。他如此思念她，以至于几乎无法承受仍然待在自己的躯体里。这才是理智的决定，坐在这儿等废气把他和猫咪哄睡着，带他们迎接终结。

但他看看猫咪，关掉发动机。

第二天早晨，他们在差一刻六点的时候起床。喝咖啡吃吞拿鱼。完成巡逻之后，欧维在自己家门外铲了几下雪。之后，他站在自己的储藏室门口，倚着雪铲，审视着其余的联排别墅。

然后他穿过小路，开始铲起别人家门口的雪来。

25

一个叫欧维的男人和一块波形铁皮

欧维一直等到早餐后，猫咪自觉地出了门，去解决生理需要。这时候，他从浴室一个柜子的最上方拿下一个塑料瓶子。他用手掂量着，就像要把它往哪儿一扔。轻轻上下晃了几下，想要判断里面有多少粒止疼片。

到后来，医生给索雅开了那么多止疼片。到现在，他们的浴室看起来还像某个哥伦比亚毒枭的储藏室。欧维其实一点儿都不喜欢药物，他不信任它们，总是觉得它们唯一的疗效就是心理安慰，所以只对那些意志薄弱的人才有效。

但他明白用化学品自杀绝非什么新鲜的方法。再说，这个家里多的是化学品。癌症患者家里总是这样。

他到现在才想到这点。

他听见门外有动静。猫回来早了，站在那儿喵呜，见没人给它开门，就开始在门槛上磨爪子，就好像它有什么预感。欧维明白它是对他失望了，他也不指望它能理解。

他揣测着止疼药过量会是什么感觉。他从来没吸过毒，连喝酒都从没醉过哪怕一次，从来不喜欢失去控制的感觉。这些年来，他渐渐明白这正是大部分普通人喜欢并追求的感觉，但就欧维看来，只有他妈的十足的笨蛋才会把失控作为一种体验来追求。他不知道自己会不会难受，当身体器官开始衰竭并停止工作的时候，他是会有所感觉还是会麻木地昏睡过去。

猫在门外的雪地上哀号着。欧维闭上眼睛想着索雅。他并不是那种轻言放弃、寻死觅活的人，他可不想让她这样以为。但这其实是她的错，是她嫁给了他。如今，他不知道没有她的鼻尖抵在他的脖子和肩膀间该怎么入睡。仅此而已。

他拧下瓶盖，把药片倒到手掌边缘，注视着，就像在等它们变形为杀手机器人。它们就是不肯变。欧维不满意。他不理解这些小白药片怎么可能伤害到他，不管吞多少片。猫听上去在往欧维的门上扔雪球，但响动被另一种声音打断了。

犬吠。

欧维抬起头，静了几秒钟，他听见猫咪痛苦地尖叫起来。又是犬吠。金发霉女嚷嚷些什么。

欧维站在那儿，抓紧洗手池，闭上眼睛，好像这样做就可以把声音关在思想之外。做不到。最后他叹了口气，站直身体，打开瓶盖，倒回那些药片。下楼梯穿过客厅时，顺手把药瓶放在了窗框上。透过窗户，他看见金发霉女站在两幢房子之间。她瞅准目标，朝猫咪冲了过去。

欧维打开门那一刹那，正赶上她全力想朝小畜生头上飞一脚。说时迟，那时快，猫咪一低头，恰好躲过她芒刺般的鞋跟，赶紧朝欧维的储藏室撤退。霉女的"雪地靴"号得那叫一个惨烈，口水在脸盘周围飞溅，跟染了狂犬病似的。它的嘴角有些毛皮。欧维意识到，这是他第一次看到不戴墨镜的霉女。恶意在那双碧眼中闪烁，她摆开架势，打算再来上一脚，但就在这时看见了欧维，动作僵在中途。她的下嘴唇因气愤颤抖不止。

"我要枪毙了那玩意儿！"她指着猫，破口骂道。

欧维非常缓慢地摇摇头，眼睛仍牢牢瞪着她。她吞了口唾沫。他那好似石壁凿就的脸上流露出的某种神情让她那杀气腾腾的自负慢慢退散。

"那是只该……该死的野猫，它该……该死！它抓了王子！"她结巴道。

欧维什么都没说，但他的眼神阴沉下来，最后甚至连那狗都开始退却起来。

"过来，王子。"霉女低声说，拽了一把狗链。

狗立即转过身去。霉女用眼角瞥了欧维最后一眼，消失在拐角处，就好像欧维用目光在背后推着她。

欧维站在原地喘大气。他把紧握的拳头放到胸口，感觉心脏失控地怦动着，短促地哼了一声。他看看猫，猫也看看他。它的侧面多了处新伤，皮毛又沾上了血。

"九条命不够你用呀？"欧维说。

猫舔舔爪子，一副"我才不是那种整天数命的猫"的表情。欧维点点头，朝边上让了一步。

"进来吧。"

猫跨过门槛，欧维关上门。

他站在客厅中央，到处都是索雅注视着他的目光。其实这是他第一次意识到，他把她的照片挂得到处都是。她在厨房操作台上，门厅的墙上，楼梯中途。她在客厅的窗台上，就在猫咪现在跳上去坐下的地方。它歪着头看着欧维，只一爪子就把药瓶拍在了地上。欧维把它捡起来，猫看着他，就像随时在高呼："我抗议！"

欧维踹一踹踢脚线，转身走到客厅，把药瓶放进一个柜子。然后他煮上咖啡，给猫倒上一碗水。

他们沉默地喝着。

"你真他妈的是只顽固的猫。"欧维最后说。

猫没有搭腔。欧维拾起空碗，放到水池里的咖啡杯边。他双手叉腰，若有所思地站了一会儿，然后转身朝门厅走去。

"跟上呀，"他头也不回地对猫说，"我们让那个蠢货转转脑子。"

欧维穿上那件蓝色冬季外套，踏上木屐，让猫先从门缝里钻了出去。他看看门厅墙壁上索雅的照片，她冲他笑。死或许也没那么重要，再等个把小时无妨，欧维心想，然后跟上猫咪。

门过了好几分钟才开。在锁转动之前，屋里一阵漫长的窸窣声，就像一个幽灵拖着沉重的镣铐穿过房间。然后门开了，鲁尼站在那里望着欧维和猫，眼神空洞。

"你家有波形铁皮吗？"欧维也不寒暄，开门见山地问。

鲁尼专心致志地看了他几秒钟，就像头脑正与什么外部干扰奋力斗争以便挤出一片记忆来。

"铁皮？"他自言自语道，就像要把这个词咀嚼一遍似的，恰似如梦初醒的人在努力回忆着梦境。

"对，铁皮。"欧维点头。

鲁尼看着他，就像能直直地看穿他似的，一双闪着光芒的眼睛，像新打了蜡的引擎盖。他瘦削而佝偻，胡子灰得几乎发白。他曾经是个魁梧且有几分威严的家伙，如今已是衣衫褴褛。他老了，非常非常老，这一点对欧维的打击难以估量。鲁尼的视线游移了片刻，嘴角突然抽动了一下。

"欧维？"他开口道。

"反正不是什么教皇。"欧维回答。

鲁尼脸上那堆松弛的皮肤下，突然绽放出茫然的微笑。这两个男人曾经维持着这类男人所能拥有的最亲密的朋友关系，他们注视着彼此。一个决绝地遗忘过去，另一个根本想不起来。

"你看上去老了。"欧维说。

鲁尼微笑。

里面传来安妮塔焦虑的声音，下一刻，她就踩着恼人的步子向门口冲了过来。

"门口有人吗，鲁尼？你在那儿干吗？"她惊恐地喊，从门缝里探出头来，看见了欧维。

"哦……你好，欧维。"她说，急忙停下脚步。

欧维手插口袋站在那儿。猫站在他身边，要是它有口袋或者手，看上去也想把手插进口袋。安妮塔娇小而灰暗，她穿着灰色的裤子和灰色的针织衫，还有灰色的头发和灰色的皮肤。她匆忙地擦拭了眼角，抹去伤痛，但欧维分明看到她那红肿的眼睛。她就像她们那代女人一样，每天早晨在门廊中倔强地用一把笤帚扫

尽屋里的忧伤。她温柔地扶住鲁尼的肩膀，带他到客厅窗前的轮
椅那儿。

　　"你好，欧维。"她回到门口，友好却不无惊讶地重复了
一遍。

　　"我能为你做些什么？"她问。

　　"你们家有波形铁皮吗？"他问。

　　她看上去一脸茫然。

　　"不行铁皮？"她念叨着，就好像铁皮很无能似的。

　　欧维深深叹了口气。

　　"是波——形——铁皮。"

　　安妮塔的茫然不减半分。

　　"我应该有这东西吗？"

　　"鲁尼的储藏室里保证有。"欧维说着伸出手。

　　安妮塔点点头，从墙上取下储藏室钥匙交到欧维手上。

　　"波形……铁皮？"她又说了一遍。

　　"是的。"欧维说。

　　"但我们没有铁皮屋顶呀。"

　　"跟那有什么关系？"

　　安妮塔点点头，又摇摇头。

　　"啊哈……没有，大概没有关系。"

　　"大家都有些铁皮的。"欧维说，就好像这是理所当然的事。

　　安妮塔点点头。那样子，就像终于承认波形铁皮实际上就是
人人储藏室里都会有的那么一点儿以备不时之需的东西。

　　"那你自己怎么没有这种铁皮？"她试着问，显然只是为了

让谈话进行下去。

"我的用完了。"欧维说。

安妮塔点头表示理解，就像在认可一个没有铁皮屋顶的人毫不费劲就把波形铁皮用完了这件事一点儿都不奇怪。

一分钟之后，欧维得意地拽着一块巨大的波形铁皮出现在门廊外，那铁皮跟客厅用的地毯差不多大。安妮塔根本搞不明白，这么大一块铁皮是怎么在她不知情的情况下被塞进储藏室的。

"我说吧。"欧维点着头，递回钥匙。

"是呀……是你说的。"安妮塔觉着总得表示一下肯定。

欧维朝窗口张望，鲁尼回望过来。正当安妮塔转身准备进屋的时候，鲁尼又笑了，举起手轻轻挥了挥。就像此时此刻，就这一秒钟，他完全知道欧维是谁，他来干什么。欧维捣弄出一种在瓷砖地板上拖钢琴的时候会发出的声音。

安妮塔迟疑地停下脚步，转过身。

"社保部门的人又来过了，他们要把鲁尼从我这儿带走。"她头也不抬地说。

她念出丈夫名字的时候，嗓音像干燥的报纸。欧维用手指摆弄着铁皮。

"他们说，以他的病和身体状况，我照顾不了，必须把他送去疗养院。"她说。

欧维继续摆弄铁皮。

"要是我把他留在养老院里，他会死，欧维，你知道的。"她喃喃道。

欧维点点头，瞪着冻在两块地砖之间的一小截烟蒂。眼角的余光中，他看到安妮塔好像往一侧轻轻倚靠着。索雅几年前解释过，这是骨盆手术的结果，他记得。现在她的手也开始颤抖起来。"多发性硬化症第一阶段"，索雅解释过。几年之后，鲁尼也得了老年痴呆症。

"你家小子不能回来搭把手吗？"他低声嘟囔道。

安妮塔抬起头，遇见他的目光后，宽容地笑了。

"约翰？唉……他不是住在美国吗？你知道的。他自顾不暇呢。你知道年轻人什么样。"

欧维没有回答。安妮塔说到"美国"，就好像她那自私的儿子飞去的是天堂。鲁尼生病以后，欧维就没有在这条街上看见过那小子。现在该是成年人了，却没有时间照顾父母。

安妮塔抽搐了一下，就好像她突然意识到自己在做一件非常不道德的事。她抱歉地对欧维笑道：

"对不起，欧维，不应该这么唠叨，耽误你时间了。"

她回到屋里。欧维手里拿着铁皮和猫一起留在原地，门合上的时候，他自言自语般地说了句什么。安妮塔惊讶地转过身，从门缝中再次探出头来看着他。

"你说什么？"

欧维扭了一下身子，没有抬眼去迎她的目光。他转身迈步离开，言语就像不由自主地蹦出来似的：

"我说，要是你那该死的暖气片再出问题，尽管来按我的门铃，猫和我都在家。"

安妮塔布满皱纹的脸露出惊讶的笑容来。她朝门外迈出半步，看上去就像还有话要说。或许是关于索雅，比如她对她最好的朋友有多么深沉的思念。她多怀念差不多将近四十年以前他们刚刚搬来这个小区时四个人在一起的时光，她甚至怀念鲁尼和欧维之间的争执，但欧维已经在拐角处消失了。

欧维和猫回到储藏室，取出萨博的备用电池和两把大金属钳。然后他把那片大铁皮铺在储藏室和房子之间的地上，仔细地在上面盖上一层雪。

他站在猫身边，仔细检验了自己的杰作好一会儿。一个完美的陷阱，隐藏在冰雪下，通电待命。看上去是非常合情理的报复。下次那个霉女再牵着狗崽子来欧维这边地上撒尿，就会尿在这块通了电的铁皮上。到时候，看看她到底会觉得这多有趣，欧维想。

"得好好他妈的电它一回。"他仔细跟猫咪讲解道。

猫歪着脑袋打量着铁皮。

"就像一道闪电击中尿道。"欧维说。

猫望了他很久，像在说："你不是当真的吧？"欧维把手插进兜里，摇摇头。

"不行，不行。"他叹了口气。

他们沉默地站在那儿。

"当然不行。"欧维又说了一遍，挠挠自己的下巴。

接着他收起电池、钳子和铁皮，把它们塞进车库。他并不觉得霉女和狗崽子不该遭到电击的报应，而是完全活该。但他意识到，很久以前，有人提醒过他好心干坏事和存心干坏事的区别。

"但这个主意真他妈的不赖吧？"回家的时候，他对猫说。

猫一点儿都没有认同的意思。

　　"你肯定觉得通了电也不管用。真管用！我试过！这你得承认！"欧维在它身后嚷嚷。

　　猫走进客厅，那肢体语言像在明确表示："承认承认，肯定管用……"

　　然后他们共进午餐。

26

一个叫欧维的男人
和一个再也没人会修自行车的社会

索雅并非不鼓励欧维交朋友。她时不时都会试一下。但欧维总是一口咬定她从来都不怎么坚决，从来不就此唠叨，而唠叨才是她最深的爱意表达。许多人会觉得和欣赏孤独的人生活在一起很困难。这会弄得那些自己无法忍受孤独的人很不舒服。但索雅不怎么抱怨。"你是什么样我照单全收。"她总是这么说，说到做到。

但这并不妨碍那些年她为欧维和鲁尼之间类似友谊的关系而感到高兴。他们之间也并没有太多交流。鲁尼话很少，欧维几乎不说话。但索雅也不笨，她理解哪怕欧维这样的男人有时候也会需要人说说话。他已经很久没有这样的人了，很久。

"我赢了。"听到信箱砰的一声，欧维简短地说。

猫从窗台上跳到客厅里，走进厨房。"输不起。"欧维心里想着，朝大门走去。他已经有些年头没和人打赌信会什么时候到了。他曾在暑假里和鲁尼赌过，因为经常赌，他们甚至创造了一套复杂的边缘界定系统，以半分钟为单位决定谁更接近。那时候，信总是十二点到，确实需要精确的界定来判断谁猜得更准。现在当然不能同日而语。如今信总是在午后到来，任何时间都有可能。送信的邮递员总是随心所欲，就好像收到信的人都应该心存感激似的。欧维和鲁尼绝交之后，打算跟索雅赌，但她搞不懂规则，他只得作罢。

门外小伙子的上半身柔软地向后一仰，躲开欧维猛然打开的门。欧维惊讶地看着他。他穿着邮递员的制服。

"啊哈？"欧维问。

小伙子看上去并不打算回答。他递上一份报纸和一封信。欧维首先注意到，这人和他前几天在储藏室边因为自行车而与之争执的小伙子是同一个人。小伙子说他要"修车"，但欧维知道是怎么回事。对这帮小无赖来说，"修车"的意思等同于"偷车上网卖掉"。就是这么回事。

认出欧维后，小伙子看上去可能还不如对方来精神，就像个不知道该把菜端给你，还是回厨房往盘子里再吐一口口水的服务员。他警惕地看着欧维，看看信和报纸，又看看欧维。然后他终于又把它们交了出来，含糊地说了个"给"字，欧维伸手一接，两眼紧盯着小无赖不放。

"你的信箱瘪了，所以我想还是直接给你送上门。"小伙子说。

他冲那一沓铁皮点点头——在不会挂拖斗倒车的盲流撞上它之前，那曾是欧维的信箱——又冲欧维手中的信和报纸点点头。

欧维低头看了一眼，是份地方报纸，就是那种即使你清楚表明不感冒还是照样会发到你手上的免费报纸。肯定是什么广告，欧维认为。尽管信封上他的名字和地址是手写的，但也一定是典型的宣传伎俩。它让你感觉像是熟人写的，可信一打开，你就立马成了市场营销的牺牲品。欧维可不吃这一套。

小伙子站在那儿惴惴不安地低着头，像在压抑自己开口说话的欲望。

"还有什么事？"欧维问。

小伙子伸手捋了捋后青春期油腻的额发。

"哎，我去……我只是想问，你是不是有个叫索雅的太太？"他对着雪地挤出这句话。

欧维一脸疑惑，小伙子指指信封。

"我看到你的姓了。我有个老师也用这个姓。只是问一声……我去。"

小伙子看上去很后悔说出这番话来，原地转身打算离开。欧维咳嗽了一声，踢踢门槛。

"是……是的，很可能就是我太太。索雅怎么了？"

小伙子停在几米开外处。

"哎……我去。我挺喜欢她的，只是想说这个。我……你知道不……不怎么会看书写字什么的。"

欧维想回答"还真看不出来"，但忍住了。小伙子有些尴尬，用手捋了捋头发，像是在脑子里找合适的词。

"她是唯一一个没有把我当白痴的老师。"他嘀咕道，嗓子里有些哽咽。

"她让我读了那谁……莎士比亚的作品，你知道不？我根本不知道我能读下来，是她让我读了那么厚的书。听说她死了，真他妈的难受，你知道不？"

欧维没有回答。小伙子低头耸耸肩。

"就这些……"

他沉默起来。然后，两个男人，一个五十九岁，一个十几岁，隔着几米的距离，各自踹着积雪，就像互相踹着一段记忆，关于一个女人的记忆，她总是坚信某些人身上存在着连他们自己都发觉不了的潜质。两人都不知道该拿这段共同的经历如何是好。

"你要把那自行车怎么样？"欧维最后开口道。

"我答应帮我妞修好来着。她住在那儿。"小伙子回答，并冲远处那幢房子拱了一下脖子，就是安妮塔和鲁尼对面那幢。

那几个垃圾分类爱好者不在泰国或别的什么地方度假时，就住那儿。

"其实，你知道不？她还不是我妞，但我想让她做我妞。就这意思。"

欧维打量着小伙子，那眼神就跟所有中年人打量那些他们认为是在那儿乱编语法的年轻人时一个样。

"那你有工具吗？"他问。

小伙子摇摇头。

"没工具怎么修自行车呀？"欧维脱口而出，震惊多于愤慨。

小伙子耸耸肩。

"不知道。"

"那你为什么答应修车？"

小伙子踹一脚雪，惭愧地用整只手挠脸。

"因为我喜欢她。"

欧维一时不知道该怎么应对这句话，于是把地方报纸和信卷成一根棍子在一只手的掌心拍打起来。他在那儿站了好一会儿，完全沉浸在这单调的动作中。

"我得走了。"小伙子哼哼一句，声音小得几乎听不见，又打算转身离开。

"下班后过来吧，我把自行车取出来给你。"

欧维也不知道话是从哪儿冒出来的，就像他在大声地想。

"但你得自己带工具。"他加了一句。

小伙子笑了起来。

"当真吗，伙计？"

欧维仍然漫不经心地拍打着纸棍子。小伙子咽了口唾沫。

"哎，你知道不？我的意思是，真的吗？我……你知道不……其实，我去……我今天还不能来拿！我还得打第二份工！但明天，伙计！我明天那啥可以来拿！"

欧维稍稍歪着头，就好像刚才的话都是某个卡通人物说出来的。小伙子深吸一口气，振作精神。

"明天，我再来成不？"他问。

"第二份是什么工作？"欧维问，就好像他刚在智力问答决赛中得到了一个不完整的答案。

"我晚上和周末在一家咖啡馆上班。"小伙子说，眼里充满了刚刚获得的希望，他有可能挽救一段幻想中的恋情，但对方却毫不知情，这种幻想也只属于一个头发油腻的后青春期少年。

"咖啡馆里有工具！我带来修车！"小伙子激动地说。

"两份工作？一份不够吗？"欧维说着，用纸棍子指着小伙子制服胸口的邮政徽章。

"我在存钱。"小伙子回答。

"存钱干吗？"

"买车。"

欧维注意到，他说"车"字的时候，挺了挺身子。欧维迟疑片刻，纸棍缓慢而坚定地再次落入掌心。

"什么车？"

"我看上一辆雷诺！"小伙子高兴地宣布，身板挺得更直了一些。

两个人周围的空气大概停止了百分之一次呼吸的时间。这种时刻，气氛总是这样。如果这是电影里的一个镜头，摄像机很可能会在欧维终于忍不住发脾气之前绕着他来个三百六十度大回旋。

"雷诺？这他妈的可是法国牌子！你他妈的怎么会想去买法国车！"

小伙子看上去想回答点什么，但他插不上嘴，只能眼睁睁地看着欧维摇晃着上半身，就像要摆脱一只顽固的黄蜂。

"老天爷呀，小毛孩！你对车一窍不通吗？"

小伙子点点头。欧维深深叹口气，扶住自己的前额，就像偏头痛突然来袭。

"没车你怎么把自行车运到咖啡馆去？"他最后说，声调里有些忧伤。

"我还……没想过。"小伙子说。

欧维摇摇头。

"雷诺？真的假的？"欧维又问了一遍。

小伙子点点头。欧维受挫地揉揉眼睛。

"你上班的那个该死的咖啡馆叫什么名字？"他嘀咕道。

二十分钟以后，帕尔瓦娜惊讶地打开自己的大门。欧维站在门外，像煞有介事地拍打着手中的纸棍子。

"你有那种绿色牌子吗？"

"什么？"

"练车的时候必须装个那种绿色的牌子，你到底有没有？"

她点头。

"有……有，我有，但是……"

"我两个小时以后来接你，开我的车。"

不等她回答，欧维就转身大踏步回到小路上。

27

一个叫欧维的男人和一场驾车练习

　　他们住在这片联排别墅住宅区的四十年里，时不时有些不识相的新邻居斗胆跑来问索雅："到底发生了什么事让欧维和鲁尼之间产生了那么深的隔阂？为什么两个老朋友忽然之间反目成仇？"

　　索雅总是会非常冷静地说，其实一点儿都不复杂。事情很简单，两个男人携家带口搬进各自房子的时候，欧维开萨博96，鲁尼开沃尔沃244。几年后，欧维买了一辆萨博95，鲁尼买了一辆沃尔沃245。三年以后，欧维买了一辆萨博900，而鲁尼买了辆沃尔沃265。接下来的十年里，欧维又买过两辆萨博900，然后就是一辆萨博9000。鲁尼又买了一辆沃尔沃265，之后是一辆沃尔沃745，但几年后，他又回归轿车车型，搞了一辆沃尔沃740。就这样，欧维又买了一辆萨博9000，而鲁尼则转投沃尔沃760，在这之后，欧维又搞了一辆萨博9000，而鲁尼换成了涡轮增压的沃尔沃760。

　　然后有一天，欧维去车行转了一圈，看看新发售的车型萨博9-3，当晚他回家以后，就得知鲁尼买了一辆宝马。"一辆宝——马！"

欧维冲索雅吼道，"跟一个买宝马的人他妈的怎么讲道理？啊？"

这很可能不是两个男人闹翻的全部理由，索雅总这么解释。能理解的人自然理解，不理解的也就没有必要再解释下去了。

大多数人当然永远不会理解，欧维总是这么认为。反正大家对什么是忠诚也已经一无所知。如今车只不过是一种交通工具，而道路只是两点之间乱七八糟的连接线。欧维以为，这就是交通一团糟的原因。要是人们稍微担心一下自己的车，就不会开得跟脑子有病似的了，他眼见帕尔瓦娜把他铺在座位上的报纸推开的时候，心里这么想。她不得不把驾驶座推到最后才把自己怀孕的肚皮挤上车，然后又把座位拉到最前端才够到方向盘。

驾车练习开始并不顺利。或者，说得更准确一些，一开始，帕尔瓦娜打算手拿一罐汽水上车。这个太不应该了。然后，她开始调欧维的电台来"找个有意思的频道"。这个也不太应该。

欧维从地上捡起报纸，在手里卷成纸棍，开始紧张地在掌心拍打起来，像是激情版的减压球运动。她握住方向盘，就像瞪着个新生儿一样瞪着仪表盘。

"我们怎么开始？"终于答应交出汽水之后，她激动地高呼。

欧维叹了口气。猫坐在后座上，看上去就像急切地渴望知道怎么绑安全带。

"踩住离合器。"欧维没好气地说。

帕尔瓦娜在座位周围张望了一圈，就像在找什么东西，然后她满脸堆笑地看看欧维。

"哪个是离合器？"

欧维一脸不可思议的表情。

"哦……老天爷，你不会不知道吧？"

她又在座位周围找了一圈，转身朝向靠背上安全带的插口，就好像她能在那儿找到离合器。欧维抚住额头，帕尔瓦娜的表情一下子阴沉起来。

"我不是跟你说我要考自动挡的驾照吗？为什么逼我开你的车？"

"因为你得考个正经的驾照！"欧维还嘴，把"正经"俩字念得就好像自动挡驾照根本不是驾照，而自动挡的车也根本不是车一样。

"别冲我嚷嚷！"帕尔瓦娜嚷嚷道。

"我没嚷嚷！"欧维嚷了回去。

猫在后座上缩成一团，显然不想掺和进来。帕尔瓦娜双臂一抱，板着脸冲窗外翻白眼。欧维又开始有节奏地在掌心反复敲打着纸棍。

"最左边的踏板是离合器。"他终于没好气地说道。

在一口气吸得太深，不得不停下来休息一会儿再接着喘气之后，他继续说：

"中间那个是刹车。最右边是油门。你慢慢抬起离合器，直到车子启动，加油，松离合，走起。"

帕尔瓦娜显然把这话当成是道歉，于是点点头，振作精神，把住方向盘，发动汽车，照他的话做起来。萨博猛地向前一冲，卡了一下，然后咆哮一声朝访客停车场扎了过去，差那么一毫就径直撞上了另一辆车。欧维拉住手刹，帕尔瓦娜松开方向盘，尖声惊叫着用双手捂住眼睛，直到萨博终于猛烈地晃动着急停下来。欧维大喘粗气，就像拉手刹之前被迫经历了一场军事障碍训练。他的脸抽搐得就像有人往他眼睛里喷了柠檬汁。

"我现在怎么办？"看到萨博离前车的后保险杠只有两厘米时，帕尔瓦娜惊呼道。

"倒车，挂倒挡。"欧维从紧咬的牙缝里挤出这句话来。

"我差点就撞上那辆车了！"帕尔瓦娜大呼小叫起来。

欧维沿着引擎盖看过去，脸上的表情突然平静下来。他转过身，像煞有介事地对她说：

"没事，是辆沃尔沃。"

他们花了一刻钟才从停车场开出来上了大路。帕尔瓦娜用一挡在大路上跑得整辆萨博跟要炸了似的。欧维让她换挡，她说不知道该怎么换。此刻猫咪在后座想方设法要打开车门。

他们到达第一个红灯的时候，一辆高大的城市吉普——前座上坐着两个剃着光头的年轻人——停在他们身后，离他们的保险杠非常近，欧维确信回家后都能从车漆上找出车牌号来。帕尔瓦娜紧张地朝后视镜里瞟了一眼。城市吉普轰了轰油门，就像表了个态。欧维转身从后窗望出去。两个男人脖子上布满了文身，就像城市吉普还不够证明他们都长了榆木脑袋。

绿灯亮起，帕尔瓦娜松开离合器，萨博干咳一声，仪表盘上的一切一齐变暗。帕尔瓦娜紧张地旋转点火的钥匙，它却只发出一阵揪心的震颤。发动机大吼一声，干咳，又灭了。光头文颈男按按喇叭，另外一个做了个手势。

"踩下离合器，多给点油门。"欧维说。

"我踩着呢！"她回答。

218 ·

"你完全没踩。"

"我当然踩了！"

"这可是你在嚷嚷。"

"我他妈的才没嚷嚷呢！"她嚷嚷道。

城市吉普又按起了喇叭。帕尔瓦娜踩下离合器，萨博倒了几厘米，撞上了城市吉普的车头。文颈男这下按住喇叭没松手，就像按着个防空警报。

帕尔瓦娜绝望地又拧了一把钥匙，当然再次遭遇无情的熄火。这时，她突然双手一甩，把脸埋到手心里。

"我的那个老天爷……你这就哭上了？"欧维脱口道。

"我他妈的才没哭！"她大喘一口气，眼泪全飙在仪表盘上。

欧维往后一靠，低头端详自己的膝盖，拇指按着纸棍的边缘。

"就是，这实在是太难了，你明白吗？"她呜咽着，绝望地把额头靠在方向盘的边缘，那架势恰似指望方向盘是柔软且毛茸茸的。

"我这不是怀孕了吗！"她大吼一声，仰起头看着欧维，就像这都是他的错。

"我就是有点紧张！一个要命的孕妇有那么一点儿紧张，就没人能该死地理解一下？"

欧维在副驾驶座上不安地扭动着身子。她用紧握的拳头在方向盘上捶了几下，嘟囔着"就是想喝口该死的汽水"。然后她有气无力地把双臂往方向盘上方一趴，把脸埋在袖子里，又开始哭起来。

他们身后的城市吉普把喇叭摁得就像他们把车停在了一艘芬

兰渡轮的引擎盖上。此刻欧维身上起了某种反应，技术上称之为"回火"。他推开车门，下车，大步绕到城市吉普旁边，一把拉开前座车门。

"你从没当过新手还是怎么着？"

司机还没来得及回答。

"你个该死的狗杂种！"欧维径直冲着光头文颈男的脸大吼，唾沫飞溅到座椅上。

文颈男还没来得及回答，欧维也不等他作声，一把抓起那个年轻人的衣领，用力一拽，力道之大让那人的身体不由自主地就从车里翻了出来。他是个浑身肌肉的大块头，少说也有一百公斤，但欧维握着他衣领的铁腕纹丝不动。文颈男自己也被这个老男人的握力惊呆了，都没有想起来反抗。他把这个三十五岁上下的年轻人举在城市吉普一侧，愤怒在目光中熊熊燃烧，车壳都开始嘎吱作响。他把食指竖在光头正中央，眼睛离文颈男近得都能感觉到彼此的鼻息。

"再摁一次喇叭就是你在地球上做的最后一件事。听明白了吗？"

文颈男匆匆瞥了一眼车里与他一样肌肉发达的同伴，又看看吉普车背后渐渐排起长队的其他车辆。没人表示出丝毫的拔刀相助之意。没人摁喇叭，没人动弹。所有人大约都起了同一个念头：要是一个没在脖子上文身并且到了欧维这个年纪的男人，毫不犹豫地以这样的方式把一个脖子上满是文身的年轻人按在车上，那该让人担心的，绝对不是那个脖子有文身的人。

欧维的眼睛因愤怒而阴暗起来。文颈男思索片刻，确信这个老男人可真是会动真格的。他的鼻子几乎难以觉察地上下动了一动。

欧维点头表示确认，把他放回地上。他转动脚踝，绕过城市吉普，回到自己的萨博里坐下。帕尔瓦娜大张着嘴瞪着他。

"现在你听我说。"欧维一边平静地说，一边满不在乎地关上车门。

"你有两个孩子，马上第三个就要从你肚子里蹦出来。你来自外国，一定是因为战争、迫害或各种可怕的灾难而背井离乡。你学了一门新的语言，接受教育，支撑着一个显然不怎么好养的家。要是让你再受这世界上哪怕任何一坨屎的惊吓，我就不得好死。"

欧维注视着她的眼睛，帕尔瓦娜只是大张着嘴。欧维威严地指着她脚下的踏板。

"我不是请你做脑外科手术，只是请你开车。这是油门、刹车和离合器。这世上有史以来最著名的几个白痴都能搞明白这玩意儿是怎么工作的，你肯定也行。"

然后他说了七个字，让帕尔瓦娜当作他对她的最高评价铭记在心：

"因为你不是白痴。"

帕尔瓦娜将开脸上被泪水凝结在一起的一撮头发，双手再次笨拙地握住方向盘。欧维点点头，系上安全带，坐直身子。

"现在踩下离合器，照我的话做。"

那天下午，帕尔瓦娜学会了开车。

28

一个叫欧维的男人和一个叫鲁尼的男人

索雅总说欧维"得理不饶人"。比方说，自从九十年代末他买蛋糕人家错找了零钱那回以后，他八年没再光顾那家本地面包房。欧维称之为"有原则"。他们在这个词上的意见从未达成一致。

他知道他和鲁尼无法重归于好让她很失望。他知道他和鲁尼之间的敌意间接导致索雅和安妮塔无法成为她们原本可以成为的密友。但当矛盾持续足够长时间以后，就再也无法化解，原因很简单，没人记得是什么时候开始的。欧维也不知道是怎么开始的。

他只知道是怎么结束的。

一辆宝马。当然，有人理解，也有人不理解。有人不觉得感情和汽车能扯上干系，但至于为什么这两个男人老死不相往来，永远说不清道不明。

起初总是很无辜，那时欧维和索雅刚从西班牙回来，也就是那场车祸后不久。那年夏天，欧维为家门口的庭院铺了新的地砖，而鲁尼在自己的庭院周围竖起了栅栏。于是，欧维当然竖了一圈更高的栅栏，然后鲁尼去了趟施工用品店，几天后，他在小区里逢人就说自己"造了个游泳池"。才他妈的不是什么游泳池，欧维对索雅抱怨，就是给鲁尼和安妮塔刚刚诞生的小家伙挖了个小池塘，仅此而已。有段时间，欧维盘算着要去建筑管理部门举报，说那是违章搭建，这下索雅说他过分了，把他支出去修理草坪并"冷静冷静"。虽然这完全不能让他冷静下来，但欧维还是照办了。

草坪又窄又长，大约五米宽，躺在欧维和鲁尼的房子之间以及背后。很快索雅和安妮塔就把这些区域命名为"中立地区"。没人知道这片草坪为什么长在这儿，或要满足什么功能，但当时排屋小区兴建的时候，那几个民用建筑师认为那儿就应该有些，也没别的什么原因，就是画到图纸上好看。欧维和鲁尼成立社区公共管理委员会并且没闹翻的时候，他们俩同时决定欧维应该当"草坪主管"，负责修剪事宜。之后许多年，这事都归欧维管。有那么一回，其他邻居建议委员会应该在草坪上设置桌椅，使其成为"所有邻居的公共户外场所"，但欧维和鲁尼当然就给否决了。不然这儿肯定立马变成马戏场，专门生产噪音。

从此以后，天下太平。反正有欧维和鲁尼这样的男人掺和的天下，这已经算是很太平了。

鲁尼造完他的"游泳池"后不久，一只老鼠飞奔着经过欧维家的院子，窜过刚修剪好的草坪，消失在对面的树林里。欧维立即在社区委员会里召开了"紧急会议"，要求每户居民都在自家门口摆放老鼠药。其他邻居当然反对，因为他们常看见树林里有刺猬出没，他们担心刺猬也会误食老鼠药。鲁尼也反对，因为他担心老鼠会带着药跑到他的池子里去。欧维建议鲁尼系上衬衣扣子，找个心理医生帮他消除住在"蔚蓝海岸"的幻觉。于是鲁尼拿欧维开了个蹩脚的玩笑，说他看到的老鼠才是幻觉。其他人都笑了。为此欧维永远不会原谅鲁尼。第二天早晨，有人把鸟食在鲁尼的院子里撒了个遍，接着两个星期，鲁尼用铲子赶走了一打吸尘器大小的老鼠。之后欧维自然获准摆上了老鼠药，但鲁尼嘴里一直念叨着要找他算账。

两年后，鲁尼在那场重大的砍树纠纷中取得了胜利，他在年度会议上获准砍掉那棵挡住他和安妮塔卧室夕阳的树。同一棵树在另一侧帮助欧维和索雅挡掉了刺眼的朝阳。另外，他还成功驳回了愤怒的欧维对社区委员会提出的为他支付遮阳篷费用的要求。

第二年冬天，欧维在铲雪冲突中扳回一局，当时鲁尼想自封"铲雪组长"，同时迫使委员会购买一台巨型铲雪机。欧维当然不会容忍鲁尼开个由委员会买单的混账机器，往欧维家窗户上喷雪片子，这一点，他已在委员会上说得明明白白。

鲁尼仍然当选铲雪组长，但让他懊恼的是，整个冬天，他不得不徒步、徒手铲房子之间的雪。结果当然是他铲遍了整个小区，除了欧维和索雅家门口，但欧维满不在乎。就为了跟鲁尼赌气，一月中旬，欧维跑去找来了一台大铲雪机，铲掉了家门口十平方米之内的积雪。鲁尼当然因此大光其火，欧维至今怀着愉悦的心情牢记在心。

之后那个夏天，鲁尼当然又想方设法报了仇，他买了一台那种骇人听闻的魔鬼割草机。然后他通过一系列谎言和阴谋在年会上夺取了欧维割草的权力。"如今他比前负责人多了一些专业的工具",鲁尼边说边冲欧维的方向狞笑。欧维当然无法证明鲁尼在年会上成功上位是靠谎言和阴谋,但他坚信事实就是如此。"该死的聒噪机",每次鲁尼神气活现地像个牛仔似的骑着座驾经过窗前,欧维都这么问候那台割草机。

四年后,欧维总算逮着机会还以颜色,他成功阻挠鲁尼给自家房子换窗的计划,在三十三封投诉信外加十来通愤怒的电话之后,城市规划办终于妥协,接受欧维那套"破坏社区整体建筑风格"的说辞。之后三年鲁尼都拒绝提欧维的名字,只管他叫"该死的老官僚"。欧维把这话当补药吃。一年以后,他自己换了窗。

后一年冬天,管理委员会决定,整个小区需要统一更换新的集中供暖系统。纯属偶然,鲁尼和欧维在需要更换何种暖气的看法上截然不同,这场被其他邻居戏称为"水泵事件"的斗争,在两个男人之间愈演愈烈。

就这样,年复一年。

但正如索雅曾说过的那样,总也有些别样的时刻。并不多。但她和安妮塔这样的女人总能分秒必争充分利用这种时刻。毕竟他们俩不总是针锋相对。比方说八十年代的某个夏天,欧维买了一辆萨博9000,而鲁尼买了辆沃尔沃760。他们俩心情都很好,以至于和睦相处了好几周。索雅和安妮塔居然趁机安排四人共进了几次晚餐。鲁尼和安妮塔的儿子当时刚迈入青春期,正值各种不讨人喜欢、不懂礼貌的时候,坐在桌子一角像个闷闷不乐的摆设。这孩子生来就是个暴脾气,索雅曾不无忧伤地说。但欧维和鲁尼居然破天荒地还能在晚上一起来上一杯威士忌。

　　那年夏天最后一顿晚餐，很不幸，欧维和鲁尼都决定要烧烤。当然他们很快就围绕"何种步骤点燃欧维的烧烤架更高效"这个问题争执了起来。十五分钟以后，由于争吵的音量过高，索雅和安妮塔都不得不同意还是各自回家吃饭更好。两个男人直到各自卖掉旧车，一个买了一辆新沃尔沃760（涡轮驱动），另一个买了辆萨博9000之后，才又说上话。

　　那段时间内，小区里的邻居搬进又搬出。最后那些联排别墅门斗里的新面孔太芜杂，他们干脆揉在一起成了灰色的一团。原来长着树林的地方，现在只剩几台大吊车。欧维和鲁尼站在各自家门口双手顽固地插在兜里，就像两尊屹立于新时代的古老纪念碑，贼眉鼠眼的房地产经销商扎着西柚大的领带结穿行在狭小的街道上，看他们俩的眼神如同秃鹫看见上了年纪的水牛。欧维和鲁尼都意识到，可不能等他们招来几个顾问住进那些房子里。

　　鲁尼和安妮塔的儿子刚满二十岁就离开了家，那是九十年代初。欧维从索雅那里得知，他去了美国。之后他们几乎没见过他。圣诞前后，安妮塔还能接到个把电话，但"他自顾不暇呀"，安妮塔想起精神来的时候总这么说，虽然索雅明明看见她强忍泪水。有些男孩可以头也不回地抛开一切一走了之。仅此而已。

　　鲁尼从未对此发表意见，但认识他很长时间的人都发现，之后的几年里，他矮了好几公分，就好像他在深深叹了口气后塌陷下去，从此再没能真正喘上气来。

　　几年后，欧维和鲁尼为了集中供暖的事争执了不下百次。一次居民大会中，欧维一怒之下夺门而出，从此再也没有回来。两个男人之间的最后一战发生在二十一世纪初。鲁尼从亚洲订了个自动割草机器人，可以独自在屋后的草坪上疯狂地割草。鲁尼可以远程编制程序让它以"特殊的模式"工作，一天索雅从安妮塔家回来后激动地说。欧维很快意识到，所谓"特殊的模式"，就是这个机器杂种坚持不懈地整夜在欧维和索雅的卧室窗前转悠着兴奋地吵吵。一天夜里，索雅看到欧维提起一把螺丝刀从院门冲了出去。第二天早晨，机器人无缘无故地一头扎进了鲁尼的游泳池。

之后那个月，鲁尼第一次进医院。他再也没买新的割草机。欧维自己也不清楚他们之间的仇恨是什么时候开始的，但他知道，此时此刻一切都结束了。从此以后，一切的记忆就只剩下欧维一个人，再也没有鲁尼。

一定有人会觉得，男人的感情怎么能用他们开的车来解读。

当他们刚搬进联排别墅区的时候，欧维开一辆萨博96，而鲁尼开一辆沃尔沃244。意外之后，为了能装下索雅的轮椅，欧维换了一辆萨博95。同年鲁尼换了辆沃尔沃的245，好装下童车。三年以后，索雅换了一辆现代的折叠轮椅，于是欧维买了两厢的萨博900。鲁尼买了辆沃尔沃265，因为安妮塔开始念叨着想要第二个孩子。

然后欧维又买过两辆萨博900，直到他买了第一辆萨博9000。鲁尼又买了一辆沃尔沃265，后来换成了沃尔沃745。但第二个孩子没有来。一天晚上索雅回家说安妮塔去看了医生。

一周后，鲁尼的车库里进了一辆沃尔沃740，三厢的。

欧维洗萨博的时候瞥见了那辆新车。当晚鲁尼提着半瓶威士忌来找他，但对于那件事，他们只字不提。

　　或许没能出世的孩子带来的悲伤本来可以拉近这两个人的关系。但这种形式的悲伤是不可靠的，如果两个人不分担这份悲伤，就会被这悲伤分开。或许欧维无法原谅鲁尼是因为尽管他已经有了一个儿子却根本不知道如何与之相处。或许鲁尼无法原谅欧维是因为他无法得到欧维的原谅。或许他们都无法原谅自己，因为没能把自己深爱的女人最想要的东西给她们。然后鲁尼和安妮塔的小家伙长大了，一有机会就远走他乡。于是鲁尼就去买了一辆只坐得下两个人和一个手袋的宝马跑车。因为现在只剩下他和安妮塔两个人，他们在停车场相遇时他对索雅说。"总不能一辈子开沃尔沃。"他口是心非地笑着。她听出他有些哽咽。就是在那一刻，欧维意识到，一部分的鲁尼已经永远放弃了。因此，或许无论是欧维，还是鲁尼，都无法原谅他。

　　所以，肯定有人觉得男人的感情可以用车来解读，但他们错了。

29

一个叫欧维的男人和一个同性恋者

"好好说，我们到底去哪儿？"帕尔瓦娜喘着大气问。

"去修个东西。"欧维在她三步之前简短地回答，猫咪小跑着跟在身边。

"什么东西？"

"一个东西。"

帕尔瓦娜停下来喘口气。

"这儿！"欧维大吼一声，在一家咖啡馆门口急停。

隔着玻璃门，飘来新出炉的酥皮羊角包的香味。帕尔瓦娜抬头看看对面的停车场，萨博就停在那儿。原来他们的车离咖啡馆已经不能再近了。欧维一开始就坚持认为咖啡馆在小区的另一边。帕尔瓦娜建议就把车停在那边，但那里每小时的停车费比这边高了一克朗，只得作罢。

相反他们把车停在了这儿，然后绕着小区整整转了一圈才找到咖啡馆。帕尔瓦娜很快发现欧维就是那种人——即使不知道往哪儿走，也会坚定不移地走下去，并且相信道路迟早会迎合他。现在，当他们发现咖啡馆就在车对面的时候，欧维自然又摆出一副一切都是按他计划的样子。帕尔瓦娜擦掉挂在脸颊的汗珠。

这儿坐着个胡子拉碴的人，倚着身后的墙朝地面半躺下去，面前放着一个纸杯。咖啡馆门口，欧维、帕尔瓦娜和猫咪遇到一个眼睛下黑得像抹了烟灰似的二十出头的小伙子。想了好一阵，欧维才意识到，这就是他第一次在自行车棚外遇到的那个男孩，他当时就站在那个扛自行车的小伙子的身后。此刻他端着盛有两个三明治的纸盘子冲欧维笑，看上去同样小心翼翼，欧维只好无奈地点点头。就好像他想说，即使他无心回应对方的笑容，但他看到了。

"为什么不让我停在那辆红色车旁边？"他们走进玻璃门的时候，帕尔瓦娜问。

欧维不回答。

"我能做到。"帕尔瓦娜自信地说。

欧维疲惫地摇摇头。两小时前，她都不知道离合器在哪儿，现在她居然因为不让她停车而生气。

一进店门，欧维就瞥见那个眼睛下擦着烟灰的男孩把三明治给了那个胡子拉碴的人。

"嘿，欧维！"一个声音喊得太激动，破成尖锐的高音。

欧维转过身，看见那个在车棚为自行车跟他吵架的小伙子，站在店前一张擦得锃亮的长柜台背后。欧维注意到他戴着鸭舌帽，在室内。

帕尔瓦娜和猫咪在柜台前各自的吧台凳上自得其乐。帕尔瓦娜一个劲擦额头上的汗，尽管屋里跟冰窖似的，比街上还冷。她

230 ·

从吧台上的水壶里倒了杯水喝，猫咪满不在乎地趁她不注意往杯子里舔。

"你们互相认识？"帕尔瓦娜看着小伙子惊讶地问。

"我和欧维算是哥们儿。"小伙子点头。

"是吗？我和欧维也算是。"帕尔瓦娜模仿着他直白的热情，笑了起来。

欧维在柜台一定距离外停下脚步，就好像靠太近会有人上来给他个拥抱似的。

"我叫阿德里安。"小伙子说。

"帕尔瓦娜！"帕尔瓦娜说。

"你们要喝点什么吗？"阿德里安转身问欧维。

"啊！拿铁！"帕尔瓦娜边说边用纸巾拍着额头，语气就像突然有人过来按了按她的肩膀，"要是你们有的话，最好是冰拿铁。"

欧维把身体重心从右脚移到左脚，窥探了一下店内。欧维从来不喜欢咖啡馆。索雅当然是爱死咖啡馆了，可以在里面坐上一整天，"就为了看看人"，她这么说。欧维曾经总是坐在她身边看看报纸。每个周日，他们都这样度过。自从她去世后，他再也没进过一家咖啡馆。他抬起头，发现阿德里安、帕尔瓦娜和猫都在等他回答。

"那就咖啡吧。"他回答。

阿德里安在帽子底下挠挠头。

"那就是……意式浓缩喽？"

"不是，就咖啡。"

阿德里安从头挠到下巴。

"那是……黑咖啡？"

"对。"

"加奶不？"

"加奶就不叫黑咖啡了。"

阿德里安移了移柜台上的糖罐，可能只是为了做点什么，好别看上去太蠢。迟了点，欧维心想。

"普通过滤咖啡！悲催的普通过滤咖啡！"欧维嚷嚷起来。

阿德里安点点头。

"哦……对了，是这样。那啥，我不知道怎么做过滤咖啡。"

欧维当时的表情，就像听到有人对他说不知道怎么用水壶接水、把咖啡粉盛在滤纸上以及再按个开关一样。他指指小伙子身后操作台上不起眼的角落里放着的蒸馏咖啡机。它被跟前硕大的银色飞船状机器挡掉了一半，但欧维知道这玩意儿就是做意式浓缩的。

"哦，那个呀。"阿德里安冲蒸馏咖啡机点点头，恍然大悟。

然后他又朝欧维转过身。

"嗯，那啥，我不知道那玩意儿咋使。"

"这不是明摆着……"欧维嘟囔着走进柜台。

他把小伙子撵到一边，举起咖啡壶。帕尔瓦娜大声咳嗽了一下，欧维瞪了她一眼。

"干吗？"他说。

"干吗？"她重复了一遍。

欧维扬起眉毛，她耸耸肩。

"谁能告诉我，我们在这儿干吗？"

欧维开始往壶里灌水。

"这小家伙有辆自行车要修。"

帕尔瓦娜露出笑容。

"就是挂在我们车后的那辆自行车？"

"你把它带来了呀！"阿德里安突然激动地对欧维说。

"你又没车。"欧维边回答边在一个吊柜里翻找滤纸。

"谢谢啊，欧维！"阿德里安说着朝他跨近一步，但一下子清醒过来，赶快停下，没有进一步做出傻事来。

"这么说是你的自行车喽？"帕尔瓦娜笑道。

阿德里安点点头，然后又马上摇起头来。

"那啥，不是我的车，是我妞的车。其实，是我想让她做我妞……是这么回事。"

帕尔瓦娜窃笑。

"我和欧维这么大老远开了一圈就是为了给你送车来修？为了个妞？"

阿德里安点点头。帕尔瓦娜靠到柜台上，拍拍欧维的胳膊。

"知道吗，欧维？有时候我甚至觉得你还挺好心的呢。"

欧维不喜欢她说话的语气。

"你这儿到底有没有工具？"欧维边问阿德里安，边拿开胳膊。

阿德里安点点头。

"那快去拿来呀，自行车就在停车场里的萨博上。"

阿德里安飞快地点点头，转身走进厨房。几分钟后，他拿着个巨大的工具箱回来，径直往门口赶。

"你闭嘴。"欧维对帕尔瓦娜说。

帕尔瓦娜的嘴角挂着那种狡黠的笑，提示欧维她一点儿都不想闭上嘴。

"我把自行车带这儿来，只是不想他把我家的储藏室弄得一团糟。"他嘟囔道。

"没错，没错！"帕尔瓦娜点头大笑起来。

欧维又忙活着找起滤纸来。在门口，阿德里安和那个眼睛下擦着烟灰的男孩撞了个满怀。

"我只是，那啥，去拿个东西。"阿德里安说，那些话，就像他刚推倒的高大纸箱。

"这是我们店长！"阿德里安指着那个眼睛下擦着烟灰的男孩，回头冲欧维和帕尔瓦娜喊。

帕尔瓦娜立马站起身，礼貌地伸出手。欧维忙着翻柜台背后的抽屉。

"你们……干什么？"眼睛下擦着烟灰的男孩饶有兴趣地看着这个藏身在咖啡馆柜台背后的中老年男子。

"小家伙要修自行车。"欧维回答，就好像地球人都该知道似的。

"你把做正经咖啡的滤纸都放哪儿了？"欧维随后问道。

眼睛下擦着烟灰的男孩指了指，欧维抬头看他，眯起眼睛。

"你化妆了？"

帕尔瓦娜冲他嘘了一声，欧维看上去很不服气。

"怎么？问问不行啊？"

眼睛下擦着烟灰的男孩紧张兮兮地笑笑。

"对，化妆了，"他点点头，开始揉眼眶，"昨晚我出去跳舞来着。"帕尔瓦娜马上心照不宣地从手袋里抽出一张湿纸巾递过去，男孩感激地笑了。

欧维点点头，回到咖啡机跟前。

"你是不是也有什么自行车坏了？爱情？女人？"他漫不经心地问。

"没有，没有，反正没自行车什么事。我想爱情也没什么可说的。反正……反正没什么女人的事。"烟灰男孩回答。

他轻轻扬起嘴角。当沉默超过十五秒，他开始抚弄起自己的衬衣下摆。欧维按下咖啡机上的开关，听它开始吱吱作响，然后转过身往柜台内侧一靠，就好像即使他不在这儿工作，这样做也完全没什么奇怪的。

"这么说，你是基佬？"他冲着烟灰男孩点点头。

"欧维！"帕尔瓦娜说着，又打了一下他的胳膊。

欧维拿开胳膊，一脸不满。

"问问怎么啦？"

"那不叫……这个。"帕尔瓦娜厉声说，显然不想让那个词从自己嘴里蹦出来。

"基佬？"欧维重复了一遍。

帕尔瓦娜又奔着他的胳膊打过去，但欧维飞快地闪开了。

"不能这么叫！"她命令道。

欧维不得要领地朝烟灰男孩转过身去。

"不能叫基佬了？那现在都怎么叫来着？"

"叫同性恋者，或者……同志。"帕尔瓦娜忍不住脱口而出。

欧维先看看她，看看烟灰男孩，然后又看看她。

"哈，想叫什么都行啊，没事。"烟灰男孩笑道，转向柜台，套上一件围裙。

帕尔瓦娜哼了一声，冲欧维批判地摇摇头，欧维同样也冲她批判地摇摇头。

"没错，没错——"他开始边思索边用手指在空中打着圈，就像拉丁舞编到一半，摸索着下一个动作。

"就是那种……搞基的人，你是其中一个，是不是？"

帕尔瓦娜看着那个烟灰男孩，就像要跟他解释说欧维刚从某个精神病院晚期住院部逃出来，没必要跟他一般见识，但烟灰男孩看上去根本没往心里去。

"对，对。我就是那种。"

"懂了。"欧维点点头，转身拎起还在沸腾的咖啡壶，开始往杯子里倒咖啡。

然后他端起杯子，一言不发地出门朝停车场走去。烟灰男孩也没对他擅自带着杯子出门发表意见。毕竟这个男人已经自封为这家咖啡馆的柜员，和店长才相识五分钟就开始打听对方的性取向。都这样了，还费什么口舌？

萨博旁站着阿德里安，看上去就像在森林里迷了路。

"没事吧？"欧维委婉地问，同时呷一口咖啡，看着还没从车上解下来的自行车。

"呃……你知道不？那啥，我去。"阿德里安的胸口突然一阵奇痒。

欧维瞪了他足有半分钟，又呷了一口咖啡，点点头，一脸像是捏到了烂牛油果的失望。他把咖啡杯往男孩手里一塞，上前一步亲手解下自行车，颠了个个儿放到地上，并打开小伙儿从咖啡馆里拿出来的工具盒。

"你爸爸没教你怎么修自行车？"他一边头也不抬地说，一边弯下腰检查扎破的车胎。

"爸爸在牢里。"阿德里安挠挠肩膀，声音小得几乎听不见。

他像是在找地洞，好往里钻。欧维停下手上的活儿，抬头审视着他，他低头看着地面，欧维咳嗽一声。

"其实也不难。"他一边说一边做了个手势，让他坐到地上。

补胎花了十分钟。欧维平铺直叙地讲解着，阿德里安从头到尾默不作声。但他很专注，也很聪明，尽可能不走神，这欧维得承认。可能动起手来并不像动嘴那么笨拙。他们用后备厢里的抹布擦掉灰土，尽量避免目光接触。

"希望是个好女孩儿。"欧维关上后备厢时说道。

阿德里安一时不知道如何接话。

他们再次走进咖啡馆的时候，店里多了个立方体身形、穿花衬衣的矮个男人，站在一架梯子上拿螺丝刀拧着什么。欧维猜是暖风机。烟灰男孩站在梯子下方，用双手举着一堆不同型号的螺丝刀，时不时擦一下残留在眼睛周围的眼影，抬头注视着胖子，神情紧张，就像担心露出什么破绽。帕尔瓦娜兴奋地朝他转过身。

"这是阿迈尔，咖啡馆是他开的。"这些话就像刚从开闸的水管里跑出来。她指着梯子上的方形男人。

阿迈尔没有转身，但是嘴里蹦出一长串辅音，欧维没听明白，但还是忍不住怀疑那是一堆猥亵的词汇和人体器官。

"他说什么？"阿德里安问。

烟灰男孩惴惴地扭动着身子。

"哦……他说……这个东西，这个暖风机不咋……"

他匆匆看了阿德里安一眼，立刻又低下头去。

"他说这玩意儿跟同性恋似的，不顶用。"他说话声太低，只有欧维能听见，因为他碰巧离得最近。

而帕尔瓦娜正乐呵呵地指着阿迈尔说：

"就算听不懂，也知道他满嘴脏话！这人就像你的翻版，欧维！"

欧维看上去不怎么乐意，阿迈尔也是。他停下手上的活儿，拿螺丝刀指着欧维。

"那只猫，是你的吗？"

"不是。"欧维回答。

其实他也并非想否认这是他的猫，只是想声明它不属于任何人。

"猫出去！咖啡馆里，动物禁止入内。"阿迈尔嚷嚷道，辅音乱蹦，就像淘气的小孩玩造句。

欧维饶有兴趣地打量着阿迈尔头顶的暖风机，看看吧台凳上的猫，又看看仍然捧在阿德里安手上的工具盒，然后又是暖风机，最后目光回到阿迈尔身上。

"我帮你把它修好，猫留下。"

他的语气里陈述大于疑问。阿迈尔看上去有些不知所措，等回过神来，他已经从梯子上的人变成了扶梯子的人，连他自己也解释不清究竟是怎么回事。欧维在上头捣鼓几分钟后，爬下梯子，手掌在裤腿上一擦，把螺丝刀和一把扳手往烟灰男孩手里一塞。

"你居然修好了！"看着屋顶上暖风机的风扇略显疲惫地干咳一声后慢慢转动起来，穿花衬衣、身材四方的男人喜出望外地惊叹一声。

他转过身，大大咧咧地把两只皱巴巴的大手往欧维的双肩一搭。

"威士忌，你要不要？厨房里，我有威士忌！"

欧维看看表，现在是下午两点一刻。他不安地摇起头来，一是因为威士忌，二是因为阿迈尔搭在他肩上的手。烟灰男孩走进吧台背后的厨房，仍在疯狂地揉着眼睛。

半小时后，猫咪和欧维走向萨博的时候，阿德里安追上他们，小心翼翼地拽拽欧维的袖子。

"伙计，你可别跟人说米尔莎德是……"

"谁？"欧维不解地打断他。

"我老板。"阿德里安说。

看到欧维好像还是不得要领，他只好补充道："化妆的那个。"

"搞基的那个？"欧维问。

阿德里安点点头。

"那啥，他爸爸……那啥，阿迈尔……他不知道米尔莎德是……"

阿德里安结结巴巴地寻找措辞。

"搞基的人？"欧维填了空。

阿德里安点点头。欧维耸耸肩。帕尔瓦娜蹒跚着追上他们，气喘如牛。

"你去哪儿了？"欧维问她。

"我只是给了他点零钱。"帕尔瓦娜一边回答，一边冲墙角边胡子拉碴的人点头。

"你明知道他只会拿钱去买烧酒喝。"欧维厉声说。

帕尔瓦娜瞪了瞪眼睛，欧维总觉得那眼神里满是嘲讽。

"哦？是吗？我真希望他会用这钱去还大学里粒子物理学课程的助学贷款呢。"

欧维打了个喷嚏，来到车前。阿德里安站在车的另一边。

"还有什么事？"欧维问。

"米尔莎德的事你谁都不告诉，说真的。"

欧维像煞有介事地冲他一指：

"你呀！要买法国车的可是你自己。别管别人闲事了，你自己的麻烦已经够多了。"

30

一个叫欧维的男人和一个没有他的社会

欧维擦掉墓碑上的积雪，竭力在结冻的硬土上挖坑，好插上鲜花。他站起身，拍拍身上的尘土，不无羞愧地望着她的名字。他总是埋怨她爱迟到，如今他自己往这儿一站，显然完全无法兑现追随她的承诺。

"这日子过得真是太遭罪了。"他对着石碑说。

然后又陷入沉默。

他也不知道究竟从何时开始，他变得如此沉默。她的葬礼以后，日复一日地似水流转，他也不清楚这期间自己究竟做了些什么。索雅去世以后，直到帕尔瓦娜和那个帕特里克把车径直开进他的花坛。这段时间里，他根本想不起来跟哪个大活人说过一个词。

有时他会忘记吃晚饭。记忆中好像从来没有这样的情况。自从将近四十年前，他在那列火车上坐到她身边之后，也没有过。只要索雅在，生活就有规律。欧维每天差一刻到六点时起床，煮咖啡，出门巡逻。六点半索雅洗完澡，他们一起吃早饭喝咖啡。索雅吃鸡蛋，欧维吃三明治。七点零五分，欧维把她抱到萨博的副驾驶座上，把轮椅塞进后备厢，开车把她送去学校，然后自己开车上班。十点一刻不到，他们各自休息喝杯咖啡。索雅在咖啡里加牛奶，欧维喝黑咖啡。十二点午餐。三点一刻不到又是休息时间。五点一刻，欧维到学校接索雅，把她抱上副驾驶座，把轮椅塞进后备厢。六点他们坐到厨房餐桌前共进晚餐。通常是肉和土豆佐以酱料，这是欧维的最爱。然后她坐到靠椅上垂着毫无知觉的双腿解填字游戏，这时候欧维就去外面的储藏室捣鼓一阵或者看会儿新闻。九点半欧维抱起她去楼上的卧室。意外之后的几年里，她一直对他念叨着应该把卧室换到楼下的客房来，但欧维拒绝了。十几年后，她意识到，这是他向她表达绝不放弃的方式。不管上帝、宇宙还是何方神圣，都休想取胜。都见鬼去吧。于是，她再也不提。

周五晚上，他们会一直看电视到十点半。周六，早饭通常会推迟，有时甚至会推迟到八点，然后他们出门逛街。建材市场、家具城和园艺市场。索雅买土壤，欧维看看各种工具。他们只有一栋带一小片后院的联排别墅，门前有一小排花坛，但总有些花花草草要种，总有些地方要修修补补。回家路上，他们会吃个冰激凌。索雅吃巧克力口味的，欧维吃果仁味的。每年冰激凌都会涨一次价，每份贵个一克朗，这时候索雅就会说："这可要了欧维的命呀。"回到排屋后，她就从厨房的院门推着轮椅到院子里。欧维帮助她从轮椅上下来，坐到地上。在花坛里种花是索雅最爱做的事，因为这时候即使无法站起来也没什么大不了的。欧维就找来一把螺丝刀进屋。房子最大的好处就是永远修不完，总有那么个把螺丝等着欧维去紧一紧。

星期天他们会找个咖啡馆喝咖啡。欧维看报纸，索雅聊天。然后又是星期一。直到某个星期一，她消失了。

欧维也不知道他是什么时候变得如此沉默的。或许他开始常在心里说话，或许他快要疯了。有时他会这么想。好像他根本不想听别人对他说话，因为嘈杂的闲聊会淹没他对她声音的记忆。

他用手指温柔地抚过墓碑，就像抚过一条厚毛毯的长穗。他从来不理解年轻人整天念叨的"寻找自我"。他常听公司里三十来岁的同事这么说。他们念念不忘地想要更多业余时间，就好像这是工作的唯一目标：做到不用再做为止。索雅曾经嘲笑欧维，说他是世上最不灵活的人。欧维不愿把它当作耻辱。他只是喜欢循规蹈矩，仅此而已。凡事都该有个规律，让人有所遵循。他不理解这怎么就成了缺点。

索雅总是跟人说，二十世纪八十年代中期，欧维曾在她的劝说下——这只能归因于一时精神错乱——买了一辆红色的萨博，尽管她认识他的这些年来，他总是开蓝色的。"那是欧维一生中最糟糕的三年。"索雅嬉笑道。从那以后，欧维再没开过蓝色萨博以外的车。"别的太太总是因为先生没有注意到自己的新发型而生气，我理完发，因为看上去和平常不一样，先生几天不理我。"索雅总是这么说。

欧维最思念的就是这些。曾经平常的这一切。

　　他认为，做人就要做有用的人。他从来都是有用的人，这是不争的事实。他做了一切社会需要他做的事：工作、从不生病、结婚、贷款、缴税、自食其力、开正经的车。社会是怎么报答他的？它冲进办公室让他卷铺盖回家，这就是报答。

　　某个星期一，突然他就没用了。

　　十三年前，欧维买了一辆蓝色萨博9-5两厢。没过多久，通用汽车的美国佬就买走了公司里最后一份瑞典人的所有权。欧维合上报纸一通脏话，一直骂到下午，之后再也没有买过车。休想让他把腿迈进一辆美国车，除非双腿连着身子一起先进了棺材，这他们可得搞清楚。索雅当然更仔细地读了这篇报道，也反对欧维对接管者国籍的历史成见，但这于事无补。欧维已经下定决心，绝不动摇。这辆车他要一直开下去，直到车毁或是人亡。从此以后，再没有什么正经汽车了，他认定。如今那些破车里只剩一堆破电子仪器，感觉就像开着台电脑。想不违反"保修协议"擅自打开发动机盖都不可能。索雅说，欧维葬礼的那天，这辆车会伤心到熄火的，或许真会这样。

　　"凡事都有个期限。"她经常会这么说。比方说，四年前医生为她开诊断书的时候，她比欧维更宽容。她原谅了上帝、宇宙和所有的一切。但欧维却怒火中烧，因为他觉得总得有人为她站出来抱不平，因为他受够了，因为当所有噩运都向这世上他唯一觉得不该承受的人袭来时，他一天都无法忍受。

　　于是他与全世界抗争。他与医院的医护人员争吵，与专家争吵，与主治医师争吵。他与那些在政府工作的白衬衫争吵，到最后，白衬衫实在太多，他根本记不住他们的名字。保险公司里，这个人负责这项政策，那个人负责那项，索雅生病了找这个人，坐轮椅找另一个人。第三个人处理她离职的事，第四个人替她跟政府有关部门解释她需要的正是——去工作。

但他斗不过那些穿白衬衫的，也斗不过诊断书。

索雅得的是癌症。

"我们顺其自然。"索雅说。他们就是这么做的。索雅继续为她挚爱着的熊孩子们工作，直到欧维必须每天把她推进教室里，因为她自己已经无能为力。一年后，她的工作量降到了75%，两年后降到了50%，三年后是25%，最后不得不病退回家的时候，她还给每个学生写了封长信，鼓励他们想找人说话时就给她打电话。

几乎每个人都打来过电话。他们接踵而至。有个周末，排屋来的人太多，欧维不得不出门在储藏室里待了整整六个小时。晚上，最后一个人回家之后，他就在屋子里打转，仔细检查有没有人偷了东西。像往常一样，直到索雅喊他别忘了数数冰箱里的鸡蛋，才罢休。他一边抱着她上楼，把她放到床上，一边听凭她笑话他。入睡前，她转过身，把手指钻进他的掌心，把鼻子埋到他的锁骨上。

"上帝把我的孩子带走了，我亲爱的欧维，但他又给了我一千多个。"

第四年她死了。

如今他站在这里，用手抚过她的墓碑，一遍又一遍，就像他想这样把她唤醒。

"我去阁楼上拿你爸爸的猎枪。我知道你不喜欢，我也不喜欢。"他平静地说。

他深吸了一口气，就好像得沉住气才能不被她说服。

"一会儿见！"他坚定地说着，蹬掉鞋上的雪，就好像他不想给她反驳的机会。

然后他沿着那条小径朝停车场走，猫咪懒散地跟在身边。穿过那道黑色的大门，绕过仍在后备厢上贴着练车标志的萨博，打开副驾驶座那侧的车门。帕尔瓦娜瞪着那双充满同情的棕色大眼睛看着他。

"我想到一件事。"她一边小心翼翼地说，一边挂上挡掉转车头。

"我不干。"

但她并不罢休。

"我只是想，要是你愿意，我可以帮你收拾房子。或许可以把索雅的东西收进盒子……"

还没等她把索雅的名字说完，欧维的脸色就阴沉下来，好像愤怒立刻凝结成一副面具。

"别说了。"他的吼声在整个车厢里回荡。

"我只是想……"

"别他妈的再说一个字！明白了吗？"

帕尔瓦娜默默地点头。回家的一路上，欧维都冲着窗外怒目而视。

31

一个叫欧维的男人
挂着拖斗倒车，又来了。

今天应该是欧维死的日子。今天他妈的怎么都应该做个了断。

他把猫放出门，把装着信的信封和所有文件放到大厅门口的垫子上，从阁楼上取下枪。并不是因为他喜欢枪，只是索雅去世后，他对枪的反感远不如他们小房子里留下的空白严重。是时候了。

今天本该是欧维死的日子。很可能什么地方的某个人意识到，唯一能阻止他的方法，就是找个碴把他惹怒，让他不能自已。

于是，现在，他反而站在了房子中间的小路上，双臂倔强地在胸前交叉，看着那个穿白衬衫的人说：

"电视没什么好看的。"

整个对话过程中，穿白衬衫的男人都面无表情地观察着他。其实，自从欧维见到他以来，他都表现得更像一台机器，而不是一个人。就跟欧维这辈子一路抗争过的其他白衬衫一个德行。在意外以后，那些说索雅应该死的人，那些拒绝承担责任的人，那些拒绝替别人承担责任的人，那些不愿意在学校里搭建残疾人坡道的人，那些不想让她工作的人，那些刨遍所有文件斟词酌句就为了逃过一些保险赔付的人，那些想把她送进疗养院的人，都别无二致。

他们都拥有同样空洞的眼神，就好像他们只是一些到处破坏别人生活的行尸走肉。

但正当欧维说完电视没什么好看的时候，他头一次看到那个穿白衬衫的人太阳穴处有一丝颤动。一丝挫败感，大概是。盛怒，或许吧。鄙夷，很可能。但这是欧维头一回清楚地看到自己踩到了白衬衫的尾巴。所有白衬衫中，这是头一回。

那人咬紧牙关，转身离开。但不再是政府公务员那种气定神闲的步伐，有些别的情绪在其中：愤怒、难耐、仇恨。欧维已经很久很久没有感觉这么良好了。

今天他本来应该死的。他原本打算一吃完早饭就平平静静地往自己脑袋上来一枪。他收拾干净厨房，放走猫，从阁楼上拿下枪，心平气和地往靠椅上一坐。他这样安排，是因为猫咪照例会在这个时间要求出门解决生理问题。这是猫身上少有的一个让他欣赏的品质：它们不喜欢在别人家拉屎屁。欧维也是这样的人。

这时候，当然是帕尔瓦娜敲响了他家的门，就像门背后是人类文明里仅剩的一间可用厕所。就像她家容不得她撒尿，女人。欧维把枪藏到暖气片后，省得她看见以后又要插嘴。他打开门后，她把手机一推，强行摁在他手里。

"这是怎么回事？"欧维边问边用食指和大拇指提着手机，就好像手机散发着恶臭。

“打给你的，”帕尔瓦娜大声说，一边捂着肚子一边擦着额头上的汗，尽管室外气温还是零下，“是那个记者。”

“我要她的手机做什么？”

“我的天啊，不是她的手机，这是我的手机，她打过来的！”帕尔瓦娜不耐烦地回答。

然后她从他身边挤过，朝厕所冲过去，他都没来得及抗议。

“啊哈。”欧维说着把手机举到离耳朵几厘米处，也不知道他在跟帕尔瓦娜还是电话另一端的人说话。

“喂！”那个叫莱娜的女记者喊道，那音量让欧维觉得，最好还是把手机再拿开几厘米。

“这么说你准备好接受采访了！”她高兴地吆喝。

“没有。”欧维边说边把手机拿到面前，研究怎么挂断。

“你看了我给你写的信了吗？”里面传出女记者的喊声。

“还有报纸。你看报纸了吗？我想你应该先看看，好对我们的采访风格有所了解。”趁他没马上回答，她大喘了口气。

欧维走出厨房，拿起阿德里安穿着邮递员制服送来的报纸和信。

“你看了吗？”女记者喊。

“你冷静点儿，我这就看。”欧维对着手机高声说，然后往厨房操作台上一靠。

“我只是想知道……”她仍然不依不饶。

“你这人就不能冷静一下吗？”欧维吼了一声，她闭上嘴。

报纸翻来覆去的声音从他这端传了过去。那端，马上传回墨水笔不耐烦地敲击写字台的声音。

"你们现在完全不做调查吗？"欧维最后嘟囔道，还恶狠狠地瞪了手机一眼，就像这全是手机的错。

"'迪拜摩天楼哈利法塔上的大气餐厅以442米的高度一举成为世界上最高的餐厅。'这上面是这么写的。"欧维念道。

"啊哈，那篇文章不是我写的……"

"但你他妈的总该承担一点儿责任吧？！"

"什么？"

"这分明就是误导。"

"那个……我们好好说，欧维，整张报纸那么多文章，你偏偏要挑最后一篇最……"

"阿尔卑斯山上还有餐厅呢！"

人思考的时候特别安静。女记者深深叹了口气。

"好吧，欧维，这确实是误导。但我说过这文章不是我写的。我估计文章的作者指的是地面高度，不是海拔高度。"

"那可是天大的差别呀。"

"是，是，说得没错。"

她又更深地叹了口气。她很可能本打算在叹气之后言归正传——其实就是想让欧维重新考虑下采访。但现在她就做梦去吧。因为这时候欧维已经走进客厅，看到一个穿白衬衫的人开着一辆白色斯柯达经过他的房子。也因此，很可能今天不是欧维死的日子。

"喂！"女记者刚喊出口，欧维已经冲出家门。

"哟哟哟。"帕尔瓦娜不安地念叨，她才走出厕所，就看见欧维在房子之间奔跑起来。

在鲁尼和安妮塔家门口，穿白衬衫的男人从斯柯达上下来。

"够了，你给我听着！这个社区内禁止车辆通行！一米都他妈的不行！你听明白了吗！"还没跑到那人跟前，欧维就开始喊。

那个穿白衬衫的小个子男人高高在上地从上衣口袋里掏出一包烟来，平静地迎向欧维的目光。

"我有许可证。"

"你他妈的有个屁！"

穿白衬衫的男人耸耸肩，更像在驱赶某种恼人的飞虫。

"那你到底打算怎么办吧，欧维？"

这问题其实让欧维有些措手不及。这是第二次。他卡在那里，手气得直抖。十来句谩骂含在嘴里蓄势待发，但他自己都没承想，此刻一句说不上来。

"我知道你是谁，欧维。我知道你为你太太的意外和病情写的那些信。要知道，你在我们办公室里可是个传奇。"穿白衬衫的人用缺乏起伏的声音说道。

欧维的嘴抿成一条缝，穿白衬衫的人冲他点点头。

"我知道你是谁，我只是在完成工作。决定就是决定。你什么都做不了，事到如今，你应该学乖了吧。"

欧维朝他走近一步，但穿白衬衫的人伸出一只手来按在他胸口，一把推开他。不算粗暴，只是轻柔却果断的一推，就像那只手并不属于他，只是由某个高层机构的机器人通过电脑控制中心远程操控着。

"回家看电视去吧。趁你的心脏还没得什么大病。"

那个果敢的女人从斯柯达的副驾驶座上走下来，一模一样的白衬衫，手里捧着一大堆文件。穿白衬衫的男人"哗"的一声锁上车，然后，他转身背对欧维，就像欧维从未站在那里和他说过话。

待穿白衬衫的男人走进鲁尼和安妮塔家，欧维握紧拳头站在原地，下巴撅得像头怒火中烧的雄性驼鹿。几分钟后，他才反应过来，掉转身，愤怒却坚定地朝帕尔瓦娜家走去。帕尔瓦娜正站在小路半道上。

"你那个不中用的男人在不在家？"欧维呿喝一声，没等她回答，就走过去。

帕尔瓦娜还没来得及点头，欧维已经三步并作两步来到她家门口。

帕特里克拄着拐杖打开门，石膏裹着半个身子。

"嘿，欧维，你好！"他雀跃地打招呼，还试图挥了挥拐杖，效果立竿见影——他倒在了一面墙上。

"你们搬家用的那个拖斗车呢？你从哪儿弄来的？"欧维问。

帕特里克用那条健康的胳膊支着墙，像要表示他之前的失足恰是有意为之。

"什么？哦……那个拖斗呀，是我跟公司的一个家伙借的。"

"打给他，再借过来。"还没等被请进门，欧维说着迈进客厅。

因此这天欧维没有死。有人把他惹怒了，占据了他的注意力。

整整一小时后，穿白衬衫的那对男女从鲁尼和安妮塔家出来，他们发现那辆印着市徽的小白车被一辆硕大的拖斗车挡在了狭小的街道里。一定是有人趁他们在屋里的时候把拖斗车停到这里来的，恰好挡住了他们的退路。

女人看上去真有些蒙，但男人直接来找欧维。

"是你干的吗？"

欧维双手一插，冷眼以对。

"不是。"

穿白衬衫的男人放肆地笑起来。所有为所欲为惯了的白衬衫遭遇反抗时都会这么笑。

"马上给我挪开。"

"不可能。"欧维说。

穿白衬衫的男人叹了口气，就好像他在对着孩子说话。

"把拖斗挪开，欧维。不然我报警了。"

欧维摇摇头，指指远处墙上的标牌。

"社区内禁止车辆通行。标牌上写得很清楚。"

"除了站在这儿玩文字游戏，你就没什么更好玩的了？"穿白衬衫的人怒道。

"电视没什么好看的。"

就是这个时候，对方的太阳穴抽搐了一下，就好像面具裂开了一点点。他看着拖斗车，卡在小道上的斯柯达，标牌，以及双手交叉站在他面前的欧维，看上去像是起了暴力威胁欧维的念头，但似乎马上意识到这不是个好主意。

"这太蠢了，欧维。这实在是太蠢了。"他最后愤愤地吐出这句话。

那双蓝色的眼睛头一回充满了怒火，欧维寸步不移。穿白衬衫的男人迈着那种"这事没完"的步伐，转身朝车库和大路方向走去。捧着文件的女人紧跟其后。

　　也许有人以为，欧维会在他背后行着胜利的注目礼。他也以为自己会这么做。但他看起来却悲伤而疲惫，就像几个月没合眼了，累得连手都举不起来。他垂下双手插进口袋里，转身回家。刚关上门，又有人敲门。

　　"他们想把鲁尼从安妮塔身边带走！"还没等欧维上锁，帕尔瓦娜边喊着边顺手就把门打开了，眼里满是震惊。

　　"唉。"欧维疲惫地应了一声。

　　嗓音中的无奈显然吓到了帕尔瓦娜和她身后的安妮塔。或许连他自己都吓了一跳。他用鼻子短促地吸着气，看了看安妮塔。她比以往更低沉萎靡。

　　"他们说这周就来接他，说我自己照顾不了他。"她说，嗓音柔弱得几乎难以翻越嘴唇。

　　双眼通红。

　　"你不能让他们这么做！"帕尔瓦娜一边激动地说着，一边拉住欧维。

　　欧维抽回手臂，躲开她的视线。

　　"唉，他们几年内都不会来接他的。让那些官僚主义者磨嘴皮子去吧。"

　　他试图想让自己的话听起来更有说服力一些，但根本打不起精神来这么做，他只是想让她们离开。

　　"你不知道你在说什么！"帕尔瓦娜嚷道。

　　"不知道的是你。你从来没和那些公务员打过交道，根本不知道跟他们斗是什么下场。"他垂下肩膀，面无表情地说。

"你得和他们……"她沮丧地开口，就好像欧维的所有力量都当着她的面统统流失了。

或许是因为看到了安妮塔憔悴的面容，或许只是意识到一场小小的胜利对全局多么微不足道。困住一辆斯柯达根本无足轻重。他们还会回来，就像他们对索雅做的一样，一如既往。凭着那些条款，捧着那些文件，穿白衬衫的人总能赢。而欧维这样的男人总是会失去索雅这样的女人，没人会把她还给他。剩下的只是一连串像上了油的操作台一样毫无意义的日子。欧维受够了。此刻，他比任何时候都更清楚，他精疲力竭了，不想再斗了。现在，他只想死。

帕尔瓦娜还想据理力争，但他只是关上门。她敲门，但他充耳不闻。他瘫坐在门厅的凳子上，感受着双手的颤抖，心跳得厉害，好像耳鼓都要炸了。胸口的压力就像一片巨大的阴影穿着皮靴踩在他的喉头上，二十分钟后才松开。

欧维哭了起来。

32

一个叫欧维的男人不开该死的旅馆

索雅曾经说过，要理解欧维和鲁尼这样的男人，首先要理解他们是被困在错误时代中的男人。他们这样的男人，对于生活只要求几样非常简单的事情，她说。头上一片屋顶，安静的街道，值得他们忠心耿耿的汽车品牌和女人。一份可以有所作为的工作，一套房子，里面的东西定期有个故障，好让他们修修补补。

"每个人都想有尊严地生活。对不同的人来说，尊严是不同的。"索雅曾说。对欧维和鲁尼这样的男人来说，尊严只是成年以后可以自力更生，把不需要依靠别人视为自己的权利。掌控中存在一种自豪感，明辨是非的自豪感，知道该走哪条路，知道该不该在哪儿拧上螺丝。欧维和鲁尼这样的人还留在靠行动而不是靠嘴说的年代，索雅总是那么说。

她当然知道，坐在轮椅上，不能生孩子，以及得癌症这些事都不是那些穿白衬衫的人造成的。但她也知道欧维有一股无名之火不知道该往哪儿发泄。他得给这股火贴个标签归个类。所以，当政府派来那些没人记得住名字的白衬衫为难索雅——要求她停职搬家，暗示她与能走路的健康人相比已无多少价值，声称她死期将至时，欧维忍无可忍了。从各种文件到请愿书，从投诉信到抗议书，甚至到学校里毫无意义的残疾人坡道，他顽强而持久地与这些白衬衫正面交锋，以至于他大概开始把发生在她和孩子身上的所有悲剧都加在了他们头上。他们就是死神。

然后，她就把他独自留在了这个世界上。在这里，他连他们的语言都无法理解。

猫咪回来的时候，欧维依然坐在门厅里。它挠门，欧维把门打开。他们互相看了一眼，欧维退到一边，把它让进屋。之后，他们吃晚饭看电视。十点半，欧维关掉客厅里的灯，上楼。猫咪警觉地跟着他的脚后跟，就好像知道他瞒着什么。一定是它不喜欢的事。它坐在卧室的地板上，看着欧维脱衣服，像要拆穿什么魔术。

欧维躺在床上，静静地等它终于在索雅的那一边睡着，等了足有一个小时。欧维这么做，当然不是因为他有什么义务照顾这只猫崽子的感受，但他懒得惹麻烦。他认为一个人完全没必要跟个连自己尾巴都保不齐的畜生解释生死大事，仅此而已。

当猫咪终于翻了个身，在索雅的枕头上张着嘴打起呼噜，欧维尽可能蹑手蹑脚地翻身下床。他下楼回到客厅，从暖气后端出藏好的猎枪。他还从杂物柜里拿出四片塑料防护膜来，这是他早先从储藏室里找来的，为了不让猫咪发现，他藏了起来。他把它们贴到了门厅的墙上。经过一番斟酌，欧维决定这里是办事的最佳场所，因为这儿表面积最小。欧维猜，往自己脑门上来一枪会溅得挺厉害，没必要弄得太乱。索雅最讨厌他把家弄乱了。

他又穿上了外出用的皮鞋和西服。这身衣服已经很脏，仍旧有一股汽车尾气的味道，但也将就了。他用双手掂了掂猎枪的分量，就像要找到平衡点似的，就像这对未来局势起着至关重要的作用。他把它端在手中翻来转去，还掰了掰枪管，就像要把它一掰两半似的。也不是因为欧维现在对武器有多少了解，但办事的工具怎么说也得趁手。欧维估摸着踹两脚好像不太合适，于是他决定用手来掰一掰，拽一拽。

突然之间，他意识到自己穿这么正式非常不妥。肯定会溅一身血，欧维想。有点犯傻。于是他放下猎枪，走进客厅，脱下衣服，把西服仔细叠好，整齐地放在皮鞋旁边的地板上。然后他把委托帕尔瓦娜善后的信拿出来，在"葬礼"一栏下加了"穿西服下葬"后，放在了那叠衣服上。信里本来就已经写得清清楚楚——不需要冗余的装饰，不需要什么乱七八糟的仪式，只要在索雅身边入土为安就好。墓地早已结算清楚，欧维还在信封里留了运送遗体的费用。

于是，只穿着袜子和内裤的欧维回到门厅里再次举枪。他在墙上的镜子里看见自己的身体，大概有三十五年没这么端详自己了。他仍然算得上肌肉发达体格健壮，一定比大多数同龄人结实。但他留意到自己的皮肤起了些变化，使他看上去好似要溶解，不太正常。

屋子里寂静异常。其实整个小区里都这样。大家都在睡觉。这时，欧维才第一次意识到，枪响会把猫咪惊醒。一定会把猫崽子吓坏的，欧维想。他思量了好一会儿，才决定放下猎枪，去厨房打开收音机。并不是因为他现在需要音乐陪伴才能结束自己的生命，也不是他喜欢死后收音机继续耗电这念头，而是，如果猫被响声惊醒，大概会以为这只不过是收音机在播放时下流行的时髦音乐，然后就接着睡去了。欧维是这么想的。

但现在收音机里没有时髦流行乐，欧维回到门厅里拿起枪的时候，耳朵里听到的是《晚间地方新闻》，于是他站着听了一会儿。对即将往自己脑门上开枪的人来说，并非《晚间地方新闻》有多重要，但欧维觉得，哪怕现在与时俱进一下也没什么损失。收音机里讲讲天气，讲讲经济，讲讲交通，还讲到本周末当地别墅和排屋居民要格外提高警惕，因为有一伙入室盗窃的惯犯将横行整个城市。"该死的流氓。"欧维嘟囔一声，双手把猎枪握得更紧。

从纯客观的角度看，应该有人把这条消息在另外两个流氓——阿德里安和米尔莎德于两秒钟之后大大咧咧地出现在欧维家门口之前告诉他们。这样，他们就会知道，欧维听见他们踩在雪地上的脚步声后，心里想的不会是"有客人！好高兴！"而是"这他妈的叫什么事！"他们大概也会料到，只穿着袜子和内裤、手持一杆七十多年老猎枪的欧维，会上演中年半裸排屋版《第一滴血》，然后一脚踹开大门。或许阿德里安就不会发出一声穿透整条街的尖叫，也不会惊慌失措地扭头撞向储藏室，差点撞晕过去。

一阵大呼小叫之后，米尔莎德才终于澄清自己只是普通流氓而不是什么打家劫舍的流氓，欧维也终于搞明白究竟是怎么回事。其间欧维拿猎枪指得阿德里安像防空警报一样尖叫着。

"嘘！你他妈的把猫给吵醒了。"欧维恼怒地嘘阿德里安，吓得他一头栽倒在背后一大堆积雪里，额头上起了个不大不小的肉包。

米尔莎德紧盯着武器，心里不由自主地怀疑大半夜招呼也不打就登门拜访到底是不是什么好主意。阿德里安双腿颤抖着站起身，靠在储藏室的墙壁上，浑身的肢体语言都好像在表示他随时可能脱口大喊"我没醉"。欧维眼里满是责难："你们以为自己在干吗？"

欧维摇摇手中的枪。米尔莎德手里提着个大包，他小心翼翼地松手，让包落在雪地上。阿德里安条件反射似的举起双手，就像遭遇了抢劫，这个动作差点让他再次失去平衡，栽倒在雪地里。

"是阿德里安的主意。"米尔莎德边说边低头赏雪。

欧维注意到他今天没有化妆。

"米尔莎德今天出柜了，你知道不？"阿德里安点头承认，离开储藏室的墙，一只手抚住额头，蹒跚着走过来。

"什么？"欧维边说边再次满腹狐疑地举起枪。

"他……他出柜了，你知道不？说他是……"阿德里安话到一半，卡了壳。一半是因为他被一个只穿袜子和内裤的五十九岁男人拿枪指着，一半是因为他有理由相信自己很可能得了脑震荡。

米尔莎德挺直身子，更坚定地冲欧维点点头。

"我告诉爸爸我是同性恋。"

欧维的眼神不再那么咄咄逼人，但他没有放下手中的枪。

"我爸爸最恨同性恋。他总是说，要是他自己的孩子里出了一个同性恋，他就自杀。"米尔莎德继续说。

沉默片刻后，他又说：

"他知道后不太接受。可以这么说吧。"

"他爸被他撵出来了。"

"把他。"欧维纠正道。

米尔莎德从地上捡起包，又冲欧维点点头。

"这主意太蠢了。我们不该指望你。"

"指望我什么？"欧维喝道。

现在他还只穿着内裤站在零下的空气里，但他想他至少该知道这是为什么。米尔莎德深深叹了口气，就像活生生把自己的尊严吞进了嗓子里。

"爸爸说我有病，他说我不能住在他的屋檐下，因为我，你知道的……不正常。"他狠狠吞了口唾沫，才说出"不正常"这三个字。

"因为你是玻璃？"欧维问。

米尔莎德点点头。

"我在城里没有亲人。我想去阿德里安那儿住，但他妈妈才交了新男友……"

他沉默了，使劲摇头，看上去觉得自己蠢透了。

"这主意真是太傻了。"他平静地说，转身打算离开。

此刻，阿德里安似乎又恢复了争辩的勇气，他在雪地里跌跌撞撞地朝欧维走过去。

"哎呀，我去，欧维！你家这么大地儿！你知道不，我们只是想他能不能在这儿借住一宿？"

"这儿？这儿又不是该死的旅馆。"欧维边说边举直猎枪，阿德里安的胸膛正撞在枪口上。

阿德里安刹住脚步。米尔莎德在雪地上倒退两步，伸手按住猎枪。

"我们是走投无路了，对不起。"他直视着欧维的眼睛低声说，欧维慢慢放下指着阿德里安的枪。

此刻欧维看起来恢复了些许理智，把枪口垂向地面。他不经意地往门厅里退了半步，仿佛这时候才意识到自己——说得好听点——衣冠不整的身体笼罩在寒气中，透过眼角的余光，他看到门厅墙上索雅的照片。那件红色的连衣裙。她怀孕时那次西班牙巴士旅行。他多次请求她把这张晦气的照片取下来，但她总是拒绝，说"这也是同样值得留念的回忆"。

那个顽固的女人。

所以这本该是欧维的死期。但当天早上他醒来的时候，排屋里不仅有只猫，还多了个玻璃。索雅应该会喜欢，一定的。她喜欢旅馆。

33

一个叫欧维的男人
和一次非比寻常的巡逻

　　有时候，人们那些突如其来的行为是很难理解的。有时候，当然，他们会想，反正早晚都要这么做，那么择日不如撞日，就趁现在了。有时候却恰恰相反，人们突然意识到，有些事早就该做了。欧维大概从来就知道自己到底该做什么，但对于时间，所有人都太乐观。我们相信总能腾出时间来与他人一起做想做的事，说想说的话。然后突然有一天，发生了什么意外，我们就只好站在那儿，脑海总盘旋着一个词：如果。

　　他迷惑地在楼梯中央停下脚步。自从索雅死后，屋子里还没出现过这样的味道。他格外谨慎地走完剩下的几级楼梯，脚轻轻落在木地板上，同时朝厨房的门洞里探着身子，那姿势就像在宣布自己捉了个贼。

　　"是你在烤面包吗？"

　　米尔莎德不安地点点头。

　　"是的……可以吗？"

欧维看到他还煮了咖啡。猫趴在地上吃着吞拿鱼。欧维点点头，但没有回答。

相反，他生硬地交代："我和猫得去小区里走一圈。"

"我能一起去吗？"米尔莎德立即问。

欧维看着米尔莎德，就像刚被身穿海盗服的人在步行街上拦了下来，要他猜三个茶杯中哪个下面藏着银币。

"或许我能帮上忙。"米尔莎德还在争取。

欧维走到门口，穿上木屐。

"这是个自由的国家。"他边嘟囔边打开门放走猫咪。

米尔莎德显然把这句话理解成"非常欢迎"，于是飞快地穿上外套和鞋跟了出去。要是欧维以为这是今天唯一的不速之客，那他可就大错特错了。

"嘿，伙计们！"他们走到房子间的小路上时，吉米冲他们喊。

他气喘吁吁地出现在欧维身后，一身翠绿色的运动衣紧绷得让欧维误以为那是人体彩绘。

"你好。"米尔莎德羞涩地说。

"吉米。"吉米气喘吁吁地伸出手。

此刻，猫咪看上去像是想蹭蹭吉米的腿发个嗲，但是为吉米着想，还是改变了主意，毕竟蹭过之后，他很可能又要因为急性过敏反应进医院了。于是它选了排名第二的爽事——在雪堆里打起滚来。吉米得意扬扬地冲欧维笑。

"我经常看到你这个点出来散步，所以我想过来打个招呼应该不坏。你知道吗？我开始运动了呢！"

他满足地点头，脖子上的肥油像迎风的帆绕着肩膀飘扬。

"你总是这个时间起床吗？"

吉米捧着肚子隆隆大笑起来。

"靠，才没有。我还没有睡觉哦。"

于是就出现了如下场景：一只猫、一个过敏的大胖子、一个玻璃和一个叫欧维的男人，一大清早一起在小区里巡逻。他们排成行朝停车场进发，欧维看着这伙人，心里认准自己一定是刚组建了世界上最没有威慑力的治安委员会。

"你在这里做什么呢？"来到车库跟前后，吉米好奇地问米尔莎德，同时捶了捶他的肩膀。

米尔莎德简短地解释说他和他爸爸闹矛盾，目前暂住在欧维家。

"那你为什么要和爸爸吵架呢？"吉米问。

"这不关你的事。"欧维立刻回答道。

吉米有些吃惊，但马上耸耸肩，似乎一秒钟后就把这件事抛之脑后。米尔莎德感激地看看欧维，欧维踹了一脚标牌。

"老实说，阿叔，你真的每天早晨都来吗？"吉米喜滋滋地问。

"对。"欧维不怎么喜滋滋地回答。

"为什么？"

"看看有没有贼。"

"真的假的？有过吗？"

"没有。"

吉米看上去不是很明白。欧维摇了三下车库门的把手。

“防患于未然。”他嘟囔着朝访客停车位走去。

猫咪看着吉米，好像对他的天赋非常失望。吉米噘噘嘴，抚抚肚子，就像想要控制一下，不想在如此剧烈的运动中燃烧掉太多脂肪。

“对了，你听说过鲁尼的事吗？”他吼了一嗓子，在欧维背后小跑起来。

欧维没有回答。

“社保局的人要把他带走了，你知道吗？”追上来后，吉米解释道。

欧维拿出小本子开始记车牌号。吉米显然以为他不作声就是默许他继续往下说。他就说了下去。

“你知道吗？事情是这样的，一开始安妮塔只是想申请家庭援助。鲁尼反正完全瘫得跟块饼一样，安妮塔一个人支撑不住。然后社保局的人就开始调查，后来一个欧吉桑就打电话来，说他们认定她处理不了。他们说要把鲁尼送去一个什么机构，你知道的。安妮塔就说，这样的话，就请他们去吃屎好了，她连援助也不要了。然后那个欧吉桑就翻脸了，开始跟安妮塔过不去，叽叽歪歪说调查不能撤回，还说安妮塔是自找的。现在调查结果已经摆出来了，就只好认命喽。不管安妮塔怎么说，社保局的欧吉桑都要豁出去喽。懂了？”

吉米住了嘴，冲米尔莎德点点头，寻求认可。

“不爽……”米尔莎德支吾了一句。

“超不爽的。”吉米一点头，整个上半身都跟着颤抖起来。

欧维把钢笔和小本子收进内侧口袋，朝垃圾房走去。

"唉，他们做个决定可得花时间了。他们说现在来接他，不过一两年是不会动一动手指头的。"

欧维很清楚该死的官僚机构是怎么运作的。

"但是决定已经出来了呀，伙计。"吉米边说边挠头。

"只要他妈的申诉一下不就行了吗？又是好几年。"欧维愤懑地说着经过他身边。

吉米望着他的背影，仿佛在决定值不值得花力气追。

"她有申诉啊，信也写了，有的没的都做了，两年了啊。"

听了这话，欧维并没有停下脚步，但他放慢了速度。他听见吉米沉重的步伐踏着雪地追上来。

"两年？"他头也不回地问。

"两年多了。"吉米说。

欧维看起来就像在心算一共几个月。

"胡说八道。那样的话，索雅肯定知道。"他斩钉截铁地说。

"安妮塔不让我告诉你和索雅。是这样。"

吉米沉默了，视线坠落在雪地上。欧维转过身，皱起眉头。

"是什么样？"

吉米深深吸了口气。

"她觉得……你们的麻烦已经够多的了。"他静静地说。

紧接着的沉默厚重得经得起刀劈斧凿。吉米没有抬起头。欧维什么都没说。他走进垃圾房，又走出来。走进自行车棚，又走出来。但他的身上起了变化。"钢镚儿掉下来了。"索雅总是这么说。吉米最后那句话，就像一层薄纱包裹住他的一举一动，心中无法平息的怒火在欧维胸口燃烧起来，越烧越旺，就像长了血栓。他摇摇门把手，踹踹门框，越来越用力。当吉米终于开口念叨起什么"就是现在了，他们马上就要来把鲁尼送去养老院了，你知道吗"，欧维"砰"地关上一扇门，整座垃圾房摇晃起来。他沉默地背对他们站在那里，呼吸越来越沉重。

"你没事吧？"米尔莎德问。

欧维转过身，强忍着怒火，指指吉米，问："她是这么说的？她不向索雅求助是因为我们的麻烦已经够多了？"

吉米惊慌地点头。欧维低下头，胸膛在外套下起伏着。他想索雅听到这一切会怎么想。要是知道她最好的朋友没向她求助，就因为她的"麻烦已经够多了"，索雅一定会心碎的。

人们那些突如其来的行为有时候是很难理解的。欧维大概从来就知道自己到底该做什么，死之前还需要去帮助什么人。但对于时间，所有人都太乐观。我们相信总能腾出时间来，与他人一起做想做的事，说想说的话。

总有时间申诉。

他再次转向吉米，换了一副冷峻的神情。

"两年？"

吉米点点头。欧维干咳了一声，平生第一次显露出迟疑的神色。

"我以为就是最近。我以为……我还有更多时间的。"他嘴里嘀咕着。

吉米看上去像是在分辨欧维在对谁说话。欧维抬起头。

"他们现在就要来接他了吗？当真？官僚主义的那套鬼花样已经用尽了？千真万确吗？"

　　吉米又点点头，他张开嘴想再说点什么，但欧维已经拔开双腿。他迈着黑白西部片里主角上路报仇雪恨时的大步，消失在小道尽头。他拐了个弯，来到拖车和斯柯达仍停着的地方，开始"咚咚咚"砸门，那力道，仿佛再不开，门被砸成木屑只是时间问题。安妮塔惊恐地打开门，欧维一步冲进门厅。

　　"政府的那些文件都在吗？"

　　"在，但我以为……"

　　"都给我！"

　　之后，安妮塔会对邻居说，上回见欧维这么生气，还是1977年电视上说萨博和沃尔沃可能合并的时候。

34

一个叫欧维的男人和邻家男孩

欧维找来一张蓝色的塑料折叠椅，往雪地上一放，一屁股坐了上去。他知道这可得花点时间。每次他要做索雅不喜欢的事情，都要花很长时间解释。他仔细地扫掉整块墓碑上的积雪，这样他们才好诚恳相对。

将近四十年的时间里，这片联排别墅区住过形形色色的人。有深居简出的，有大呼小叫的，有诡谲乖张的，也有默默无闻的。有十来岁的小孩喝醉了在篱笆上撒尿的，有打算种植不符合规范的灌木丛的，还有想把外墙刷成粉红色的。尽管欧维和鲁尼反目这么多年，但有一件事他们总能达成共识，就是，凡是住在他们隔壁的邻居，脑子都不怎么好使。

二十世纪八十年代末买这套房子的人显然是个银行家，因为欧维听见他跟房产销售员解释什么"投资项目"。之后他就把房子出租给不同的房客。一年夏天，租房的三个年轻人无畏地想把房子改造成避难所，收容那些瘾君子、皮条客和在逃犯。狂欢昼夜不息，啤酒瓶的玻璃碎片礼花般撒满房子之间的小道，音乐轰鸣，震得欧维和索雅家客厅墙壁上的涂料纷纷坠落。

欧维想去阻止他们继续胡作非为，但年轻人对他百般羞辱。当他拒绝离开时，其中一个还拔刀威胁他。第二天索雅想跟他们讲道理，他们辱骂她是"残废婊"。当天晚上，他们播放音乐的声音比以往更大，安妮塔绝望地站在自己的院子里冲他们叫嚷的时候，他们往她和鲁尼家的窗户里扔了个酒瓶子。

显然是个很糟糕的主意。

欧维立刻着手计划通过调查他们房东的经济黑幕进行报复。他给律师和税务部门打电话，想要终止出租合同，若有必要，他会"把这案子一直告到最高法院"，他对索雅这么说。这主意却从未来得及落实。

不久后的一个晚上，他看见鲁尼手拿车钥匙往停车场走，回来的时候提了个塑料袋，欧维也猜不透里面装着什么。第二天，警察铐走了三个年轻人，理由是携带毒品。有人打电话举报后，在他们的储藏室里果然搜到了毒品。

当时欧维和鲁尼都在街上看着。两人四目相对，欧维挠挠下巴。

"我都不知道在城里哪儿有毒品。"欧维自言自语。

"火车站后的街上。"鲁尼手插口袋说。

"我也是听说的。"他笑着补充了一句。

欧维点点头。他们站在那儿，默默地笑了好一会儿。

"车还好吧？"欧维问。

"好得跟块表似的。"鲁尼回答。

他们就此和好了两个月。之后，自然又为暖气的事闹翻了。但他们和好的那段时间，还是很惬意的，安妮塔这么说。

之后的几年里，那家的房客来来去去，大多数居然都意外地得到了欧维和鲁尼的容忍和许可。态度确实能改变人们的看法。

二十世纪九十年代中期，房子里搬进一个女人，带着一个九岁的胖男孩，索雅和安妮塔立刻喜欢上了这个孩子。索雅和安妮塔后来得知，男孩的爸爸在孩子出生时就抛下了他们母子。现在和他们住在一起的这个四十来岁的牛脖子，是她的新男友，两个女人总是忽略他的存在。他很少在家，安妮塔和索雅也从不过问。她们猜想，他必有什么让那个女人着迷的地方，只是她们不理解。"他照顾我们，你们知道单身妈妈的苦衷。"她勇敢地笑着说，于是邻里的女人们就不再说什么了。

第一次听见牛脖子的叫嚣穿墙透壁，她们想"清官难断家务事"；第二次，她们想"家家有本难念的经"，或许只是念念经而已。

牛脖子再次离家的时候，索雅请女人和男孩来家里喝咖啡。女人谨慎地笑着解释，说瘀青是她把橱门开得太快造成的。傍晚，鲁尼在停车场遇见牛脖子，他摇摇晃晃地下了车，显然喝醉了。

之后连续两个夜晚，两边的邻居分别从自己的客厅里听见男人的咆哮和地板上的撞击声。他们听见女人痛苦地发出一声短促的哀号，当九岁男孩哭喊着求那个男人"别打了别打了别打了"，欧维再也按捺不住，出门冲到自己的院子里。鲁尼已经站在院子那边了。

他们正因社区委员会主席职位的事处于有史以来最激烈的冷

战之中，两人已经一年不和对方说话。他们互相看了一眼，就又一言不发地冲回屋里。两分钟后，他们穿着外衣在门前相会。牛脖子一打开门就准备朝他们猛扑上来，但欧维的拳头已经招呼在他的鼻梁上。男人一个趔趄，站住脚后，抄起一把厨刀又朝欧维冲过来。他没能冲出多远，鲁尼的老拳铁锤般落在他身上。鼎盛期的鲁尼身强力壮，那时和他正面交锋，可是非常不明智的事。

　　第二天男人离开联排别墅区后，就再也没有回来。那个年轻的女人在安妮塔和鲁尼家住了两周，才敢带着男孩回家。然后鲁尼和欧维就进城去了银行，晚上索雅和安妮塔对年轻女人解释说，只要她愿意，可以把这作为礼物，或借款。当然此事没有公开讨论。于是那个年轻女人就和她的儿子一起留在了那栋房子里。那个胖乎乎爱玩电脑的孩子叫吉米。

　　欧维向前俯下身，一脸严肃地瞪着墓碑。

　　"我以为我还有许多时间，去处理……一切。"

　　她没有回答。

　　"我知道你不喜欢我惹是生非，索雅。但这次你得理解。这些人是没法讲道理的。"

　　他用大拇指的指甲抠着手掌心。墓碑立在原地一声不吭，但欧维无须任何言语来明白索雅的想法。不管是生前还是身后，沉默总是索雅避免与欧维争吵的绝招。

　　上午欧维给那个叫社会保障部还是什么的部门打了个电话。他是从帕尔瓦娜家打的，而他自己的电话号码已经注销了。事先帕尔瓦娜叮嘱过他一定要亲切友好。但开头不太顺利，因为很快接线员就把欧维的电话转给了负责人，就是那个抽烟的白衬衫。他直接表示，那辆白色小斯柯达仍停在街尽头的安妮塔和鲁尼家门口这件事，让人非常愤慨。如果欧维立刻就此道歉，甚至承认让他身处这般困境完全没有必要，他从中斡旋的余地可能还更大一些。可以这么说，至少肯定比他对那人说"去学学念标牌吧，你个该死的文盲"之后的情况要好。

欧维的下一项议程，是想说服那人，说鲁尼不该进养老院。那人告诉欧维，要引出这个议题，"该死的文盲"是个非常糟糕的开场白。之后，电话两端传出一连串敏感词，直到欧维明确指出这样的谈话完全不会有进展。不能因为那人记忆力衰退就把他从家里拖进监狱。电话对面的男人冷冰冰地回应，把鲁尼送哪儿去并不重要，因为就鲁尼目前的状况来看，身在何处，没什么差别。就此，欧维抱以猛烈的抨击。这时，穿白衬衫的男人说了句非常愚蠢的话：

"此意已决。调查已经进行了两年。事到如今，欧维，你已经无能为力了。无——能——为——力！"

然后他就把电话挂了。

欧维看看帕尔瓦娜，又看看帕特里克，然后把帕尔瓦娜的手机往厨房桌上一放，开始嘟囔着说："我们需要新的方案！马上！"帕尔瓦娜看上去极其不满，但帕特里克立刻点点头，穿上鞋出门去了，好像他就等着欧维这句话似的。五分钟后，让欧维失望的是，他领来了隔壁那个花花公子安德斯，后面还跟着个兴高采烈的吉米。

"他来这儿干吗？"欧维指着公子哥儿问。

"你不是要方案来着？"帕特里克冲公子哥儿点点头，看上去非常满意。

"安德斯就是我们的方案。"吉米插嘴道。

安德斯在门厅里尴尬地打量了一下周遭，对欧维的在场显出一丝惊恐，但帕特里克和吉米无畏地把他推进了客厅。

"告诉他。"帕特里克敦促道。

"告诉我什么？"欧维想知道。

"哦，那个……我听说你跟那辆斯柯达的主人有过节。"

安德斯紧张地瞥了一眼帕特里克，欧维不耐烦地点头让他继续说。

"好吧，我大概从来没告诉过你我开的什么公司吧？"安德斯小心翼翼地继续说。

欧维把手插进口袋，换了个比较轻松的站姿。安德斯开始讲。最后连欧维都不得不承认，无论如何，听上去都有那么点靠谱。

"你的那个金发霉……"安德斯讲完后，欧维才脱口而出。帕尔瓦娜踹了一下他的腿后，他马上改了口，"你那个女朋友上哪儿去了？"

"哦，我们已经不在一起了。她搬出去了。"安德斯一边回答一边低头看鞋。

就此他不得不解释说，她总为欧维看不惯她和她的狗而暴跳如雷。但比起安德斯告诉她欧维管狗叫"雪地靴"并就此忍俊不禁时的愤怒，这不过是和风细雨。

"她的新男友过来把她的东西都取走了，显然已经背着我偷情好几个月了。"

"岂有此理!"帕尔瓦娜、吉米和帕特里克三人异口同声。

"他开凌志。"安德斯补充道。

"岂有此理!"欧维脱口而出。

于是第二天,当那个一根接一根抽烟的白衬衫带着警察来,要求欧维放行他那辆车的时候,白色斯柯达连同那辆拖斗车都已经不见了。那个穿白衬衫的男人终于失去了理智,开始语无伦次地冲着欧维破口大骂,而欧维就那么冷静地双手插兜站在家门口。欧维一口咬定,自己完全不知道究竟是怎么回事,但他友好地指出,要是对方一开始就遵守标牌上的规定不在小区里开车的话,这一切很可能根本不会发生。他当然省略了一些细节——比如安德斯碰巧拥有一家拖车公司,再比如一辆清障车已经在午饭时把白色斯柯达拖去城外四十公里的砾石堆上了。当警察怯生生地问欧维是不是真没看见的时候,欧维直视着白衬衫的眼睛回答:

"我不知道,可能我忘了。我这年纪的人,记性都不太好。"

当警察环顾四周,问欧维如果他果真与此无关,为什么大白天站在马路中央闲晃,欧维只是无辜地耸耸肩,眯起眼对穿白衬衫的男人说:

"电视里还是没什么好看的。"

愤怒让那个男人的脸色——如果可能的话——变得比他的衬衣还要苍白。他转身大步离开,嘴里骂骂咧咧,说这事没完。这事当然没完,几个小时后,安妮塔给一个快递员开了门,那人递上一封政府部门发出的挂号信——是那个穿白衬衫的男人亲自签发的——上面写着收容的时间。

如今欧维站在索雅墓碑前，含含糊糊地说着对不起。

"我一和人吵架，你就气不打一处来，这我知道。但现在情况是这样，你得在上面等我一阵儿了，我暂时没时间死。"

他从土里挖出那两支冻僵了的粉色玫瑰花来，种下新的，站起身，收掉塑料折叠椅，转身朝停车场走去，嘴里念念叨叨，听上去非常像在说"这就是一场战争"。

35

一个叫欧维的男人和社交障碍

当帕尔瓦娜连声"早上好"都来不及问候，就瞪着惊恐的大眼睛冲进欧维家大门直奔厕所的时候，欧维当然忍不住想问问，从她家到欧维家那二十秒的路程中能憋住尿，却连问声早安的时间都没有，这究竟是怎么做到的。但欧维的太太曾经教导过欧维："鬼知道还有什么比着急的孕妇爆发的愤怒更可怕。"于是他抿紧嘴唇。

邻居都说欧维最近好像变了一个人。从没见他这么来劲，只是因为他从没管过他们的闲事，欧维这么回答。他从来都他妈的是这么来劲的。

帕特里克把他最近挨家挨户穿梭砸门的样子比作穿越时空的未来复仇机器人。欧维不明白他这比方。反正晚上在帕尔瓦娜和帕特里克以及那两个女娃的家，他一待就是几个时辰，帕特里克也已经多次尽可能委婉地提醒欧维给他看东西的时候别总是把那愤怒的指纹按得电脑显示器上到处都是。吉米、米尔莎德、阿德里安和安德斯也是常客。吉米想让大家统一口径，管帕尔瓦娜和帕特里克的厨房叫死星，管欧维叫达斯·欧维。欧维也不明白这究竟是什么意思，但他总觉得肯定傻透了。

一开始欧维建议他们把鲁尼的故技重演一番，往那人家里藏毒品。帕尔瓦娜不怎么喜欢这个主意，于是他们开始B计划。但昨天晚上帕特里克坦言要让计划进行下去的话，光靠他们自己是远远不够的。再往前就得碰壁了。欧维郁闷地点点头，问帕尔瓦娜借了手机，换了个房间讲了一通电话。

并不是因为他喜欢这样，但既然是战争，就顾不上那么多了。

帕尔瓦娜从厕所里出来。

"你完事了？"欧维问，就好像这也很有可能只是短暂的中场休息。

她点点头，但正当他们准备出门的时候，她在他的客厅里看见了什么东西，停下脚步。欧维站在门框里，他很清楚她正直勾勾地看着什么。

"哦，那个呀，没什么特别的。"他嘟囔着想撵她快点出门。

见她不动弹，他狠狠地踹了一脚门框。

"那玩意儿放在那儿积灰，我重新打磨上漆了，只是上了一层新油漆。真他妈的没什么特别的。"他烦躁地嘀咕着。

"哎，我说欧维啊。"帕尔瓦娜低声道。

他正忙着用脚尖检查门框。

"我们可以重新打磨，然后涂成粉红色，我是说，如果是个女孩的话。"他叨咕道。

一声咳嗽。

"如果是个男孩也行，男孩现在也能用粉红色的。"

帕尔瓦娜用手捂着嘴，瞪着天蓝色的摇篮。

"你现在要是哭的话，我就不给你了。"欧维警告道。

见她抽泣，欧维叹了口气，说了声"唉，女人呀"，就迈步走上街去了。

半小时后，穿白衬衫的男人在鞋底掐灭烟头，敲响了安妮塔和鲁尼家的门。他看上去也像是出来打仗的。他带了三个身穿护士服的男青年，就好像准备迎接猛烈的抵抗似的。当娇小的安妮塔开门时，三个年轻人看起来有一丝羞愧，但穿白衬衫的男人迈步走到她跟前，像挥舞着一把斧子一样挥着手中的文件。

"时间到了。"他不耐烦地说着就往门里挤。

但她挡住了他的去路，以她这样的尺寸显然已尽了全力。

"不行。"她寸步不移地说。

穿白衬衫的男人停下脚步瞪着她。他疲惫地摇摇头，鼻翼上的皮肤向内收紧，看上去就像消失在了脸部肌肉里。

"你有两年时间可以让事情变得容易处理一些，事已至此，决定都下来了，你就认命吧。"

他又试图挤过去，但她仍留在门槛上，像绝壁上的废墟一样不可动摇。她深深吸了口气，双眼不离他的视线。

"遇到困难就退让，算什么爱？有所求就抛弃，告诉我，这算什么爱？"

她的声音因悲伤而在崩溃的边缘颤抖。穿白衬衫的男人紧抿双唇，脸颊上的青筋纠结地跳动着。

"鲁尼大半时间都不知道自己是谁，调查显示……"

"但是我知道。"安妮塔打断他，指着他身后的三个男人。

"我知道！"她冲他们嘶喊着。

穿白衬衫的男人又叹了口气。

"那谁来照顾他，安妮塔？"他反问道，摇摇头。

然后他又上前一步，并挥手示意三个男护士跟他一起进屋。

"我来照顾他！"安妮塔回答，眼神如海沟般幽暗。

穿白衬衫的男人一边继续摇头一边把她推开。此刻，他才看到她身后攒动的身影。

"还有我！"欧维说。

"还有我！"帕尔瓦娜说。

"还有我！"帕特里克、吉米、安德斯、阿德里安和米尔莎德一边异口同声地说，一边往门口挤，直到摔成叠罗汉。

穿白衬衫的男人停下脚步，眯起双眼。

一个四十五岁左右，扎着凌乱的马尾，穿破牛仔裤和过大绿色冲锋衣的女人出现在他身边。

"我是地方报纸的记者，想问您几个问题。"她边说边举起手上的采访笔。

穿白衬衫的男人看着她好一会儿，然后把目光转向欧维。两个男人互相审视着对方。看那穿白衬衫的男人不说话，女记者从包里掏出一大撂纸来，塞到他手中。

"这是近几年来你和你的部门处理过的所有病人。所有像鲁尼一样在不经本人和家属同意的情况下被带走送进养老院的人，所有你负责安排的养老院里发生的非正常事件，所有违规行为和逾越章程的决定。"她陈述道。

那口气，就好像他刚刚抽奖赢了一辆车，而她正在把车钥匙递给他。然后她笑着加了一句：

"如果你是记者，就会发现，官僚主义的妙处，在于首先违反官僚制度的总是你们这些官僚自己。"

穿白衬衫的男人自始至终都没有看她一眼。他始终瞪着欧维。他们俩都一声不吭。穿白衬衫的男人慢慢合上嘴。

帕特里克在欧维背后清了清嗓子，挂着拐跳出房门，冲着男人手里的那摞纸点点头。

"另外，你要想知道最上面那些是什么，我可以告诉你：那是你最近七年的银行对账单，所有用信用卡支付的火车票和飞机票，所有你住过的酒店，所有你用办公电脑上网的浏览记录，所有邮件联系人，既有工作的，也有私人的……"

男人的目光在两人之间游移，双唇紧闭到发白。

"并不是我们想证明里面有什么不可告人的秘密。"女记者友好地指出。

"完全不是。"帕特里克做证，一本正经地摇摇头。

"但是你知道的……"女记者漫不经心地挠挠腮帮子。

"要是真想挖挖某人的过去……"帕特里克点点头。

"总是能找到一些最好不要传出去的秘密。"女记者扬扬自得地笑起来。

"有些事最好还是……忘掉。"帕特里克说着冲客厅的窗口点点头，鲁尼正从一张椅子上探过头来。

房里的电视开着，传来新煮好的咖啡的味道。帕特里克举起一根拐杖，用顶端指指男人手里的那摞纸。

"特别是上网记录，我要是你肯定早注销了。"他解释道。

然后他们全都站在那儿：安妮塔和帕尔瓦娜，还有那个女记者，帕特里克、欧维、吉米和安德斯，穿白衬衫的男人和三个男护士，就像牌桌上所有人都倾其所有孤注一掷地准备摊牌前的短暂沉默。

过了一阵子，所有在场的人都感觉在缺氧的水面下快要憋不住气的时候，穿白衬衫的男人终于开始翻阅起手上的文件。

"你是怎么搞到这些鬼东西的？"他从牙缝中说，肩膀上的肌肉渐渐绷紧。

"从网上！"欧维出其不意地怒吼一声，在胯边握紧双拳，走出安妮塔和鲁尼的排屋。穿白衬衫的男人又抬起头，女记者咳嗽一声，热心地指指那摞纸。

"这里面可能没有一个案子是违法的，但我们主编确信，借助有效的媒体关注，你们部门起码得花几个月时间通过司法程序。几年也难说。"

她又温柔地把手放到那个男人肩膀上。

"所以我建议，你现在从这儿离开，对大家来说可能是最简单的解决办法。"她低声说。

于是，出乎欧维的意料，那个小个子男人照办了，带着三个护士，转身就走。转过拐角消失了，如日中天时的影子，如童话故事尾声里的坏蛋。

女记者扬扬自得地冲欧维点点头。

"我早说了，谁都别惹记者。"

欧维把手往口袋里一插。

"别忘了你答应我的事。"她笑道。

欧维发出的声音就像有人在撅小木屋的木制门把手，还是被水泡坏了的门把手。

"另外，你看了我上次给你寄的信了吗？"她问。

他摇摇头。

"看看！"她坚持。

欧维的回答，要不是一声"好吧"，就是鼻子里狠狠的一团粗气。安德斯留在屋外，双手迟疑半天才决定轻轻地搁在了肚子上。

"嘿。"他终于开口道，就好像这个字是从嘴里咳出来的一样。

"嘿。"女记者笑着回答。

"我是……欧维的朋友。"安德斯说话的样子就好像这些字儿在黑暗里绕着圈跑步还互相撞了头。

"我知道。"女记者笑道。

于是船就到了桥头。

欧维一个小时后离开这栋房子的时候，他已经在客厅里悄悄和鲁尼聊了很久。因为他要和鲁尼"毫无干扰地私聊"，所以气呼呼地把帕尔瓦娜、安妮塔和帕特里克都赶进了厨房。要不是安妮塔头脑清醒，接下来的几分钟里她一定会赌咒发誓说她听见鲁尼大笑了好几回。

36

一个叫欧维的男人和一杯威士忌

认错很难，特别是错了很久以后。

索雅曾说过，结婚这么多年来，欧维只认过一次错。那是二十世纪八十年代早期，有件事欧维认同了索雅的看法，但后来发现是错的。欧维当然认为这是胡说八道。他实际上只是承认了她的错误，他并没有错。

"爱上一个人就像搬进一座房子，"索雅曾说，"一开始你会爱上新的一切，陶醉于拥有它的每一个清晨，就好像害怕会有人突然冲进房门指出这是个错误，你根本不该住得那么好。但经年累月，房子的外墙开始陈旧，木板七翘八裂，你会因为它本该完美的不完美而渐渐不再那么爱它。然后你渐渐谙熟所有的破绽和瑕疵。天冷的时候，如何避免钥匙卡在锁孔里；哪块地板踩上去的时候容易弯曲；怎么打开一扇橱门又恰好可以不让它嘎吱作响。这些都是会赋予你归属感的小秘密。"欧维曾经一直怀疑他就是比喻里的那扇橱门。他时不时也会听见索雅念叨："有时候也会忍不住想想，要是房子的地基本来就打歪了的话，还能有什么办法补救。"特别是生他气的时候，他很清楚她这话是什么意思。

"我只是说这当然关系到柴油发动机的价钱，还有每公里的耗油量。"帕尔瓦娜漫不经心地说着，在红灯前放慢车速，哼哼一声调整了一下坐姿。

欧维绝望地看着她，就像她根本没听见他说的话。他正在这儿跟个孕妇讲解拥有一辆车的基础知识。他解释说三年换一辆车才不会亏钱，他还有板有眼地说有脑子的人都知道一年跑三千两百公里以上才会选柴油发动机。而她在干什么？她像往常一样还嘴。开口就是"买新的怎么可能省钱"，又说这和"车的价钱"有关，接着还问"为什么"。

"因为所以！"欧维回答。

"对对对。"帕尔瓦娜翻翻白眼，欧维怀疑她完全不接受他在这方面本该享有的权威性。

"回去的路上得加油了。"信号灯转绿的时候，她说。

"这次我出钱，但你给我少废话。"

欧维双手一插，用挑衅的口气说："你和盲流平时都加什么油？"

"什么？这车用的不是普通汽油吗？"她不解地脱口问道。

欧维的表情就像她刚说要给他的车加满橡皮糖。

"我当然不是问你们加的哪种汽油。你们加的什么牌子的？"

她在十字路口左转时那种漫不经心的样子让欧维担心她随时可能吹起口哨。

"什么牌子不都能用吗？"

"但你们有哪个牌子的卡？"

欧维最后那个着重号加得自己心里都震了一震。尽管他对银行卡、信用卡什么的从来都心怀忌惮，但理所当然地总是揣着一张加油卡。因为这是人之常情：考驾照买第一辆车，选个连锁加油站的牌子，然后就雷打不动了。做人怎么能在汽车牌子和加油站这类重大的事情上朝三暮四？

"我们不用加油卡。"帕尔瓦娜口气随意，就像这根本不是什么错误。

欧维一声不吭地坐了足足五分钟，直到帕尔瓦娜惴惴不安地试探着说了个"挪威石油"。

"就现在，那儿的油价是多少？"欧维满腹狐疑。

"不知道。"她实话实说。

这话自然气得欧维话都不想说。

十分钟以后，帕尔瓦娜在马路对面的停车场前减慢车速。

"我在这儿等。"她说。

"不许动我的收音机调频。"欧维下达指令。

"不——会。"她嗫嚅了一声，露出不久后欧维就学会不能上当的笑容。

"你昨天能来真好。"她加了一句。

欧维用他那些与其说是话语不如说是咳痰的一种喉音作为回答。她拍拍他的膝盖。

"你来姑娘们就开心，她们喜欢你。"

欧维一声不吭地跨出车门。昨天的晚饭还真不赖，这他不得不承认。也并不是欧维觉得现在应该特别点评一下帕尔瓦娜的厨艺。肉和土豆加点酱其实就不错。当然要是非要让他对她的厨艺发表一点儿意见的话，欧维很可能会承认那个加藏红花烧的米饭还是可以入口的。本来就是嘛。反正他是吃了两大碗。连猫都吃了一碗半。

晚饭后，帕特里克洗碗的时候，三岁女孩央求欧维在她睡觉前给她念个故事。欧维想着跟这个小妖怪很难理论，她应该听不懂什么大道理，于是只好垂头丧气地跟着她穿过客厅，去她的房间，靠在她的床边念起书来。帕尔瓦娜称之为"欧维式同情心"。欧维根本不明白她到底是什么意思。当三岁女孩半靠着欧维的胳膊半靠着打开的书昏昏欲睡的时候，欧维把她和猫咪一起在床上安顿好，关掉灯。

回客厅的路上，欧维经过七岁女孩的房间，她还坐在那儿摆弄着电脑。现在的小孩整天尽干这个，欧维心里明白。但帕特里克解释说他"想给她买新游戏"来着，但她就想玩现在那个，这倒让欧维既对七岁女孩也对电脑游戏产生了好感。他喜欢不照着帕特里克的话做的人。

她房间的墙壁上到处是画，大部分是黑白铅笔素描。鉴于这些画出自一个运动机能和逻辑思维都还没有发育健全的七岁女孩之手，欧维不得不承认，还真不赖。没有一张画上有人，只有房子。欧维觉得这很讨喜。

他迈进房间站到她身边。她从电脑显示屏上挪开视线抬起头，面带惯常的那副不满神情，对欧维的存在不为所动。但看到欧维没有离开的意思，她终于还是伸手指了指倒扣在地板上的一个塑料收纳盒。欧维坐了上去。然后她开始平静地跟欧维解释，这个游戏其实就是造房子，然后用这些房子建造城市。

"我喜欢房子。"她喃喃地说。

欧维看看她，她也看看欧维。欧维用食指在显示器上按了个巨大的指纹后，指着城里一块空地问，她要是在这儿点点会怎么样。她把鼠标挪到那里点了一下，电脑马上飞快地在那儿建了个房子，欧维一脸困惑。然后他在盒子上坐好，又指了指另一块空地。两个半小时后，帕尔瓦娜怒气冲冲地走进房间威胁说他们俩再不去睡觉就把电线给拔了。

欧维站在门框里刚要离开的时候，七岁女孩小心翼翼地拉住了他的袖口，指着紧挨着他的一张画。

"那是你的房子。"她压低嗓音，就好像这是她和欧维之间重大的秘密。

欧维点点头。这两个孩子也许并不是一无是处。

他把帕尔瓦娜留在停车场，穿过马路，打开玻璃门走进屋。咖啡馆里空荡荡的，天花板上的暖风机咳得像个老烟鬼。阿迈尔站在柜台背后，穿着脏兮兮的衬衣，用一块白抹布擦着玻璃。他矮壮的身子蜷缩起来，就像刚吐尽长长的一口气。他的脸上，一半是沮丧，一半是只有他这代人以及他的那部分世界才能挥洒自如的无情怒火。欧维站在房间中央，两个男人互相注视片刻。一个人无法拒绝那个同性恋男孩留宿家中，另一个人则无法容忍。最后欧维严肃地自顾点点头，上前一步坐到其中一张吧台凳上，手掌拍一拍吧台，像煞有介事地看着阿迈尔。

"我现在倒想来一杯威士忌，如果你的邀请还有效的话。"

阿迈尔的胸膛在脏衬衣下起伏片刻。起初他看上去像是要开口的样子，但最后还是忍住了，沉默着擦干玻璃。叠好抹布，放到意式浓缩咖啡机旁。一言不发地钻进厨房，回来的时候拿着个瓶子，标签上的字母欧维不认得，还拿了两个玻璃杯。他把瓶子和杯子往他们之间的柜台上一放。

认错很难，特别是错了很久以后。

37

一个叫欧维的男人和一堆插手的浑蛋

"我很难过。"欧维嘴里念叨着。

他拂去墓碑上的积雪。

"但你知道现在的情况。如今没谁尊重个人隐私了,门都不敲就往人家里冲,自说自话,单独上个厕所都他妈的难了。"他一边解释一边把冻僵的花挖出来,再插上新花。

他看着她,就像期待她点头表示同意。她当然没有这么做。但欧维身边坐在雪地里的那只猫,看上去倒是再同意不过了,特别是说到没法安安静静地上个厕所的时候。

女记者莱娜那天来过欧维家,给他送了一份报纸的样稿。照片里,他看上去气不打一处来。他信守诺言接受采访,但他不会冲摄影师笑得跟个驴似的,这他可事先打了招呼。

"很棒的采访。"女记者坚称。

欧维没有回答,但女记者似乎并不介意。她看上去有些不耐烦，在原地捯着碎步。看看表，就好像要赶着去什么地方。

"不管怎么说，都别为了我耽误了你的事。"欧维嘟囔一声。

她发出一声少女般难以按捺的嬉笑作为回答。

"我和安德斯要去湖上溜冰。"

欧维点点头。把这话作为结束语，关上门。他把报纸留在了门垫下，用它来吸干猫和米尔莎德每天进门蹭下来的雪水应该挺好使。

厨房里扔着阿德里安每天送信时捎带送来的广告和免费报纸，尽管欧维已经在信箱上贴了大号字体的"谢绝广告"标签。这句话的意思，显然是索雅没能教会那个小流氓，他不是她的学生吗？但这应该归因于莎士比亚没写过什么标签，欧维这么琢磨，于是他决定趁自己还健在，清理一下四散在家里的纸。

厨房桌上那堆旧广告的最下面压着那封女记者写给他的信，就是阿德里安第一次按欧维家门铃的时候带着的那封信，欧维到现在都没打开。

"那时候至少那个小流氓还打铃，现在他进出自如就跟他自己家似的。"欧维心想着，把信举到厨房灯下，就像那是一张纸币，而他的任务是检查一下它的真伪。然后他从橱柜里拿出一把餐刀来，尽管每次他这么做而不进屋拿拆信刀的时候，索雅都会生气。

欧维：

您好。

希望您能原谅我冒昧地来信。地方报社的莱娜告诉我您不希望小题大做，但她还是好心地给了我您的地址。对我来说这可是件大事，我也不愿做个忘恩负义的人，欧维。我尊重您不接受我当面道谢的意愿，但我想把您介绍给那些将永远感激您的勇气和无私行为的人。像您这样的人已经所剩无几了。感谢之意，无以言表。

署名是那个穿黑色西装晕倒在火车轨道上而又被欧维救起的男人。那个女记者莱娜对欧维讲过，医生后来诊断说是某种复杂的大脑疾病造成的。若不是发现及时，那个男人很可能活不了几年。"所以你其实救了他两回。"她说这话时兴致勃勃的样子，让欧维多少有些后悔当初没趁机把她在车库里多关上一阵子。

他合上信，塞回信封，把照片举到眼前。三个孩子——最年长的十来岁的样子，另外两个和帕尔瓦娜的大女儿年龄相仿——看着欧维。也算不上看着，其实是一人拿着一把刺水枪在照片背景里嬉笑着。他们身后有个四十五岁左右的金发妇女，她满脸堆笑像老鹰似的张开双臂，双手各晃动一只塑料桶。右下角是那个穿黑色西装的男人，不过这回穿着湿透了的蓝色Polo衫，正成效甚微地试图躲避倾盆大雨。

欧维把信和广告放到一起，扎进塑料袋，放到门口，回到厨房，从抽屉底部找出一块磁铁，把照片吸到冰箱上，紧挨着三岁女孩在从医院回家的路上为他画的画像。

欧维又用手擦擦墓碑，尽管上面的积雪早已擦尽。

"我当然对他们说了，现阶段你可能需要一点儿清静，像个正常人那样。但他们就是不听。"他哼了一声，冲墓碑无奈地摊开双臂。

"嘿，索雅！"帕尔瓦娜在他身后乐呵呵地挥手，大手套都从手上甩了下来。

"哈咿！"三岁女孩兴高采烈地高喊。

"是'嗨'！"七岁女孩纠正道。

"嘿，索雅！"帕特里克、吉米、阿德里安和米尔莎德轮流点头问候。

欧维蹬掉鞋子上的雪，冲身边的猫咪点头哼了一声。

"对了，猫你已经认识了。"

帕尔瓦娜的肚子那么大，她半蹲下身，一只手伸向墓碑，另一只手搀着帕特里克的时候，看上去就像一只巨龟。欧维也不敢把这个巨龟的比喻告诉帕尔瓦娜。毕竟还有更好的死法，他想，而且他没来得及试的应该还有几种。

"这些花是帕特里克、孩子们还有我一起送的。"她友好地冲墓碑笑。

然后她又拿出一束来。

"这是安妮塔和鲁尼送的。他们托我们问候你。"

各式人等转身回停车场的时候，帕尔瓦娜留在墓碑旁。欧维问她想干吗，她只是回了句"你别管"，脸上的微笑让欧维想往她身上扔东西。也不扔什么硬的东西，但意思一下还是很有必要。

他用低八度的哼哼声作为回答，然后条件反射地意识到，同时和这两个女人争论本身就是个注定流产的计划，于是他起身朝萨博走去。

294 ·

"女生的悄悄话。"回到停车场钻进驾驶室的时候，帕尔瓦娜简短地解释道。欧维不知道她这话什么意思，但他决定随她的便。七岁女孩帮三岁女孩在后座上绑好安全带。与此同时，吉米、米尔莎德和帕特里克挤进前面阿德里安的车：一辆丰田。有脑子的人一般都不会买这车，在车行的时候，欧维反复指出。但毕竟不是法国车，欧维还把价钱砍掉了八千克朗，并且确保售价包含一套冬胎，所以不管怎么说还是可以接受的。

欧维赶到车行的时候，小浑蛋正瞪着一辆现代车，所以情况可能会更糟。

回家路上，他们在麦当劳停了一下，这可乐坏了吉米和女孩们。其实主要原因是帕尔瓦娜要上厕所。回到排屋小区后，他们兵分三路，各回各家。欧维、米尔莎德和猫咪朝帕尔瓦娜、帕特里克、吉米和孩子们挥手道了别，在欧维的储藏室门口转弯。

很难判断这个四四方方的男人在排屋门口等了多久，或许整整一个上午。他脸上的专注表情就像在荒山野岭里站岗的哨兵，就像是直接从一个粗重的树桩上刻出来的一样，在零下的气温中不动声色。但当米尔莎德转过拐角进入视线的时候，这个四方的男人把重心稍稍从一只脚移向了另一只。

"嘿。"他说着，伸展了一下身躯，重心回到之前那只脚。

"嘿，爸爸。"米尔莎德支吾着在离他三米处停下脚步，也不知道自己的上半身该如何摆放。

当晚欧维在帕尔瓦娜和帕特里克的厨房里用的晚餐，与此同时，一对父子在欧维的厨房里用两种语言聊着失望、希望和性取向。他们聊得最多的可能是勇气。索雅会喜欢的，欧维知道。但他忍着不笑出来，怕被帕尔瓦娜听见。

七岁女孩上床睡觉前在欧维手上塞了一张写着"生日聚会邀请信"的纸。欧维把它当作公寓转让声明之类的法律文件一样严肃地读了一遍。

"啊，你肯定是想要礼物咯。"他最后哼哼道。

七岁女孩低头看着地板摇摇头。

"你不需要买什么，我只想要一样东西。"

欧维把邀请信折好，塞进裤子背后的口袋："哦？"

"妈妈说太贵了，所以还是算了。"七岁女孩头也不抬地说，又摇摇头。

欧维点头表示理解，就像一个罪犯给另一个罪犯使了个眼色，告诉对方他们使用的电话已被窃听。他和女孩两人同时四下张望一番，确保不管是妈妈还是爸爸都没有伸长耳朵偷听他们说话。然后欧维凑上前，女孩把手拢成个漏斗，冲着欧维的耳朵悄悄说：

"一个iPad。"

欧维的表情就像她刚说的是"一个@#￥%&"。

"是一种电脑。里面有特别的绘图软件，给小孩用的。"她稍稍提高嗓音。

她的眼睛里有什么光芒在闪烁。欧维认得这种光芒。

38

一个叫欧维的男人和一个故事的结局

粗算起来有两种人。一种人知道白色连接线到底有多好用，另一种人不知道。吉米是前者。他爱死白色连接线了，还有白色手机，以及背后有个水果的白色显示器。至少在欧维开车进城的路上，吉米都在那儿念叨，但凡有脑子的人都不会对这些玩意儿无动于衷，最后欧维进入了一种冥想的状态，吉米的念叨变成了他耳边的背景噪音。

这个小伙子手握一个涂满芥末酱的大号热狗往萨博的副驾驶座上一坐，欧维就后悔了，真不该请他帮忙。他一进店门，扔了句"我去看看连接线"就消失了，这么做也并没有让情况变得更好。想做什么事就得靠自己，一如既往，欧维这么想着，一个人朝柜台走去。其实直到欧维冲着那个想为他展示店里所有笔记本电脑的年轻柜员嚷嚷"你他妈的脑白质切除了还是怎么着"时，吉米才横穿过来营救——当然不是来救欧维，而是那个店员。

"我们是一起的。"吉米冲店员点点头，使了个眼色，多少有点对暗号的意思，就像在传达"别担心，我是你们一伙儿的"。

店员长出一口气，然后指着欧维说：

"我只是想帮他，但他……"

"你就是想兜售我一堆垃圾，你就这么想的。"还没等他把话说完，欧维就呵斥起来，还恼怒地挥舞起他从最近的货架上随手拿过来的什么东西。

欧维也不知道那是什么，看上去就像可以固定在墙上的白色接线板，反正拿着挺有分量，感觉必要的时候可以朝店员扔过去。店员看着吉米，那震颤的眼皮，欧维最近倒是经常在他接触过的人身上看见，欧维寻思都可以用他的名字给这症状冠名了。

"他真的没有恶意啊，阿叔。"吉米嬉皮笑脸地说。

"我想给他看看MacBook，他开始问我'你开的什么车'。"店员申诉起来，看上去很受伤。

"我这么问是有道理的。"欧维坚定地冲吉米点点头。

"我没有车！因为我觉得没必要开车，我支持环保！"店员争辩的语调在无法平息的怒火与婴儿般的脆弱之间漂移。

欧维看着吉米伸出双臂，就好像这解释了一切。

"这人不可理喻。"欧维点点头，期待着马上有人表示赞同。

吉米在店员的肩膀上按了个安慰的巴掌，并劝欧维"冷静一点儿好不好"，欧维毫不冷静地说自己"冷静得像根黄瓜"。

"话说回来，你他妈的跑哪儿去了？"欧维追问了一句。

"啊？我？我在那里看新显示器呀。"吉米解释道。

"你要买显示器吗？"欧维问。

"不是呀。"吉米回答，看着欧维的样子就好像这是个很奇怪的问题，就像欧维曾经问索雅是不是真需要一双新鞋后，索雅问"这有什么关系"时的样子。

店员想转身开溜，但欧维飞快地伸出一脚来把他拦住。

"你去哪儿？我们这儿还没完呢。"

现在店员一脸的不高兴，吉米拍拍他的背为他打气。

"欧维只是想看看iPad啦，你可以的。"

店员苦着脸看看欧维，又看看吉米。再把目光投向不久前欧维高喊坚决不要"没有键盘的电脑"的那面柜台。叹口气，打起精神。

"好吧……那我们回柜台咯。你要哪款？16G、32G还是64G的？"

欧维瞪着店员，就像在说他不应该对着老实人编新词、造新句。

"不同的型号有不同的储存容量。"吉米像个移民局口译员似的为欧维翻译。

"当然我们就得花好多冤枉钱咯。"欧维回答。

吉米点头表示理解，然后转向店员。

"我想欧维是想更多地了解一下不同型号之间的区别。"

店员哼哼了一声。

"那至少告诉我是要普通的还是带3G的喽。"

吉米又转向欧维。

"她主要是在家里使用，还是也要带出门？"

作为回答，欧维举起他那根警棍手指直指店员道：

"你，她就是要最好的！明白了吗？"

店员惶恐地后退一步。吉米高兴地咧开大嘴，展开肥厚的双臂，就像准备来个熊抱。

"听到没？欧维只要最好的。"

几分钟后，欧维抓起柜台上装着iPad的塑料袋，嘴里嘟囔着什么"7995克朗！连个该死的键盘都没有！"还狠狠说了句"强盗土匪"，然后大步朝门口走去。

吉米若有所思地留在原地，回头朝店员投去内敛的热情目光。

"既然我还在这里，那个……我想看一下连接线。"

"哦，什么样子的连接线？"店员叹了口气，看上去精疲力竭。

吉米靠上前去，好奇地搓着双手说：

"你有什么样子的？"

于是当天晚上七岁女孩从欧维那儿得到一个iPad，从吉米那里得到一根连接线。

"我自己也有一根这样的，超好用呢！"吉米激动地指着包装盒解释。

七岁女孩站在门口看上去不知道该怎么处理这条信息。她只好点点头说："太好了……谢谢！"吉米得意地点点头。

"有什么点心吃吗？"

七岁女孩指指客厅，里面挤满了人。房间中央放着个插了八支蜡烛的蛋糕，胖小伙儿立马锁定目标，留刚到八岁的女孩一个人捧着iPad目瞪口呆，就像她不敢相信此刻正把它捧在怀中。欧维靠上前来。

"我每次买新车的时候都有这种感觉。"他低声说。

她回头看看厅里没人注意，然后笑着给了他一个拥抱。

"谢谢外公。"她悄悄说，然后转身跑进自己房间。

欧维一声不吭地留在门厅里，一只手惴惴不安地摆弄着自家的钥匙。帕特里克拄着拐杖一瘸一拐地跟着八岁女孩进了房间。他得到了今晚最吃力不讨好的任务：说服她的女儿穿着礼服在客厅里陪一群无聊的大人吃蛋糕，而不是一个人坐在房间里听流行歌给自己的新iPad下载应用。欧维穿着外套在客厅里瞪着地板足足站了十分钟。

"你没事吧？"

帕尔瓦娜的声音轻轻地在耳边响起，就像他正从一场深沉的梦境中醒来。她站在客厅门口，双手捧着圆鼓鼓的大肚子，就像吃力地捧着一筐脏衣服以保持平衡。欧维抬起头，眼神蒙着一层迷雾。

"没事没事，我能有什么事？"

"要进来吃蛋糕吗？"

"不……不用了，我不喜欢吃蛋糕。我只是要和猫一起去转一圈。"

帕尔瓦娜像能看穿他心思似的用那双棕色的大眼睛牢牢盯着他，这样的情形最近越来越多，总是让他感到不安。就像她有什么不祥的预感。

"好吧。"她最后不置可否地说。

"明天我们练车吗？我八点来按你的门铃？"然后她问。

欧维点点头，猫咪迈着方步晃了出来，胡须上沾着蛋糕。

"你完事了没？"欧维呵斥一声，猫咪答应后，欧维匆匆瞥了帕尔瓦娜一眼，摆弄一下手里的钥匙，低声应允道：

"好，好。那就明天八点吧。"

欧维和猫咪走上房子之间的狭窄街道时，冬季浓稠的黑暗已经笼罩整个排屋小区。生日聚会上传出的欢笑和音乐就像一层温暖的挂毯蒙在房屋之间。索雅会喜欢，欧维想。她会喜欢这个疯狂的外国孕妇和她不成体统的家给这片街坊带来的变化，她会开怀大笑。天知道欧维有多想念她的笑声。

他带着猫咪朝停车场走。踹两脚标牌以示检查，摇摇车库门把手。去停车位晃了一圈又回来，查看查看垃圾房。当他们回到车库门口时，欧维看到帕尔瓦娜和帕特里克那排房子附近有动静。起初欧维以为是从聚会厅出来的客人，但很快，他就发现人影朝垃圾分类爱好者们那黑灯瞎火的家门口的储藏室移动。据欧维所知，他们还在泰国度假。他在黑暗中眯起眼，确认不是被什么雪地上的影子糊弄了一遭，有那么几秒钟，他几乎什么都看不见。但正当他决定承认视力大不如前的时候，人影又出现了。而且那人身后还跟着两个人。然后准确无误地传来有人用榔头敲打密封玻璃的声音。欧维能清楚地分辨这种声音，他是在铁道上学来的，他们用这种方法敲掉破碎的火车窗玻璃以避免划伤手指。

"喂，你们在搞什么？"欧维透过黑暗喊。

房子边上的人影停了下来。欧维听见有人说话。

"说你们呢！"他吆喝一声，朝他们跑过去。

他看见其中一人朝他走了两步，其中一人喊了句什么话。欧维加快脚步冲过去，活像一辆工程车。有一瞬间，他想真应该从车库里拿点什么当武器，但现在来不及了。眼角的余光中，他看到其中一个人影手中挥舞着什么长家伙，欧维想，他应该先撂倒这个家伙。

　　当胸口传来刺痛的时候，他起初以为是其中一个黑影偷袭得逞，从背后挥了他一拳。然而刺痛再次袭来，就像有人用剑扎透了他的头皮，然后有条不紊地贯穿他的全身，从脚底穿出。欧维张口喘气，但是已经没有空气可以呼吸。他在中途摔倒在地，全身的重量一齐瘫倒在雪地里。神志模糊中，他感觉到脸颊滑到冰粒上的钝痛，感觉到胸口像有一只无情的巨拳在搅动，就像在掌心攥压一个铝罐头。

　　欧维听见雪地上传来窃贼的脚步声，知道他们正逃之夭夭。他不知道过去了多少时间。但脑中的疼痛，像玻璃和钢铁碎片交织的雨中一长串灯泡一个接一个爆裂般难以忍受。他想呐喊，但是胸口没有空气，他只听见帕尔瓦娜的声音透过耳际阵阵的血脉声隐隐传来，感知到她急促的脚步在雪地上跌跌撞撞，一步一滑，她不成比例的身躯牵动着那对小脚。在一片漆黑之前，欧维最后的念头是一定要她保证不让救护车开到房子之间来。

　　因为社区内禁止车辆通行。

39

一个叫欧维的男人和死神

死亡是一桩奇怪的事情。人们终其一生都在假装它并不存在，尽管这是生命的最大动机之一。我们其中一些人有足够时间认识死亡，他们得以活得更努力、更执着、更壮烈。有些人却要等到它真正逼近时才意识到它的反义词有多美好。另一些人深受其困扰，在它宣布到来之前就早早地坐进等候室。我们害怕它，但我们更害怕它发生在身边的人身上。对死亡最大的恐惧，在于它与我们擦肩而过，留下我们一个人。

人们总是说欧维刻薄。其实欧维一点儿都不刻薄，他只是不会嬉皮笑脸罢了。难道这就要送去判刑？欧维可不这么想。但当他不得不亲手埋葬世上唯一理解他的人时，还是会心碎欲裂。没有什么时间可以抚平这样的创伤。

时间是一桩奇怪的事情。大多数人只为了未来生活。几天之后，几周之后，或者几年。每个人一生中最恼人的那一刻可能就是突然意识到自己已经到了回忆比展望更多的年龄。当来日无多的时候，必须有别的动力让人活下去。或许是回忆，午后的阳光中牵着某人的手，鲜花绽放的花坛，周日的咖啡馆。或许是孙子孙女。人们为了别人的未来继续生活。索雅离开欧维的时候，他并没有一起死去。他只是不再活着。

悲伤是一桩奇怪的事情。

医护人员不让帕尔瓦娜跟随欧维的担架进入手术室的时候，帕特里克、吉米、安德斯、阿德里安、米尔莎德和四个护士合力按住她紧握的拳头才拦了下来。当医生劝她想想自己怀有身孕最好还是冷静一下时，她把候诊室里的一张木制长凳掀翻在医生脚上。当另一个医生面无表情地走出手术室，简短地说"最好准备接受最坏的情况"时，她哭喊着瘫倒在地，像个破碎的瓷瓶，把脸深埋进掌心。

爱是桩奇怪的事情。它来得出其不意。

凌晨三点半，一个护士走出来接她。她拒绝离开候诊室，尽管身边所有人都在劝她，除了帕特里克。他更了解她。但其他人并没有见过她发怒的样子，不知道她不是个任人发号施令的女人，不管有没有怀孕。她的头发一团糟。眼睛血红，眼圈周遭风干的泪水混合着眼影晕成一片。踏进走廊尽头那间小房间的时候，她看上去那么虚弱，一个护士急忙冲上前来，防止这个孕妇在跨过门槛的时候"散架"。帕尔瓦娜撑着门框，深吸一口气，挤出一丝微笑，告诉那个护士她没事。她踏进房间，站了几秒钟，就像是第一次停下来接受今晚发生的一切。

然后她走到床前，眼中又一次挂上泪水，两只手掌一起拍打着欧维的胳膊。

"你个浑蛋！"她不停地喊着，下手越来越重。

"你不许死，明白吗？"她喊道。

欧维的手指疲惫地在手臂下方挪动，帕尔瓦娜用双手握住，把额头搁在他的掌心上，哭了起来。

"你现在最好还是理智一点儿，女人。"欧维嘶哑地低声道。

她又开始拍他的胳膊。于是他决定还是什么都不说的好。而当她握着他的手瘫坐在椅子上，棕色的大眼睛混合着悸动、悲伤和惊恐的时候，他举起另一只手抚摸着她的头发。他的鼻孔里插着管子，胸口在毯子下沉重地起伏着，就好像每一次呼吸都是一场漫长的疼痛。话语间，气若游丝。

"你没让那些浑蛋把救护车开进小区吧？"

四十分钟过后，才有护士敢把头伸进病房来一探究竟。又过了一会儿，进来一个戴眼镜的年轻医生，穿一双塑料拖鞋，在欧维看来显然屁股上插了根棍子，他站到床边，低头看着一张纸。

"帕尔……马？"他嘴里咕嘟着，有些无奈地看看帕尔瓦娜。

"帕尔瓦娜。"她纠正道。

医生好像对名字并不感兴趣。

"这儿写着你是最近亲属关系。"他边说边飞快地先瞥了一眼凳子上这位三十岁的伊朗妇女，再看看床上这个显然非伊朗籍的男人。

两个人都没有进一步解释的意思，除了帕尔瓦娜拍拍欧维笑道："哦！最近亲属关系！"外加欧维嘟囔了一句"闭嘴"，医生只好叹口气，继续说。

"欧维有心脏病……"接着他面无表情又语无轻重地念了一串没有十年医护经验或重度电视剧瘾的人没法理解的词。

帕尔瓦娜满脸惊疑地瞪着医生的时候，他难以置信地叹了口气，那神情，就像那些戴眼镜、穿塑料拖鞋、屁股上插根棍子的年轻医生，在医学院里还没学会那些该死的常识性礼仪，就跑来行医了。

"欧维的心脏太大了……"医生换了个通俗的说法。

帕尔瓦娜又瞪了他好一会儿，然后往欧维身上一阵扫视。然后她又看向医生，就好像在等他双手一摊打着响指说"逗你玩"。

他并没有这么做，于是她笑了起来。起初更像是咳嗽，就像她想忍住喷嚏，然后很快变成一阵漫长持久的嬉笑。她靠在床沿上，双手在面前摇晃着，就好像要让自己停下来，但是这招不管用。然后终于爆发成震耳欲聋的大笑，走廊里的护士不由得探头进来问："屋里究竟是怎么回事？"

"看到我的处境了吧，啊？"欧维无奈地冲医生翻翻白眼。与此同时，帕尔瓦娜把头埋进一个枕头，仍然笑个不停。

看来医生从没有在课堂上学过如何应付这样的情况，最后他只好大声咳嗽一下，同时飞快跺了跺脚，来提示他的权威性。当然，成效甚微，在多次尝试之后，帕尔瓦娜终于自控到可以说话的程度，她说："欧维的心脏太大，笑死我了！"

"要死的他妈的是我。"欧维反驳道。

帕尔瓦娜摇摇头，热情地冲医生笑道：

"就这些？"

医生象征性地收起手中的纸。

"如果他坚持用药，我们可以控制住病情。但这种情况没人说得准，可能几个月，或者几年。"

帕尔瓦娜挥挥手让他退下。

"这你就不用操心了。欧维显然已经病入膏肓了。"

这话显然让欧维很不好受。

四天之后，欧维拖着沉重的身躯，穿过雪地，回家了。搀扶他的一边是帕尔瓦娜，一边是帕特里克。一边扶着胯，一边撑着胳肢窝，扶得好，欧维心想。但他没有说出口，因为帕尔瓦娜还在为刚才欧维不让她把车倒进两排房子之间生气。"我知道了！欧维，有完没完？你敢再说一遍，我发誓把你那该死的标牌给烧了！"她对他嚷道。欧维知道她这话可不只是说说。

积雪在他的脚下嘎吱作响。窗口闪着灯光，猫咪坐在门口等他，桌上放着几张画。

"姑娘们为你画的。"帕尔瓦娜边说边把他的备用钥匙放进电话旁的篮子里。

当她看到欧维的目光落在其中一张画的一角，她的眼神中流露出一丝羞涩。

"她们……不好意思呀，欧维。别在意她们写的什么。你知道这些孩子。我爸爸死在伊朗，她们从来没见过……你知道……"

欧维根本不把她的话当回事，拿起画，径直朝厨房门口走去。

"她们想叫我什么就叫什么，你管不着。"

然后他一张一张把画贴到冰箱上。那张写着"给外公"的画贴在最上面。她想忍住不笑出声，不太成功。

"别嘻嘻哈哈的了，煮咖啡去。我去阁楼拿搬家盒。"欧维嘟囔着朝楼梯挪。

于是，当晚在帕尔瓦娜和女孩们的帮助下，欧维收拾了屋子。他们把索雅的东西一件一件包进报纸，把她的衣服一件一件仔细叠好放进纸箱。一件一件回忆。九点半，一切都收拾妥当，两个女孩指尖粘着报纸油墨，嘴角挂着巧克力冰激凌在欧维的沙发上沉沉睡着的时候，帕尔瓦娜突然一把握住欧维的上臂，力大如铁爪。欧维喊了一声"哎呀"，她回了一声"嘘"。

然后他们就又回了医院。

是个男孩。

尾声

一个叫欧维的男人和尾声

生命是一桩奇怪的事情。

冬去春来，帕尔瓦娜拿到了驾照。欧维教会了阿德里安如何换胎。那小流氓开个丰田也就算了，但日子想过滋润了，还是得学着点啊，四月里一个周日，欧维看望索雅的时候对她解释道。这之后他给她看了帕尔瓦娜小儿子的照片。四个月，胖得像头小海象。帕特里克想给他装个什么电子移动相册，但欧维信不过这种东西。于是，他就在钱包里塞了一厚摞打印纸，用橡皮筋一捆。见谁就给谁看。他甚至还给花店的店员看了。

春去夏来，秋意渐浓的时候，那个总是穿超大风衣的女记者搬进了开奥迪的公子哥儿安德斯的家。欧维开的搬家货车。他才不相信那些蠢蛋能不碾坏他的信箱就把车倒进房子之间的小路。还是自己上为妙。那个叫莱娜的女记者当然不相信"婚姻是所大学"，欧维告诉索雅的时候哼了一声，显然小区里已经进行过激烈争论，但第二年春天，他来的时候还是拿出了一张结婚请柬。

米尔莎德一袭黑色礼服，由于过于紧张一直抖个不停，帕尔瓦娜不得不趁他进市政厅礼堂之前给他灌了一杯龙舌兰。吉米在礼堂内等他。欧维是他的伴郎，还为此买了套新礼服。宴会在阿迈尔的咖啡馆举行，这个四四方方的男人三次想发言，却因为嗓子太浑浊，只吐出几个叠在一块儿的词。但他给店里的一款三明治起名为吉米，吉米说这是他这辈子收到过的最璀璨的礼物。他和米尔莎德一起留在了妈妈的房子里。一年后，他们收养了一个小女孩。吉米每天下午带着她去安妮塔和鲁尼家喝咖啡，毫无例外。

鲁尼并没有好转，有时候他会糊涂一整天，完全无法沟通。但每次小女孩跑过门槛，冲安妮塔张开双臂的时候，一抹欣慰的笑容就会在他脸上慢慢绽开。毫无例外。

排屋小区周围建起了更多新房。几年内，这里从近郊变成了市区。众所周知，帕特里克在破墙开窗、家具组装等方面能力有限，某天早晨他来敲欧维的门，身边带了两个年龄相仿能力相当的人。据他们自己介绍，两人在隔壁小区各自有套房。他们都在装修房子，做隔墙的时候遇到了承重的问题，不知道该怎么办。欧维当然知道。于是他嘴里嘟囔了个疑似"笨蛋"的词，就跟着去给他们上课了。第二天又出现一位新邻居，然后又来一个，接着还有一个。几个月里，欧维几乎修遍了周遭四个小区里的所有房子。当然每次他都为这些人的无能骂骂咧咧，但他一个人在索雅墓地的时候，偶尔会含糊其词地说"白天有些事干可能还不错"之类的话。

帕尔瓦娜的女儿又过生日了，不等人解释究竟是怎么回事，三岁女孩已经变成了六岁女孩。就像所有没大没小的三岁女孩一样。开学第一天，欧维送她去上学。她教他怎么在短信里画笑脸，他要她保证绝不把自己也搞了个手机这事告诉帕特里克。同样没大没小的八岁女孩成了十一岁女孩，并开了第一场睡衣派对。她们的小弟弟把玩具在欧维的厨房里摊了一地。欧维在自己的院子为他挖了个小池塘。但别人管它叫小水塘的时候，欧维一定跳将起来反驳说："这他妈的明明是游泳池。"安德斯当选为居民委员会的主席，帕尔瓦娜为后院的草坪新买了个割草机。

夏去秋来，不久又到了冬天，就在帕尔瓦娜和帕特里克带车用拖斗撞了欧维家信箱的整整四年后一个冰冷的十一月早晨，帕尔瓦娜突然醒来，就像刚有人把冰冷的手掌放在了她的额头上。她腾地站起身，看看卧室窗外，再看看钟。八点一刻，欧维家门口的雪还没铲。

她穿着睡衣和拖鞋冲过小路，喊着他的名字。用他给她的备用钥匙打开门，一头扎进客厅，一颗心都悬到了嗓子眼，又跌跌撞撞地踩着湿拖鞋爬上楼梯，冲进他的房间。

看上去欧维只是睡得很沉的样子，帕尔瓦娜从没见过他如此安详。猫咪躺在他身边，脑袋小心翼翼地搁在他的掌心。看到帕尔瓦娜后，它慢慢站起身，爬上帕尔瓦娜的膝盖，就像直到现在才接受发生的一切。她和猫一起坐在床沿上，帕尔瓦娜轻抚着欧维头上稀疏的头发，直到救护车的医护人员温柔地通知她必须把尸体抬走。于是她俯下身子低声在他耳边说："问候索雅，谢谢她把你借给我。"然后她从床头柜上拿起手书"致帕尔瓦娜"的信封走下楼梯。

　　萨博给阿德里安。其余你来处理。房子的钥匙你收好。猫每天吃两顿吞拿鱼，它不肯在陌生人家拉屎，别逼它。城里有个律师，重要文件都在他手上。有个账户里存了11563013克朗67欧尔，是索雅的爸爸留下的。老头炒股票，抠门得要死。索雅和我从来不知道该拿这些钱怎么办。你的孩子年满十八岁的时候给他们每人一百万，也给吉米和米尔莎德的女孩一百万。剩下的是你的，千万别交给帕特里克管。要不是索雅走得早，她一定会喜欢你。别让新邻居们在小区里开车。

欧维

　　信的最下方用大写字母写着"你不是个白痴"，还在后面画了个笑脸，就像娜萨宁教他的一样。

　　信上还清楚地写明千万别把葬礼搞成"该死的盛会"。欧维不要任何仪式，只把他往索雅身边一埋就好。"不要围观，不用飘带！"他明明白白地对帕尔瓦娜声明。

　　葬礼来了三百多人。

　　帕特里克、帕尔瓦娜和女孩儿们进场的时候，墙角走道都挤满了人。每人手里握着一支点燃的蜡烛，蜡烛侧面刻着一行字：索雅基金。这就是帕尔瓦娜决定欧维留下的钱应有的归宿：为孤儿设立的慈善基金。她眼含泪水，嗓子干得就像几天来都无法呼吸。但烛光让她稍许平静了一些。当帕特里克看见这么多人来向欧维道别的时候，他轻轻用胳膊肘捅了捅她，她笑了。

"我×，这排场欧维得恨死，是不是？"

她破涕为笑，因为他还真会。

晚上她领一对年轻的新婚夫妇看了欧维和索雅的房子。女孩已有身孕。她穿过房间的时候双眼闪着光，就像看着自己孩子的未来在眼前展开。她的丈夫看上去并没那么喜欢这套房子。他穿着条工装裤，狐疑地踹踹踢脚线，看上去有些郁闷。但帕尔瓦娜知道这没什么关系，她从女孩的眼睛里已经看到了决定。但当男孩严肃地问及广告上提到的"车库"时，帕尔瓦娜上下打量了他一番，煞有介事地点点头，问他开的什么车。这时男孩第一次放松下来，嘴角露出一丝无法察觉的微笑，那双直视着她的眼睛里充满难以抑制的骄傲，这种骄傲只有一个词可以表达：

萨博。

图书在版编目（CIP）数据

一个叫欧维的男人 /（瑞典）弗雷德里克·巴克曼著；
宁蒙译. — 3版. — 成都：四川文艺出版社，2019.10（2023.5重印）
ISBN 978-7-5411-5421-8

Ⅰ.①一… Ⅱ.①弗… ②宁… Ⅲ.①长篇小说—瑞
典—现代 Ⅳ.①I532.45

中国版本图书馆CIP数据核字（2019）第080845号

EN MAN SOM HETER OVE(A MAN CALLED OVE) by Fredrik Backman
Copyright © 2012 by Fredrik Backman
Published by agreement with Salomonsson Agency AB through The Grayhawk Agency.
Simplified Chinese translation copyright © 2019 by Beijing Xiron Books Co., Ltd.
All rights reserved.

图进字：21-2015-200

YIGE JIAO OUWEI DE NANREN

一个叫欧维的男人

【瑞典】弗雷德里克·巴克曼　著　宁蒙　译

责任编辑　周　轶
策划监制　冯　倩
产品经理　魏　凡
特约编辑　杨智敏　万巨红
封面设计　付诗意
内文设计　刘珍珍

出版发行　四川文艺出版社（成都市锦江区三色路238号）
网　　址　www.scwys.com
电　　话　010-82068999（发行部）　028-86361781（编辑部）

印　　刷　嘉业印刷（天津）有限公司
成品尺寸　140mm×200mm　　开　本　32开
印　　张　10　　　　　　　　字　数　226千
版　　次　2019年10月第三版　印　次　2023年5月第十六次印刷
书　　号　ISBN 978-7-5411-5421-8
定　　价　45.00元